Das

deutsche Civilprozeßrecht

nach den

Justizgesetzen des Deutschen Reichs

in den Grundzügen systematisch dargestellt

von

Dr. L. v. Bar,

Geh. Justizrat und Professor der Rechte in Göttingen.

Sonderabdruck

aus der

fünften Auflage der von **Holtzendorff**schen Encyklopädie der Rechtswissenschaft.

Mit ausführlichem Register.

Leipzig,

Verlag von Duncker & Humblot.

1890.

Die vorliegende, auf den Wunsch der Verlagsbuchhandlung wiederum auch in besonderer Ausgabe erscheinende Skizze des deutschen Civilprozeßrechts hält fest an der Methode, das deutsche Civilprozeßrecht darzustellen als ein Ergebnis geschichtlicher Entwicklung. Freilich herrscht gegenwärtig für Lehr- und Handbücher des deutschen Civilprozeßrechts diejenige Methode, welche das deutsche Civilprozeßrecht wesentlich nur logisch aus den neuen Gesetzen selbst entwickelt, und sie hat aus naheliegenden Gründen einstweilen für umfassendere, die Einzelheiten erschöpfende Darstellungen entschiedene Berechtigung. Anders steht es aber mit nur einleitenden, encyklopädischen Darstellungen. Hier, wo die Einzelheiten wenig in Betracht kommen, wird eine von der geschichtlichen Entwicklung absehende Darstellung leicht zur dürren Paraphrase des Gesetzes herabsinken oder aber den Bearbeiter zur Aufstellung von Sätzen veranlassen, welche er zwar als seine Meinung zu behaupten, nicht aber in der Kürze zu begründen vermag, und in späterer Zeit wird auch bei umfassenderen und eingehenderen Gesamtbearbeitungen des deutschen Civilprozeßrechts die Wissenschaft die historisch-dogmatische Methode wieder aufnehmen.

Göttingen, Februar 1890.

Berichtigung: S. 55, Zeile 20 v. oben statt „Beweisschluß" zu setzen „Beweisbeschluß". — Zusatz: S. 30 ist am Schluß des ersten Absatzes, Zeile 5 v. oben, hinzuzufügen: „Requisitionsgerichte d. h. zur Ausführung der Rechtshülfe bestimmte Gerichte sind nach § 158 des Gerichtsverfassungsgesetzes die Amtsgerichte."

Inhaltsübersicht.

                                                                                              Seite

I. Einleitung 1

§ 1. Begriff und Aufgabe des Civilprozesses. Stellung des Civilprozeßrechts im Rechtssysteme (sogenannte freiwillige Gerichtsbarkeit) S. 1. — § 2. Ordentlicher Prozeß und abweichende Prozedurformen S. 2. — § 3. Formelle oder materielle Wahrheit des Civilprozesses? Der Civilprozeß und das Leben des Volkes S. 3. — § 4. Anwendung neuer und Anwendung auswärtiger Prozeßgesetze S. 4.

II. Prinzipien des Civilprozeßrechts 5

§ 5. Verhandlungsprinzip (im Gegensatz zum Inquisitions= oder Untersuchungsprinzip) S. 5. — § 6. Grundsatz, beide Parteien zu hören S. 7. — § 7. Bezahlung der vom Staate geleisteten gerichtlichen Hülfe. Armenrecht S. 7. — § 8. Verschiedene mögliche Prinzipien des Beweisrechts (formelles und materielles Beweisrecht) S. 7. — § 9. Schriftlichkeit und andererseits Mündlichkeit des Prozesses (Unmittelbarkeit; Aktenmäßigkeit) S. 9. — § 10. Vorbereitung der mündlichen Verhandlung. Schriftsätze im mündlichen Verfahren (sogenannte Souveränität des Gerichtes) S. 10. — § 11. Einteilung des Streitmaterials; Teilurteile und Zwischenurteile der deutschen Civilprozeßordnung S. 11. — § 12. Vorzüge und Nachteile der Mündlichkeit und bezw. Schriftlichkeit des Verfahrens S. 12. — § 13. Öffentlichkeit und Nichtöffentlichkeit des Verfahrens S. 13. — § 14. Anhang: Die Eventualmaxime S. 14.

III. Geschichte des deutschen Civilprozesses 16

§ 15. Römisch=kanonischer Prozeß des späteren Mittelalters. Reception und Modifikation desselben in Deutschland S. 16. — § 16. Mängel des sogenannten gemeinrechtlichen Verfahrens. Die preußischen Reformen des achtzehnten Jahrhunderts. Die neuere Wissenschaft auf historischer Grundlage S. 17. — § 17. Einfluß des französischen Prozeßrechts. Die hannoversche Civilprozeßordnung von 1850 und die dieser sich anschließenden Gesetze und Entwürfe. Die deutsche Civilprozeßordnung (französischer, englischer Civilprozeß, Litteratur) S. 19.

IV. Die Gerichte 22

§ 18. Unabhängigkeit der Gerichte. Unzulässigkeit willkürlicher kommissarischer Gerichtsbarkeit. Ausschließlichkeit der staatlichen Gerichtsbarkeit (Kabinettsjustiz, Gerichtsherrlichkeit, Aktenversendung, Patrimonialgerichtsbarkeit) S. 22. — § 19. Gerichtsorganisation S. 24. — § 20. Fähigkeit zur Ausübung des richterlichen Amtes S. 26. — § 21. Staatsanwaltschaft; Unterbeamte des Gerichts (Gerichtsvollzieher) S. 27. — § 22. Sachliche Zuständigkeit der Gerichte im allgemeinen (Administrativjustiz; Vor ragen des öffentlichen Rechts im Civilprozesse: präjudizielles Verhältnis von Straf= und Civilsachen; bedingte und betagte Ansprüche; Feststellungsklage) S. 27. — § 23. Gerichtszwang und Gerichtsstand. Einzelne Gerichtsstände (Rechtshülfe; Folgen der Unzuständigkeit) S. 29.

V. Die Parteien, ihre Stellvertreter und Beistände 32

§ 24. Prozeßfähigkeit und sogenannte legitimatio ad causam S. 32. — § 25. Rechte und Pflichten der Parteien gegeneinander. Prozeßstrafen. Pflicht zur Kautionsleistung, zum Ersatze der Prozeßkosten S. 33. — § 26. Succession in ein Parteiverhältnis (Reassumtion,

Wiederaufnahme des Prozesses). Erlöschen des Prozesses ohne Urteil S. 34. — § 27. Intervention S. 35. — § 28. Klagenhäufung und Streitgenossenschaft S. 37. — § 29. Vertretung der Parteien und Advokatur (Anwaltschaft) S. 37.

VI. Die prozessualen Angriffs- und Verteidigungsmittel 39

§ 30. Allgemeine Grundsätze S. 39. — § 31. Klage; Einreden, Repliken 2c. Streitbefestigung S. 39.

VII. Der Beweis 43

§ 32. Beweisthema und Beweislast S. 43. — § 33. Verschiedene Arten des Beweises S. 44. — § 34. Würdigung des Beweises durch den Richter. Das gerichtliche Geständnis (das außergerichtliche Geständnis) S. 44. — § 35. Die einzelnen Beweismittel (richterlicher Augenschein, Zeugen, Sachverständige, Urkunden, Eid der Partei) S. 46. — § 36. Glaubhaftmachung (Bescheinigung) S. 50. — § 37. Das Beweisverfahren im ganzen. Beweis zum ewigen Gedächtnis S. 50.

VIII. Die richterlichen Willenserklärungen (Bescheide und Urteile) 52

§ 38. Bestandteile S. 52. — § 39. Bindende Kraft; Anfechtbarkeit; Bedeutung der res iudicata S. 52.

IX. Die Reihenfolge der Verhandlungen. Zeit derselben. Termine und Fristen 53

§ 40. Reihenfolge der Verhandlungen nach dem früheren gemeinen Recht, dem früheren preußischen Recht 2c., nach der deutschen Civilprozeßordnung S. 53. — § 41. Feiertage, Ferien, Termine, Fristen S. 55.

X. Der Ungehorsam (die Abwesenheit, Versäumnis) der Parteien und der richterliche Zwang. Die Zwangsvollstreckung 56

§ 42. Allgemeine Grundsätze. Zwang und Verzicht. Ungehorsamsnachteile beim Beginn und im Laufe des Verfahrens (Versäumnis, Einspruch) S. 56. — § 43. Die Zwangsvollstreckung S. 58.

XI. Die Rechtsmittel 60

§ 44. Verschiedene Arten der Rechtsmittel S. 60. — § 45. Geschichtliche Entwicklung S. 62. — § 46. Rechtsmittelsystem der deutschen Civilprozeßordnung (Berufung, Beschwerde, Revision; Nichtigkeits- und Restitutionsklage) S. 64.

XII. Besondere Arten des Verfahrens 67

§ 47. Schriftliches Verfahren in Rechnungsprozessen 2c.; Verfahren in Ehesachen; amtsgerichtliches Verfahren; schiedsrichterliches Verfahren S. 67. — § 48. Summarische Prozeduren (Urkundenprozeß, Wechselprozeß, Mahnverfahren, Arrestverfahren, einstweilige Verfügungen) S. 69. — § 49. Konkursprozeß (Allgemeine Grundlagen desselben; Geschichte; Aktivmasse; Eröffnung des Konkurses; Güterverwalter; zweiseitige vom Gemeinschuldner geschlossene Verträge; Aufrechnung; Passivmasse; Rangordnung der Forderungen; Anfechtung von Rechtshandlungen des Kridars; Liquidation der Forderungen; Verteilung der Masse; Beendigung des Konkurses durch Vergleich; Verteilungsverfahren ohne Konkurs) S. 76.

I. Einleitung.

§ 1. Begriff und Aufgabe des Civilprozesses. Stellung des Civilprozeßrechts im Rechtssysteme. Civilprozeß nennen wir die Klarstellung und nötigen Falls zwangsweise erfolgende Durchführung oder Herstellung bestrittener oder doch thatsächlich verletzter Privatrechte durch die dazu bestimmten Organe der Staatsgewalt. Dies schließt nicht aus, daß die beteiligten Privatpersonen bei jener Klarstellung und zwangsweisen Realisierung ihrer Rechte thätig werden, ja daß ihnen hierbei die Hauptrolle zufalle, die Mitwirkung des Staates oder Gemeinwesens dagegen auf ein Minimum sich beschränke. Aber von einem Prozesse wird immer nur da die Rede sein können, wo in irgend einer wenn auch noch so beschränkten Weise die Staatsgewalt die Streitenden zwingt, ihrem Ausspruche sich zu unterwerfen. Die Selbstverteidigung, Eigenmacht und Selbsthülfe fällt nicht unter den Begriff des Prozeßrechts, auch da nicht, wo die Rechtsordnung, damit jene Handlungen als erlaubte gelten, bestimmte Formalitäten für dieselben vorgeschrieben hat. Doch ist begreiflich, daß ein weniger entwickeltes Staatswesen den Parteien viele Handlungen überläßt, die später nur durch Beamte vorgenommen werden können, so daß bei manchen Erscheinungen der Rechtsgeschichte wir selbst zweifeln mögen, ob darin eine wirkliche Prozeßhandlung oder ein Akt der mit gewissen Formalitäten umgebenen Selbsthülfe zu erblicken sei.

In mehr entwickelten Gemeinwesen tritt die zwangsweise Durchführung des Rechts zurück gegenüber dem Ausspruche über das Recht. Dieser wird oft ohne weiteres befolgt, weil der einzelne gegenüber der Staatsgewalt doch machtlos ist, und der Prozeß erreicht dann faktisch mit jenem Ausspruche sein Ende. Dennoch darf man den Zwang (die Zwangsvollstreckung) nicht als ein unwesentliches Stück des Prozesses betrachten. Ein Urteil, dem nicht nötigen Falls der Zwang zur Durchführung zur Seite stände, wäre kein Urteil im rechtlichen Sinne, während umgekehrt in durchaus absolutistisch regierten Staaten ein prozessualer Zwang, in welchem thatsächlich auch ein Urteil enthalten sein würde, ohne irgend ein vorausgehendes formelles Verfahren die Stelle des Prozesses einnehmen könnte. Allerdings spricht das römische Recht von einem iudicium nur, insofern der Beklagte den Anspruch des Klägers wirklich bestreitet (l. 25 § 2 D. ad. leg. Aquil. 9, 2), und wie im klassischen römischen Prozesse war auch im älteren deutschen Rechte und nach neueren Prozeßgesetzen ist nicht immer der Zwang zur Durchführung des erstrittenen Rechts Sache desjenigen Organs des Gemeinwesens, welches den Ausspruch über das Recht gethan hat. Allein dergleichen Arbeitsteilungen können den begrifflichen Zusammenhang nicht zerstören, sowenig wie etwa das Verdikt der Geschworenen deshalb aufhört, einen integrierenden Bestandteil des Strafverfahrens zu bilden, weil es nicht von dem Richter ausgeht, welcher das Endurteil fällt.

Auch da, wo die Zwangsvollstreckung zunächst nicht Sache des Gerichts, sondern anderen Beamten übertragen ist, muß also daran festgehalten werden, daß dieselbe Justiz- und nicht Verwaltungssache (Justizverwaltungssache) ist, die Entscheidung über alle in der Zwangsvollstreckung etwa auftauchenden Zweifel und Streitigkeiten daher den Gerichten gebührt, eine Folgerung, die manchen neueren Gesetzgebungen gegenüber auch nicht ohne praktische Bedeutung ist.

Dagegen gehört nicht in das Civilprozeßrecht die sogenannte freiwillige Gerichtsbarkeit (iurisdictio voluntaria im Gegensatze zur iurisdictio contentiosa), d. h. der Inbegriff von Normen über die Mitwirkung der Gerichte oder der ihnen in dieser Hinsicht etwa gleichgestellten Beamten (Notare, Hypothekenbewahrer) bei der Begründung und (urkundlichen) Sicherstellung von Rechtsverhältnissen.

Der Civilprozeß bildet einen Bestandteil des öffentlichen Rechts, da es im Civilprozesse wesentlich um die Thätigkeit der Staatsgewalt zu Gunsten eines angeblich verletzten Privatrechts sich handelt. Aber die Natur dieses Rechts bringt es mit sich, daß der freien Thätigkeit und Willkür der Parteien hier ein weit größerer Raum gelassen wird als da, wo ein öffentliches Recht in Frage steht, und daß namentlich der Verzicht der Parteien von weitgreifender Bedeutung ist. Doch geht diese Willkür der Parteien nicht soweit[1], daß dieselben dem Gerichte andere als die gesetzlichen Normen der Prozeßleitung und -entscheidung mittels eines sogenannten Konventionalprozesses aufzudringen berechtigt wären. Soll der Richter als Organ der Staatsgewalt sich überhaupt mit einer Streitsache befassen, so kann er es auch nur in der vom Staate (Gesetze) gebilligten Weise: diese letztere hat eine über die einzelne Streitsache hinausgreifende Einwirkung auf das Gemeinwesen und insbesondere auf die Verhandlung und Entscheidung anderer Prozesse, ganz abgesehen davon, daß im Prozesse oft auch Rechte und Interessen dritter Personen, z. B. der Zeugen, in Betracht kommen. Wo also z. B. Öffentlichkeit und Mündlichkeit des Verfahrens besteht, können die Parteien nicht nach ihrer Willkür die Öffentlichkeit ausschließen oder schriftlich verhandeln.

§ 2. Ordentlicher Prozeß und abweichende Prozedurformen. Übrigens kann es auch angemessen oder notwendig erscheinen, daß für verschiedene Arten von Streitsachen verschiedene Arten des Verfahrens bestehen, namentlich mit Rücksicht darauf, daß gewisse Streitsachen eine besondere Beschleunigung des Verfahrens oder, wie z. B. der Arrestprozeß, der mit Exekutionshandlungen beginnt, gewissermaßen eine Umkehr der sonst gültigen Prozeßnormen fordern. Neben dem ordentlichen Prozesse bestehen daher die summarischen Prozesse und der Konkursprozeß. Die summarischen Prozesse werden von der deutschen Doktrin eingeteilt in die unbestimmt- (regulär-) und in die bestimmt- (irregulär-) summarischen Prozedurformen. Erstere unterscheiden sich vom ordentlichen Verfahren nur durch Abkürzungen und Vereinfachungen; bei letzteren erhalten die Prozeßhandlungen selbst einen anderen Charakter oder treten in anderer Reihenfolge auf. Zu den bestimmt summarischen Prozessen gehörten nach der gemeinrechtlichen Doktrin der Mandats-, der Exekutiv- (Urkunden-) und Wechselprozeß und der Arrestprozeß. Die Civilprozeßordnung für das Deutsche Reich hat von summarischen Prozedurformen nur den Urkunden- und Wechselprozeß sowie den Arrestprozeß aufgenommen. Das sogenannte Mahnverfahren der deutschen Civilprozeß-

---

[1] Wieweit der Verzicht bezw. die Möglichkeit einer Disposition der Parteien anzuerkennen ist, wird sich nur mit Rücksicht auf die einzelnen in Betracht kommenden Civilprozeßnormen bestimmen lassen. — Über dispositives Civilprozeßrecht vgl. neuerdings Bülow im Archiv f. d. civilist. Praxis LXIV 1 ff. Doch dürfte einerseits das, was Bülow hier mit Recht bekämpft, kaum der wahre Sinn der herrschenden Ansicht sein, und andererseits Bülow die Disposition der Parteien in zu enge Grenzen einschließen. — Verträge über die Beweislast — anders steht es mit den Verträgen über Ausschluß von Beweismitteln — für den Fall eines etwaigen Streites unter den Parteien sind für unwirksam nicht zu erachten und für den Verkehr schwer zu entbehren. Das Prinzip der freien Beweiswürdigung seitens des Richters berühren sie nicht. Vgl. Einführungsgesetz zur deutschen Civilprozeßordnung § 16 Nr. 1.

ordnung kann als ein Versuchsverfahren bezeichnet werden, um Ansprüche ohne wirklichen Streit der Parteien zur Exekution zu bringen, immerhin aber auch als eine Fortbildung des gemeinrechtlichen sogenannten bedingten Mandatsprozesses.

§ 3. **Formelle oder materielle Wahrheit des Civilprozesses. Der Civilprozeß und das Leben des Volkes.** Häufig wird behauptet, im Civilprozesse komme es nur auf formelle, nicht auf materielle Wahrheit an. Dies ist nicht genau. Der Civilprozeß muß sogut wie der Strafprozeß dahin streben, daß das Recht, wie es in ihm festgestellt wird, auch dem wirklich vorhandenen Rechte entspreche. Ein Prozeßverfahren, welches präsumtiv dem Unrechte zum Siege verhilft, ist immer ein fehlerhaftes. Aber freilich muß der Natur des im Streit befangenen Rechts gemäß der Civilprozeß sich wesentlich damit begnügen, den Parteien die Möglichkeit zur Feststellung des materiellen Rechts zu gewähren, und nicht darf er unter gänzlicher Zurückdrängung der Parteithätigkeit dem Richter diese Feststellung selbst gegen oder ohne den Willen der Parteien in die Hand legen. Die Parteithätigkeit und damit einerseits die individuelle Geschicklichkeit, andererseits die Nachlässigkeit der Partei hat daher auf das Schicksal des Prozesses den erheblichsten Einfluß, und so wird oft selbst bei der besten Prozeßordnung das formelle Recht des Urteils dem materiellen Rechte widersprechen. Geschieht das aber zu oft und erscheint dann der Obsieg im Prozesse wesentlich als Spiel des Zufalls und technischer Geschicklichkeit, so wird das Rechtsbewußtsein des Volkes schwer geschädigt. Andererseits ist es aber auch ein verhängnisvoller Mißgriff, wenn die Gesetzgebung es unternimmt, die Parteien bei Verteidigung und Verfolgung ihrer Privatrechte, über welche sie doch der Regel nach frei disponieren können und welche sie auch der Regel nach am besten zu verfolgen und verteidigen wissen, unter die Vormundschaft des Gerichts zu stellen.

Eine auf gesunden Grundlagen ruhende Prozeßgesetzgebung ist für das gesamte Leben des Volkes von hoher Bedeutung. In einen Prozeß kann jeder wider Willen geraten, und dem einzelnen ist es meistens weit leichter, durch besondere Dispositionen und Kautelen den schädlichen Einwirkungen eines verkehrten materiellen Rechtssatzes als denjenigen eines fehlerhaften Prozeßgesetzes sich zu entziehen. Handel und Industrie sind bei einem gerechten und und dabei doch schnellen Prozeßverfahren wesentlich interessiert, und dieses besitzt auch eine starke volkserziehende Kraft. Grobe Sorglosigkeit, versteckter Betrug werden durch ein energisches Civilverfahren, welches den Schuldigen zum Ersatze des angerichteten Schadens anhält, in mannigfacher Beziehung besser im Zaume gehalten als durch Strafrichter und Polizei. Die bürgerliche Selbständigkeit des einzelnen, da sie bedingt ist durch eine strenge und nicht nur theoretische, sondern praktisch wirksame Verantwortlichkeit, hängt wesentlich mit ab von einem guten Civilverfahren. Ein schlechtes Civilverfahren drückt aber auch die Stellung derjenigen herab, welche die Rechtspflege vorzugsweise in Händen haben. Selbstgefühl des Richterstandes und Achtung desselben seitens des Volkes stehen im Verhältnis zu der Art und Weise, in welcher das Verfahren die Zwecke der Rechtspflege zu erreichen gestattet, und je weniger die Rechtspflege in ihrem nächsten Kreise materielles Recht zu verwirklichen im stande ist, um so weniger wird man geneigt sein, ihr einen weiteren Wirkungskreis der Rechtsprechung in Fragen des Staatsrechts zu eröffnen, bei denen eine nur formelle Lösung weit weniger erträglich ist.

Der Civilprozeß als Teil des öffentlichen Rechts steht in Wechselbeziehung zu dem politischen Leben des Volkes. Ein absoluter Beamtenstaat wird ein anderes Prozeßverfahren ausbilden, als dasjenige ist, welches allgemeiner Teilnahme des Volkes an politischen Rechten und Befreiung des einzelnen von staatlicher Vormundschaft entspricht. Doch ist die Wechselwirkung nicht so unmittelbar und schnell, wie wir sie beim Strafverfahren wahrnehmen, und Tradition und Gewöhnung haben gerade im Civilprozeß besondere Macht, da derselbe mehr als das materielle Recht von den Anschauungen der Rechtstechniker abhängig ist. So erhielt sich im römischen Kaiserstaate noch längere Zeit das in der republikanischen Zeit ausgebildete Verfahren, und bis in unsere Zeit haben manche Staaten umgekehrt noch ein Civilverfahren beibehalten, welches einer vergangenen politischen Epoche entspricht.

§ 4. Anwendung neuer und Anwendung auswärtiger Prozeßgesetze.
Jedes Rechtsverhältnis muß zwar im Prozesse geltend gemacht werden können, wenn auch nur als Verteidigungsgrund. Aber die Art und Weise dieser Feststellung ist nicht wohlerworbenes Recht des einzelnen. Vielmehr ist hier entscheidend, daß das Urteil eine Überzeugung der Staatsgewalt von der Richtigkeit oder Unrichtigkeit des erhobenen Anspruchs ausdrückt, und daß der Prozeß den Weg zur Bildung dieser Überzeugung darstellt. Daraus folgt:

1. Neue Prozeßgesetze sind sofort anwendbar auch auf früher entstandene Rechtsverhältnisse. Der Staat muß hier von der Anschauung ausgehen, daß der neue Weg zur Ermittelung der Rechtsverhältnisse der ausreichende und bessere sei. Selbst auf bereits anhängige Rechtsstreitigkeiten können neue Prozeßgesetze Anwendung finden und müssen dies oft nach ausdrücklicher Bestimmung des Gesetzgebers. Inwieweit dies möglich ist ohne Schädigung des materiellen Rechte der Parteien, ist nur nach Maßgabe der in Betracht kommenden Gesetzgebungen und ihrer Prinzipien zu bestimmen, und bei umfassenderen Änderungen sind überhaupt manche Zweifel schwerlich anders als durch eingehende Detailbestimmungen zu lösen. Je mehr aber die neue Gesetzgebung den Prozeß als einheitliches Ganzes auffaßt, um so weniger können einzelne unter der Herrschaft des früheren Gesetzes vorgenommene Akte und erledigte Prozeßabschnitte aufrechterhalten werden. In neueren Gesetzen findet sich oft die Vorschrift, daß mit Beginn einer neuen Instanz das neue Verfahren anzuwenden, die zur Zeit des Inkrafttretens des neuen Gesetzes bereits begonnene Instanz dagegen noch im alten Verfahren zu erledigen sei (vgl. z. B. preußische Verordnung vom 21. Juli 1846 § 39), ein Satz, der aber zur Beseitigung der hier obwaltenden Schwierigkeiten keineswegs ausreicht.

Vgl. namentlich Mittermaier im Archiv f. die civilist. Praxis X 118 ff.; Menger, System d. österr. Civilprozeßrechts I (1876) 188 ff.; Wach, Handbuch des deutschen Civilprozeßr. I 211 ff.

Das Einführungsgesetz zur deutschen Civilprozeßordnung § 18 stellt den Grundsatz auf, daß auf die Erledigung der vor dem Inkrafttreten der Civilprozeßordnung anhängig gewordenen Prozesse bis zu rechtskräftiger Entscheidung die bisherigen Prozeßgesetze Anwendung finden sollen, autorisiert jedoch die Landesgesetzgebung, auch anhängige Prozesse dem neuen Prozeßrechte zu unterwerfen und zu diesem Zwecke Übergangsbestimmungen zu treffen. Außerordentliche Rechtsmittel finden nach Einführungsgesetz § 20 nur nach Maßgabe des neuen Rechts ferner statt, und dies entspricht auch der Auffassung dieser Rechtsmittel als besonderer Klagen oder Prozesse, welche die Rescission eines früheren Prozeßresultats bezwecken. Auch die Zwangsvollstreckung, deren Form von der des Rechtsstreits im engern Sinne, des Judicium unabhängig ist, wird, was die Anwendung des neuen Prozeßrechts betrifft, nach Einführungsgesetz § 21 als besonderer Prozeß behandelt. Das preußische Gesetz vom 31. März 1879 betreffend die Übergangsbestimmungen zur deutschen Civilprozeßordnung und deutschen Strafprozeßordnung (§ 1) läßt es prinzipiell bei dem in Einführungsgesetz zur deutschen Civilprozeßordnung § 18 aufgestellten Grundsatze bewenden und macht davon in den §§ 2 ff. nur wenig umfassende Ausnahmen.

2. Der Richter hat das Prozeßrecht seines Staates (die lex fori) auch auf Rechtsverhältnisse anzuwenden, die materiell nach dem Rechte eines anderen Staats beurteilt werden müssen. Dies gilt insbesondere von der Beurteilung des Beweises; wenn nach der lex fori z. B. das Prinzip der freien Beweiswürdigung gilt, so kommt es auch auf die Requisite einer formellen Beweistheorie, welche etwa an dem Orte gilt, wo das in Streit befangene Rechtsverhältnis zur Existenz gekommen ist, nicht an. Präsumtionen und Beschränkungen der Beweismittel dagegen, die nur für einzelne Rechtsverhältnisse gelten (z. B. Präsumtionen für die eheliche Erzeugung eines Kindes), sind dem materiellen Rechte zuzurechnen, daher nicht nach der lex fori zu beurteilen. Das Letztere gilt auch von der Fähigkeit zur Prozeßführung, welche, insoweit sie Folge der allgemeinen Handlungsfähigkeit ist, von der lex domicilii, dem heimatlichen Rechte der prozeßführenden Partei abhängig ist. Davon weicht allerdings § 53 der deutschen Civilprozeßordnung nach angeblichen, in Wirklichkeit aber nicht vorhandenen Zweckmäßigkeitsgründen ab: der Ausländer soll, wenn ihm nach

dem Rechte seines Landes die Prozeßfähigkeit mangelt, als prozeßfähig gelten, wenn er dies nach dem Rechte des Prozeßgerichts sein würde. Es ist übrigens häufig notwendig, daß das über den Prozeß entscheidende Gericht (Prozeßgericht) sich zur Erledigung einzelner Prozeßhandlungen der Hülfe eines anderen und etwa auch eines ausländischen Gerichts bediene. Für diesen Fall ist Folgendes zu bemerken. Auch da, wo der Richter auf Requisition eines auswärtigen Gerichts thätig wird, muß er gleichwohl die in seinem Landesgesetze unbedingt vorgeschriebenen Formen und unerläßlichen Voraussetzungen der betreffenden Prozeßhandlungen wahren, wenngleich er auf besonderes Ersuchen des auswärtigen Richters neben jenen Formen auch diejenigen des auswärtigen Rechts beobachten kann, soweit dieselben nicht nach den Landesgesetzen für unzulässig erachtet werden müssen oder Verpflichtungen und Rechte Dritter, z. B. der Zeugen, nicht berühren. Das Prozeßgericht hat dagegen nach seinen Gesetzen zu prüfen, ob der Inhalt der Prozeßhandlungen genügt. Nicht vollkommen korrekt drückt sich § 334 der deutschen Civilprozeßordnung in dieser Beziehung aus („Entspricht die von einer ausländischen Behörde vorgenommene Beweisaufnahme den für das Prozeßgericht geltenden Gesetzen, so kann daraus, daß sie nach den ausländischen Gesetzen mangelhaft ist, kein Einwand entnommen werden"). Die Verpflichtung dritter Personen zur Ablegung eines Zeugnisses ist nach dem Rechte des Aufenthaltsortes dieser Personen, die Verpflichtung der Parteien dagegen zur Ausschwörung eines Eides, Stellung einer Kaution, Herausgabe einer Urkunde (lediglich aus prozessualen Gründen) nach dem Rechte des Prozeßgerichts zu beurteilen. (Vgl. auch die Abhandlung über das internationale Privatrecht.)

Litteratur: Mittermaier im Arch. f. d. civilist. Praxis XIII 293 ff.; v. Duhn ebenda XXXXII 22 ff.; Story, Commentaries on the conflict of laws. (Verschiedene Ausgaben bis auf unsere Zeit.) Boston: Foelix, Traité du droit international privé (4ème édit.) par Demangeat. Paris 1866; Bar, Das internationale Privat- und Strafrecht. 1862. 2. Aufl.: Theorie und Praxis des internationalen Privatrechts. 1889. Bd. II: F. Wharton, A treatise on the conflict of laws. Philadelphia 1872. 2. Ausg. 1881: Menger, System des österreichischen Civilprozeßrechts I 128 ff. Wach, Handbuch I 219 ff.

II. Prinzipien des Civilprozeßrechts.

§ 5. Das Verhandlungsprinzip. Aus der Natur der im Civilprozesse geltend gemachten Rechte folgt für jedes rationelle Civilverfahren das sogenannte Verhandlungsprinzip (Verhandlungsmaxime). Da die Parteien über das Recht selbst frei disponieren können, muß es ihnen auch überlassen bleiben, was sie zur Geltendmachung desselben oder zur Abwehr des gegnerischen Angriffs vorbringen wollen: die Initiative gebührt also hier den Parteien. Allerdings können dieselben durch Nachlässigkeit und Unkenntnis in Schaden geraten; aber wenn umgekehrt der Richter nach dem sogenannten Inquisitions- oder Untersuchungsprinzip (oder -maxime) Thatsachen und Beweise auf eigene Hand heranziehen will, so kann es nicht ausbleiben, daß er oft Parteiinteressen verletzt oder durch Irrtümer der Partei Schäden und Kosten verursacht, und daß andererseits der jeder festen Norm entbehrende Prozeß — denn im Civilprozesse beruht der Zwang wesentlich auf der Annahme eines dem Untersuchungsprinzipe nicht vereinbaren Rechts der Partei — ungebührlich in die Länge gezogen werde. Der Versuch, den die preußische allgemeine Gerichtsordnung (Einleitung §§ 6. 7; Teil I Tit. 10 § 1, 3) in gewissem Umfange mit dem Untersuchungsprinzipe gemacht hatte, war daher auch als unpraktisch schon von der neueren preußischen Gesetzgebung gänzlich aufgegeben worden. Allerdings kann aber das Verhandlungsprinzip in mehr oder weniger schroffer Weise durchgeführt werden, und hier ist denn einerseits der mehr oder weniger formelle Charakter des Beweisrechtes — am schärfsten tritt das Verhandlungsprinzip hervor im älteren deutschen Rechte — und andererseits die Schriftlichkeit oder Mündlichkeit des Verfahrens von Einfluß, da erstere das auch mit dem Verhandlungsprinzipe sehr wohl zu vereinbarende, in der deutschen Civilprozeßordnung § 130 anerkannte und hier sachgemäß zunächst dem Vorsitzenden des

Gerichts überwiesene **richterliche Fragerecht** (Aufklärungsrecht) zur Feststellung des Sinnes von Parteierklärungen außerordentlich behindert[1].

Das Verhandlungsprinzip aber läßt sich in folgende Untersätze auflösen:

1. „Nemo iudex sine actore": „Wo kein Kläger, da ist auch kein Richter." Der Civilrichter kann nur auf Anrufen einer Partei einen Civilprozeß einleiten[2].

2. „Ne procedat iudex ex officio". Der Richter soll auch in einem bereits anhängigen Prozesse nicht von Amts wegen thätig werden. Dieser Satz ist aber nur unter Beschränkungen wahr. Denn

  a. das, was zum regelmäßigen Fortgange des Prozesses gehört, muß der Richter oft ohne besondere Parteibitte vornehmen, z. B. im gemeinrechtlichen Verfahren dem Beklagten die Klage zur Vernehmlassung mitteilen, auch wenn der Kläger darum nicht besonders, sondern nur allgemein um Verurteilung des Beklagten gebeten hat;

  b. eine Abweisung unbegründeter Anträge erfolgt immer von Amts wegen, da die Abweisung wesentlich nichts anderes ist als eine Benachrichtigung, daß der Richter unthätig bleiben wolle;

  c. wo der Richter thätig wird, muß er auch von Amts wegen für die rechtliche Gültigkeit seiner Handlungen sorgen, und da der gesamte Prozeß die Thätigkeit des Richters voraussetzt, muß der Richter auch von Amts wegen dafür Sorge tragen, daß der Prozeß nicht an Mängeln leide, die ihn nichtig erscheinen lassen. So muß der Richter z. B. darauf achten, daß nicht ein Handlungsunfähiger prozessiere. (Vgl. deutsche Civilprozeßordnung § 54.)

Vielleicht könnte man nach diesen Beschränkungen den obigen Satz so ausdrücken: der Richter hat in seiner Thätigkeit überall da innezuhalten, wo er einen Parteiantrag erwarten könnte, falls die Partei einen Fortschritt in der fraglichen Richtung oder überhaupt einen Fortschritt will. So kann der Richter nicht auf eigene Hand Beweismittel heranziehen, wohl aber, wenn die Partei für einen bestimmten Beweissatz Beweismittel vorgebracht hat, für die gehörige Ausnutzung dieser Beweismittel (z. B. durch ergänzende Fragen an die Zeugen) sorgen.

3. „Quod non est in actis, non est in mundo", d. h. Thatsachen, die von den Parteien nicht im Prozesse geltend gemacht sind, dürfen der richterlichen Thätigkeit nicht zur Grundlage dienen; der Richter darf seine Privatkenntnis nicht benutzen. Dagegen hat der Richter **Rechtssätze** von Amts wegen anzuwenden.

4. „Ne eat iudex ultra petita partium", d. h. der Richter darf der Partei nicht mehr zuerkennen als dasjenige, was sie beantragt hat, auch nichts anderes (wohl aber ein Geringeres, wenn ein Antrag auf das Plus nicht begründet wäre; denn in dem Plus ist das Minus mit enthalten). Diese Beschränkung gilt auch von Nebenprästationen, z. B. von Früchten und Zinsen; nach einer durch frühere Partikulargesetze und jetzt auch durch die deutsche Civilprozeßordnung § 279 gebilligten Ansicht aber nicht von der Zuerkennung der Prozeßkosten, über welche nach dieser Ansicht vielmehr von Amts wegen entschieden werden soll.

An der Handhabung des Verhandlungsprinzips können allgemein gehaltene Bitten der

---

[1] Auf dieses Recht des Gerichts, sich aufzuklären über das Streitverhältnis, ist zurückzuführen a. die im § 132 der deutschen Civilprozeßordnung anerkannte Befugnis des Gerichts das persönliche Erscheinen der Parteien zu fordern; b. die nach § 133 das. bestehende Befugnis des Gerichts anzuordnen, daß eine Partei die in ihren Händen befindlichen Urkunden, auf welche sie sich bezogen hat, Stammbäume, Pläne, Risse und sonstige Zeichnungen vorlege; c. die im § 135 das. gegebene Befugnis des Gerichts, die Einnahme eines Augenscheins sowie Begutachtung durch Sachverständige anzuordnen.

[2] Nach früherem gemeinen Rechte wurde der Richter allerdings für befugt erklärt, von Amts wegen einzuschreiten, wenn bei zweifelhaftem Besitzstande Gewaltthätigkeiten zu befürchten waren. — Das römische Recht stellt den Satz auf: „Nemo invitus agere cogitur", l. un. C. 3, 7. Davon gab es nach dem gemeinen Rechte insofern Ausnahmen, als in gewissen Fällen jemand (durch eine Provokationsklage) gezwungen werden konnte, seinerseits Klage (gegen den Provokanten) zu erheben. Nach der deutschen Civilprozeßordnung finden Provokationsklagen gegen bestimmte Personen nicht mehr statt.

Partei, der Richter möge ihre Thätigkeit ergänzen (sogenannte clausula salutaris, die früher allgemein üblich war), nichts ändern.

§ 6. Grundsatz, beide Parteien gleichmäßig zu hören. Als zweiter Fundamentalsatz des Civilprozesses pflegt bezeichnet zu werden der Grundsatz des beiderseitigen Gehörs (Audiatur et altera pars): „eines Mannes Rede ist keine Rede, man soll sie billig hören beede". (l. 3 C. 7, 43; c. 1. X. 2, 12.) Der einseitige Vortrag einer Partei wird vermutlich zu deren Gunsten den Sachverhalt färben oder doch beleuchten und ist daher ungeeignet, zur Grundlage richterlicher Entscheidung zu dienen. Doch muß es selbstverständlich genügen, wenn der Gegenpartei ausreichende Gelegenheit gegeben, die Partei gehörig aufgefordert ist, sich vor dem Richter vernehmen zu lassen; und außerdem ist der obige Grundsatz nicht anwendbar auf nur provisorische Verfügungen, die vielmehr oft durch vorheriges Gehör der Gegenpartei illusorisch werden würden.

§ 7. Bezahlung der vom Staate geleisteten gerichtlichen Hülfe. Armenrecht. Von keiner Bedeutung für die Gestaltung des Verfahrens ist sodann der im heutigen Prozeßrecht gültige, praktisch allerdings wichtige Satz, daß gerichtliche Hülfe nicht unentgeltlich vom Staate geleistet wird, vielmehr dem Gerichte Gebühren entrichtet werden müssen. Wenn auch von einem idealen Standpunkte aus für Unentgeltlichkeit der Gewährung der Rechtshülfe manches sich sagen läßt, so würde dieselbe doch in unseren Kulturverhältnissen die Prozesse bis zur unerträglichen Last vermehren. Nebenbei kommen für die moderne Gesetzgebung freilich auch finanzielle Rücksichten auf die Staatskasse in Betracht. Für das Deutsche Reich ist jetzt das Gerichtskostenwesen einheitlich geregelt durch das Gerichtskostengesetz und die Gebührenordnung für Gerichtsvollzieher vom 18. bezw. 24. Juni 1878. Das erstere Gesetz, welches zugleich jede weitere, früher meist übliche Besteuerung der Rechtsstreitigkeiten, insbesondere durch Stempel, in den einzelnen deutschen Staaten ausschließt, beruht auf dem Prinzipe, daß für den Rechtsstreit je nach dem Wertbetrage desselben eine Gesamtgebühr erhoben wird (Pauschgebühr), nicht aber jeder einzelne Akt des Verfahrens taxiert wird. Jedoch kommt dies Prinzip nicht rein zur Anwendung. Es wird auch berücksichtigt die verschiedene Art der Erledigung des Rechtsstreits, ob ohne kontradiktorische Verhandlung oder mit solcher u. s. w.

Dem Armen, der eine nicht offenbar ungerechte Sache verfolgt oder verteidigt, darf indes keinesfalls durch die Gebührenpflichtigkeit das Recht abgeschnitten werden. So müssen dem Armen wenigstens die Gebühren gestundet, und muß ihm auch in den erforderlichen Fällen unentgeltlich ein sachkundiger Rechtsbeistand gewährt werden (Armenrecht). (Vgl. die genaueren Vorschriften in den §§ 106 ff. der deutschen Civilprozeßordnung. Das Armenrecht wird ebenso wie nach dem früheren gemeinen Rechte durch das Prozeßgericht, nicht, wie z. B. nach der hannoverschen Prozeßordnung, durch die Staatsanwaltschaft erteilt und muß für jede Instanz besonders nachgesucht und bewilligt werden.) Im Laufe des Prozesses gilt sonst die Regel, daß derjenige, auf dessen Antrag eine richterliche Handlung erfolgt, deren Kosten dem Gerichte zu erlegen hat und daß, wenn die richterliche Handlung von Amts wegen oder auf beiderseitigen Antrag erfolgt, jeder Teil die Hälfte zu erlegen hat, vorbehältlich des Rechts, von dem Gegner demnächst Erstattung der Prozeßkosten zu verlangen (s. unten).

§ 8. Verschiedene mögliche Prinzipien des Beweisrechts. Von entscheidendem Einflusse auf die gesamte Gestaltung des Prozesses ist aber die Beschaffenheit des Beweisrechts. Finden und Anwenden des passenden Rechtssatzes auf den gegebenen Fall ist eine geistige Operation wesentlich nur des Urteilers, und die Gesetzgebung hat, was diesen Punkt betrifft, nur dafür zu sorgen, daß dieselbe einem geeigneten Organe anvertraut werde. Dagegen lassen, wie auch die Geschichte des Prozeßrechts zeigt, sehr verschiedene Wege der Feststellung des Thatsächlichen sich denken. Sie müssen angemessen sein den Sitten, der Denkweise, der Kulturstufe und in gewissem Umfange auch dem öffentlichen Leben des einzelnen Volkes. Kindlicher Glaube kann als Beweismittel

Dinge betrachten, denen vorgeschrittene Bildung alle Beweiskraft abspricht; dem einen Volke kann eine große Gewalt des Richters bedenklich, dem anderen wünschenswert erscheinen, und ein wenig entwickelter Verkehr kann sich mit Beschränkungen der Rechtsverfolgung vertragen, die ein entwickelter Verkehr abzuweisen geneigt sein muß.

Im großen und ganzen lassen diese Gegensätze sich zurückführen auf den Gegensatz des formellen und materiellen Beweisrechts. Das letztere zielt auf Begründung einer richterlichen Überzeugung über den Sachverhalt des einzelnen Falles. Das erstere zwingt den Richter, Thatsachen immer, aber auch nur dann als wahr anzunehmen, wenn die Beweishandlung bestimmten, ein für allemal festgesetzten Erfordernissen genügt. Das formelle Beweisrecht ist das Prinzip des älteren deutschen, man kann sagen germanischen Prozesses; das materielle Beweisrecht kennzeichnet den römischen Prozeß, soweit er uns geschichtlich bekannt ist, und ist im wesentlichen auch schon, wenngleich nicht ausschließlich, Prinzip des früheren gemeinen Rechts. Abgesehen von dem auch jetzt noch formellen Eidesrechte ist das Prinzip der Entscheidung über die Beweisführung nach freier richterlicher Überzeugung ausdrücklich ausgesprochen in § 259 der deutschen Civilprozeßordnung, und in dem Einführungsgesetze § 14 sind diesem Prinzipe widersprechende partikularrechtliche Vorschriften über bindende Kraft des strafgerichtlichen Urteils für den Civilrichter, über die Ausschließung oder Beschränkung des Zeugenbeweises in gewissen Rechtsstreitigkeiten (wie solche nach französisch-rheinischem Rechte bestand), die sogenannten halben Rechtsvermutungen des preußischen Rechts („Vorschriften des bürgerlichen Rechts, nach welchen unter bestimmten Voraussetzungen eine Thatsache als mehr oder minder wahrscheinlich anzunehmen ist"), außer Kraft gesetzt[1]. Im germanischen Prozesse wurden die Beweisresultate von der Partei fertig geliefert: das Gericht mußte dem Schwure der Partei, dem Ausgange des Zweikampfes, der Probe des glühenden Eisens gemäß entscheiden. Nach dem römischen und dem heutigen Beweisrechte hat das Gericht diese Resultate selbst herauszuziehen mittels kritischer Prüfung der Zeugenaussagen, Urkunden u. s. w. Die Thätigkeit des Gerichts ist bei materiellem Beweisrechte viel bedeutender als bei einem formellen Beweise; fast scheint es, als sei im germanischen Prozesse der Beweis gar nicht dem Gerichte, sondern lediglich dem Gegner geliefert, als habe der Gläubiger statt mit der versprochenen Leistung, mit einem Eide bezahlt werden können. Doch liegt auch in dem formellen Beweisrecht immer ein Kern materiellen Beweisrechts verborgen, wie umgekehrt jeder civilprozessuale Beweis, da die Parteien jederzeit darüber disponieren können, inwieweit von ihnen und folgeweise auch vom Gerichte bestimmte Thatsachen nicht in Frage gestellt werden sollen, in gewissem Grade formell sein wird, wäre im übrigen auch der richterlichen Überzeugung der freieste Spielraum gelassen. Sofern die Kulturverhältnisse nicht, wie freilich auch möglich, über ein veraltetes Prozeßrecht hinausgewachsen sind, muß die Gesamtheit das Ergebnis des formellen Beweises in den meisten Fällen doch für wahr halten. Daher war auch das Verfahren im germanischen Prozesse so gestaltet, daß die materielle Beweiskraft der formellen Beweismittel möglichst zur Geltung gelangte. So erwuchs ein kunstvolles System von Behauptungen und Gegenbehauptungen, von denen die Zuerteilung des Beweises durch das Gericht an die eine oder die andere Partei abhing; denn ein formelles Beweisrecht kann wesentlich nur eine Partei zum Beweise gelangen lassen: Beweis und Gegenbeweis, über denselben Punkt unternommen, würden eine kritische Prüfung nach Lage des einzelnen Falles erfordern. Der germanische Prozeß war daher wesentlich ein Prozeß mit Behauptungen, bei welchem der Beweis nur als Nachspiel erschien, dessen Ergebnis meistens von vornherein gewiß, dem Beweisenden günstig war. Ein Zurückgehen von dem Beweise auf die Behauptungen, eine Korrektur der letzteren nach Maßgabe jenes war dabei durchaus unzulässig, und ebenso mußte jeder Fehler, den das Gericht bei Zuerteilung des Beweisrechts beging, sofort gerügt, das Rechtsmittel sofort dagegen ergriffen werden.

Das alles verhält sich anders bei einem Beweisrecht mit wesentlich materieller richter-

---

[1] Wirkliche Rechtsvermutungen (vgl. unten) gehören dem materiellen Rechte an und werden deshalb durch das im Prozesse geltende Prinzip der freien Beweiswürdigung nicht berührt. Einführungsgesetz zur deutschen Civilprozeßordnung § 16 1.

licher Prüfung. Hier muß der eigentliche Kampf der Parteien in der Beweisführung gekämpft werden, und insofern nicht die Parteien über das Thatsächliche einig sind, erscheint das Stadium der Behauptungen als ein Vorspiel jenes eigentlich entscheidenden Kampfes. Bei diesem System steht prinzipiell nichts im Wege, anfängliche Parteibehauptungen nach dem Ergebnisse der Beweisführung modifizieren zu lassen, soweit dies mit der notwendigen Vorbereitung der Parteien auf die Verhandlungen irgend vereinbar, und nicht minder kann das Gericht bis zum endlichen, über den Beweis entscheidenden Urteile durchaus freie Hand behalten. Daher sind prinzipiell die Zwischenverfügungen des Gerichts abänderlich, und Rechtsmittel halten den Gang des Verfahrens nicht auf. Jedes Gebundensein der Parteien an frühere Behauptungen, des Richters an frühere Beschlüsse bringt einen der vollkommen freien Prüfung widerstreitenden Formalismus in den Prozeß. Dieser freien Beweglichkeit entspricht im wesentlichen der römische Prozeß, der heutige französische Prozeß und nunmehr auch das Verfahren der deutschen Civilprozeßordnung, wenngleich der Gegensatz kein absoluter ist und ein gewisser Formalismus jeder staatlichen Justiz anhaften muß.

§ 9. Schriftlichkeit und andererseits Mündlichkeit des Prozesses. In einer gewissen Verbindung mit dem Gegensatz des formellen und des materiellen Beweisrechts steht der Gegensatz der Schriftlichkeit und Mündlichkeit[1]. Freilich kann ein Prozeß mit formellem Beweisrechte sowohl mündlich als schriftlich sein; aber ein Prozeß, der das materielle Beweisrecht vollständig verwirklichen soll, muß zugleich mündlich sein. Die jetzt in der deutschen Civilprozeßordnung (vgl. namentlich § 119) angenommene[2] Mündlichkeit oder richtiger Unmittelbarkeit besteht nämlich in nichts anderem als darin, daß das über den Streitpunkt entscheidende Gericht aus dem unmittelbaren (mündlichen) Verkehre mit den Parteien (oder ihren Vertretern), mit den Zeugen und Sachverständigen die Grundlage der Entscheidung gewinnt, während nach dem Prinzipe der Schriftlichkeit diese Grundlage in der schriftlichen Fixierung der Parteivorträge und der Ergebnisse der Beweismittel besteht. Dagegen kann auch in einem mündlichen Verfahren vieles geschrieben werden müssen, aber zu anderem Zwecke, z. B. zum Zwecke der Vorbereitung der Verhandlung, der Kontrolle des Richters, der Zeugen, zum Zwecke einer etwaigen Benutzung des Prozeßergebnisses in einem späteren Prozesse, und so gilt auch im modernen mündlichen Verfahren der Grundsatz der Aktenmäßigkeit, d. h. über die gerichtlichen Handlungen werden urkundliche Aufzeichnungen aufgenommen. (Über die Aufnahme und Erfordernisse der Protokolle vgl. deutsche Civilprozeßordnung §§ 145 ff.) Und schriftliche Mitteilungen einer Partei an die andere oder des Richters an eine Partei sind bei mehr entwickelter Kultur ungeachtet der Mündlichkeit der eigentlichen Verhandlung thatsächlich nicht zu entbehren, insbesondere behufs Einleitung des Prozesses, Vorbereitung der Verhandlung: die Parteien (möglicherweise selbst z. B. Zeugen) würden ohne dies häufig im übrigen ganz nutzlos vor Gericht erscheinen oder gar zwangsweise vor Gericht geschleppt werden müssen, und nicht selten, z. B. bei Mitteilung eines verwickelten Urteils, kann eine schriftliche Mitteilung selbst vor einer mündlichen in gewissen Beziehungen Vorzüge haben, daher für den Eintritt gewisser Wirkungen erforderlich sein. Das Prozeßrecht hat daher bestimmte Normen ausgebildet für die verbindliche Kraft schriftlicher Mitteilungen im Prozesse (Behändigungen, Insinuationen, nach dem Ausdrucke der deutschen Civilprozeßordnung Zustellungen), z. B. über die Frage, wann (z. B. inwiefern an einem Feiertage), wo, an wen mit Gültigkeit für die Partei zugestellt werden kann (z. B. wenn die Partei selbst nicht sogleich zu treffen ist). Und da über die geschehene Zustellung ein sicherer Beweis, ein Beweis durch öffentliche Urkunde zweckmäßig erscheint, nach unserem positiven Rechte für

---

[1] Vgl. namentlich v. Feuerbach, Betrachtungen über die Öffentlichkeit und Mündlichkeit der Gerechtigkeitspflege. 2 Bde. 1823 u. 1825, und die zum folgenden Abschnitte citierten Schriften über die Reform des deutschen Civilprozesses.
[2] Der Grundsatz der Mündlichkeit gilt aber nicht unbedingt für Nebenstreitigkeiten, vgl. z. B. § 99 „Die Entscheidung über das [die Kosten betreffende] Feststellungsgesuch kann ohne mündliche Verhandlung erfolgen." Vgl. auch § 536 betr. die Entscheidung über die Beschwerde: § 46 betr. die Ablehnung eines Richters u. s. w.

notwendig erklärt wird, so erfolgen die Zustellungen der allgemeinen Regel nach durch dazu angestellte öffentliche Beamte (Gerichtsdiener, nach der deutschen Civilprozeßordnung Gerichtsvollzieher), die über die Zustellung Urkunden mit publica fides aufnehmen (deutsche Civilprozeßordnung § 156).

Der schriftlichen Fixierung entgehen nun notwendig eine Menge von Nebenumständen, die für die Bildung der richterlichen Überzeugung von Einfluß sein können, z. B. Charakter, Benehmen, Intelligenz der auftretenden Personen in vielen Fällen, oder es kann das Protokoll über alles dies doch nur ein unvollkommenes Bild geben. Dazu muß das niederzuschreibende Wort ganz anders abgewogen werden als das gesprochene, über dessen richtige Auffassung der Redende sich leicht unterrichten kann, und den schriftlichen Parteivorträgen klebt so gewissermaßen von selbst ein gewisser Formalismus an, der, weil nun auch das Nachfragen des Gegners und des Richters erschwert ist, besonders leicht zu ausweichenden, die Wahrheit verhüllenden Erklärungen benutzt werden kann. Alles das steht aber einer freien richterlichen Würdigung in Gemäßheit der Individualität des einzelnen Falles entgegen, und wird diese freie Beweiswürdigung daher auch theoretisch von der Gesetzgebung angenommen, so wird sie praktisch doch zum guten Teil ein toter Buchstabe bleiben, wenn die Individualität des Falles durch das Medium der Akten betrachtet werden soll.

Aus dem Prinzipe der Mündlichkeit folgt aber ferner:

1. Keine Entscheidung darf abgegeben werden (auch nicht eine Zwischenentscheidung), ohne daß vor dem gesamten erkennenden Gerichte eine mündliche Verhandlung stattgefunden hätte. (Vgl. deutsche Civilprozeßordnung § 280: „Das Urteil kann nur von denjenigen Richtern gefällt werden, welche der dem Urteil zu Grunde liegenden Verhandlung beigewohnt haben.")

2. Der dem Gerichte zur Entscheidung vorgelegte Stoff darf nicht so umfangreich sein, daß er die Fassungs- und insbesondere die Gedächtniskraft des Richters übersteigt, und umgekehrt darf der Prozeß nicht derartig in Abschnitte zerteilt sein, daß eine Trennung faktisch zusammengehöriger Punkte stattfindet, bei welcher die spätere Verhandlung nur durch eingehendes Studium der Aufzeichnungen über die früheren Verhandlungen verstanden werden könnte. Im ersten Falle hat man eine unrichtige Entscheidung zu befürchten, im zweiten werden die schriftlichen Aufzeichnungen, mögen dieselben in Protokollen oder in schriftlichen Zwischenbescheiden und deren Motivierung und sogenannten Thatbeständen (s. unten) bestehen, für den Fortgang des Prozesses maßgebend, und letzterer wird, je mehr er sich dem Ende nähert, um so mehr thatsächlich zu einem schriftlichen Verfahren werden. Der mündliche Prozeß verlangt einheitliche Verhandlung zusammengehöriger Punkte, und ist diese Einheit durch eine etwa erforderlich gewordene Vertagung gestört worden, so bedarf es der Strenge nach einer Wiederholung der ganzen Verhandlung in dem neuen Termine.

§ 10. **Vorbereitung der mündlichen Verhandlung. Schriftsätze im mündlichen Verfahren.** Es ergiebt sich hieraus, daß bei umfassendem Streitmateriale die Durchführung der Mündlichkeit nicht unerheblichen Schwierigkeiten begegnet, zumal, wenn bei mehr entwickelten Verkehrsverhältnissen die Parteien sich vor Gericht vertreten lassen können oder müssen und dann bei auftauchenden neuen Behauptungen der Vertreter der Partei, um von letzterer Instruktion zu erholen, Vertagung erbitten muß. Die häufigen Vertagungen aber sind der mündlichen Verhandlung besonders gefährlich. Einer vollständigen Wiederholung des früher Verhandelten suchen die Beteiligten sich möglichst zu entziehen, und so werden leicht faktisch die Aufzeichnungen über die frühere Verhandlung maßgebend. Man muß daher der mündlichen, eigentlich entscheidenden Verhandlung ein **Vorbereitungsverfahren**[1] vorangehen lassen. Im klassischen römischen Prozesse ist dies das Verfahren in iure vor dem Magistrat (Prätor), welches mit Erteilung der formula schließt und auf welches erst das eigentliche iudicium vor dem Volksrichter (iudex) folgt, und ähnlich verfährt auch die englische Common-law-Prozedur, in welcher durch vorhergehenden Schriftwechsel der Anwälte und Plaidoyers die Streitpunkte festgestellt werden,

---

[1] Vgl. v. Harrasowsky, Die Vorbereitung der mündlichen Verhandlung. 1875.

die nachher durch die Jury entschieden werden sollen. Der französische Prozeß und ihm nachgebildete deutsche Prozeßordnungen, als deren erste die hannoversche zu nennen ist, ebenso aber auch die deutsche Civilprozeßordnung §§ 120 ff. lassen die mündliche Verhandlung durch einen Schriftwechsel der Anwälte in der Art vorbereiten, daß prinzipiell die mündliche Verhandlung durchaus nicht an die Schriftsätze gebunden ist, die Parteien vielmehr Abweichendes vortragen können. Gleichwohl erscheint es selbstverständlich wünschenswert, daß letzteres nicht in zu ausgedehntem Maße geschehe, und die hannoversche, die württembergische Prozeßordnung von 1869 z. B. suchten hier lediglich durch die Bestimmung zu helfen, daß die Gegenpartei wegen des vorgebrachten novum Vertagung auf Kosten der anderen Partei verlangen konnte, während der französische Prozeß, in welchem übrigens wegen des meist abgekürzten Beweisverfahrens die Vertagung von geringerer Bedeutung ist, hier auch die sogenannte Souveränität der Gerichte wirksam werden läßt, d. h. die Befugnis des Gerichtes, Behauptungen und Beweise, welche die Partei hätte früher vorbringen können, nach seinem Ermessen ohne weiteres zurückzuweisen. Die deutsche Civilprozeßordnung hat neben der Verpflichtung zum Ersatze der Kosten der Terminsverlegung wegen ungenügender Vorbereitung der mündlichen Verhandlung, sofern die Partei hierbei eine Schuld trifft (§§ 90. 245. 251 Absatz 2), nach manchen Kämpfen auch diese Souveränität der Gerichte in einer das Parteirecht möglichst schonenden Form aufgenommen. Die Zurückweisung wirkt nach der deutschen Civilprozeßordnung, da in der Berufungsinstanz unbeschränkt nova vorgebracht werden können — abgesehen von einer dadurch herbeigeführten Änderung der Klage und neuen Ansprüchen — nur für die Instanz, und in der Berufungsinstanz erfolgt die Zurückweisung, welche übrigens stets einen darauf gerichteten Antrag der Gegenpartei voraussetzt, nur unter Vorbehaltung der Geltendmachung der zurückgewiesenen Verteidigungsmittel in einem besonderen Nachverfahren. Der Nachteil besteht hiernach nur darin, daß Rechtsmittel und Zwangsvollstreckung durch die nachträglich geltend gemachten Verteidigungsmittel nicht aufgehalten werden (§§ 252. 502), und dieser Nachteil genügt auch gegenüber einem chicanösen Beklagten vollkommen, da es nur diesem wesentlich auf Verzögerung der Zwangsvollstreckung ankommen wird. Da der Kläger andererseits ein starkes Interesse hat, den Rechtsstreit fortzusetzen — denn er ist in der ungünstigen Lage des Angreifenden —, so bedarf es ihm gegenüber eines solchen äußersten Zwangsmittels nicht. Die deutsche Civilprozeßordnung läßt daher die Souveränität der Gerichte auch nur gegenüber dem Beklagten zur Anwendung kommen, und zwar entscheidet demgemäß auch lediglich die Rolle der Parteien in der ersten Instanz: der Umstand, ob in der höheren Instanz die Partei in Bezug auf das vorinstanzliche Urteil angriffs- oder verteidigungsweise auftritt, als Berufungskläger oder Berufungsbeklagter, ist gleichgültig. (Vgl. in Ansehung der Souveränität der Gerichte auch den österreichischen Entwurf von 1876 § 211.)

§ 11. **Einteilung des Streitmaterials: Teilurteile und Zwischenurteile der deutschen Civilprozeßordnung.** Außerdem ist in einem mündlichen Verfahren für die Erledigung mehr verwickelter Sachen eine Teilung des Prozeßstoffes in der Art oft wünschenswert, daß über die einzelnen Teile des Prozeßstoffes getrennte Verhandlungen und getrennte Urteile stattfinden, aus welchen letzteren das Endurteil zusammengesetzt wird, oder die möglicherweise selbst ein zusammenfassendes Endurteil überflüssig machen. Denn die Verbindung verschiedener Thatbestände in einem Civilprozesse ist häufig nicht durch den natürlichen Verlauf der Ereignisse, sondern durch einen Rechtssatz gegeben, der zeitlich und örtlich entfernte Vorgänge aufeinander einwirken läßt, zuweilen selbst durch das Belieben der Partei (z. B. wenn diese eine nicht konnexe Gegenforderung im Wege der Kompensation geltend macht). Die deutsche Civilprozeßordnung erkennt daher auch die Möglichkeit solcher vorläufigen teilweisen (Verhandlungen und) Entscheidungen nach richterlichem Ermessen, wobei selbstverständlich die Anträge der Parteien einen gewissen Einfluß ausüben können, und wobei ein richtiger Takt des Vorsitzenden des Gerichts sehr erheblich ins Gewicht fällt, in ausgedehntem Umfange an. Sie unterscheidet (§§ 273. 274) Teilurteile und Zwischenurteile (§ 275). Erstere können erlassen werden (und sollen es der Regel nach), wenn von mehreren in einer Klage geltend gemachten Ansprüchen nur der eine oder nur ein Teil eines Anspruches oder bei erhobener Widerklage nur die Klage oder die Widerklage zur Entscheidung reif ist, beziehentlich wenn von dem Beklagten mittels Einrede eine Gegenforderung geltend gemacht ist, welche mit der in der Klage geltend gemachten Forderung nicht in rechtlichem Zusammenhange steht; letztere können erlassen werden, wenn ein einzelnes selbständiges Angriffs= oder Verteidigungsmittel oder ein Zwischenstreit zur Entscheidung reif ist. Das Teilurteil ist dabei sofort der Rechtskraft fähig (die sich benachteiligt erachtende Partei muß sofort Rechtsmittel einlegen, wenn ihr solche zustehen) und nach erlangter Rechtskraft der Exekution fähig; das Zwischenurteil ist weder der Rechtskraft noch der Exekution fähig, es erledigt den fraglichen Punkt nur für das Instanzgericht in bindender Weise; die mehreren Teilurteile ersetzen das Endurteil über den gesamten Prozeßstoff, die Zwischenurteile fordern eine Zusammensetzung zum Resultate im Endurteile. Bereits das frühere gemeine Prozeßrecht kannte übrigens eine Teilung des Prozesses über die Existenz und über den Betrag eines Anspruches (Liquidation), namentlich bei Schadenersatzforderungen. Die deutsche Civilprozeßordnung § 276 läßt diese oft sehr zweckmäßige Teilung ebenfalls (nach dem Ermessen des Gerichts) zu; die Entscheidung über die Existenz des Anspruchs soll als Endurteil gelten, d. h. sie ist sofort der Rechtskraft fähig; exekutionsfähig ist sie allerdings nicht, da ihr die erforderliche Bestimmtheit fehlt. (Vgl. auch die übrigens nicht unerheblich abweichenden §§ 425 ff. des österreichischen Entwurfes.)

In einem schriftlichen Verfahren ist allerdings durch Häufung des Prozeßstoffes Verwirrung des Verfahrens nicht leicht zu befürchten: in Schriften können verschiedene Dinge gleichzeitig behandelt werden; dem Leser bleibt ja die Möglichkeit, jeden Augenblick nach Gefallen sich über das einzelne zu unterrichten. Dagegen ist hier das Zurückwerfen des Prozesses auf einen früheren, nun aber zu modifizierenden Punkt wenig erträglich. Jede in einem mündlichen Verfahren in wenigen Augenblicken zu erledigende Anfrage kann mehrfachen Schriftwechsel verursachen. Der schriftliche Prozeß kann vielspurig fortschreiten, aber er muß das stetig thun. Dem schriftlichen Verfahren entsprechen daher festgegliederte Abschnitte, und sofern mehrere Instanzen bestehen, muß jeder Punkt gegen Anfechtung möglichst gesichert sein, ehe auf ihm fortgebaut wird. Daher sind in einem schriftlichen Verfahren die Zwischenurteile richtiger bindend und sofort appellabel.

§ 12. **Vorzüge und Nachteile der Mündlichkeit beziehungsweise Schriftlichkeit.** Über die Vorzüge der Mündlichkeit oder der Schriftlichkeit ist in neuester Zeit in Deutschland eine umfangreiche Litteratur herangewachsen. Als wesentliche Vorteile der Mündlichkeit sind unzweifelhaft zu betrachten:

1. die schon erwähnte größere Bequemlichkeit, über die Bedeutung von Parteivorträgen sich Aufklärung zu verschaffen, damit aber die Beseitigung vielfacher Nebenstreitigkeiten, die Vermeidung einer zu schroffen Handhabung der sogenannten Verhandlungsmaxime (siehe oben), ohne daß man deshalb in die fehlerhafte Untersuchungsmaxime zu verfallen braucht, das Abschneiden frivoler Behauptungen und frivoler Ableugnungen;
2. die Vereinfachung der Rechtsmittel;
3. die vollständige Durchführung der freien Beweiswürdigung;
4. der Umstand, daß nun die Entscheidung durch ein Kollegium zur Wahrheit wird, während in einem schriftlichen Verfahren die Entscheidung doch mehr oder weniger von dem sogenannten Referenten, d. h. von einem Mitgliede des Gerichts, welches allein die Akten liest und den übrigen Mitgliedern daraus einen Auszug mitteilt, vorherrschend gegeben wird.

Die Gegner der Mündlichkeit weisen hier auf die naheliegende Möglichkeit ungründlicher Entscheidung und Verschleppung der Sache, dann aber auch darauf hin, daß im Civilprozesse es den Parteien doch nicht verwehrt werden könne, formell abgewogene Erklärungen abzugeben, für welche die schriftliche Form angemessen sei, so daß die Mündlichkeit praktisch meist nur trügerischer Schein sei, da man doch auf die Schriftsätze zurückgehe. Dagegen wird ein mündliches Verfahren mit schriftlicher Schlußverhandlung empfohlen, wobei die

Thatsachen in den Schriftsätzen fixiert, die Erläuterungen und Rechtsdeduktionen in der mündlichen Verhandlung gegeben werden.

Allerdings wird man nun thatsächlich bei einigermaßen verwickelten Verhältnissen bei Abgabe des Urteils immer auf schriftliche Aufzeichnungen zurückgreifen, und man kann es namentlich dem Vertreter einer Partei, der von dieser selbst schriftliche Instruktionen empfängt, nicht wehren, schriftliche Erklärungen dem Gerichte unter Umständen einfach vorzulesen. Aber man kann den Parteien nicht prinzipiell die Sicherheit gewähren, daß das schriftlich Vorgetragene, welches sie nicht auch durch mündlichen Vortrag dem Gerichte zugänglich gemacht haben, von diesem auch berücksichtigt werden m u ß ß e. Hier ist ein gewisser Zwang der Parteien nötig; denn muß der Richter auch das nur schriftlich Vorgetragene berücksichtigen, so wird jede Partei das ihr Vorteilhafte nur schriftlich vorbringen, auf weitere Ausführungen aber sich möglichst nicht einlassen, und so stand es z. B. auch wesentlich in der bisherigen preußischen Praxis. Andererseits aber ist, wie bemerkt, ein vollständiges Verlassen der Schriftsätze in der mündlichen Verhandlung für diese selbst nicht ungefährlich, und das richtige Verhältnis von schriftlichem und mündlichem Vortrage dahin zu fassen, daß ersterer den Rahmen bilde, innerhalb dessen letzterer mit genügender Freiheit sich bewege, ein Prinzip, nach welchem gewisse nicht durch das Bedürfnis geforderte, sondern durch offenbare Nachlässigkeit oder Chicane veranlaßte Abweichungen auf Rüge des Gegners zurückzuweisen sind. Die richtige Durchführung des Prinzips ist freilich nicht einfach durch einen Gesetzesparagraphen, sondern nur durch Praxis und Wissenschaft zu erreichen, welche in der gesamten übrigen Struktur des Prozesses den erforderlichen Anhalt finden müssen. Ein ganz wesentlicher Punkt dürfte hierbei die Unmittelbarkeit auch des Beweisverfahrens sein[1].

§ 13. **Öffentlichkeit und Nichtöffentlichkeit des Verfahrens.** Nicht für die juristische Gestaltung, wohl aber für die Handhabung des Prozeßrechts ist von größter Bedeutung die Öffentlichkeit oder Nichtöffentlichkeit des Verfahrens. Die Öffentlichkeit stellt alle handelnden Personen unter die wirksamste Kontrolle; sie verhütet insbesondere, daß ein umfassendes richterliches Ermessen nicht in Willkür ausarte, sichert die Beobachtung nützlicher Formen, giebt einen Schutz gegen Anstellung unfähiger Richter und hat endlich eine große volkserziehende Kraft. Durch diese Vorteile wird es vielfach aufgewogen, daß in einzelnen Fällen die Interessen der unmittelbar Beteiligten leiden können: indem der einzelne die Staatsgewalt zu seiner Hülfe anruft, macht er seine Sache ja auch zu einer Sache des öffentlichen Interesses. Öffentlichkeit ohne wahre und vollständige Mündlichkeit hat aber wenig Bedeutung. Es ist einheitliche und vollständige Schlußverhandlung nötig. Zersplitterte Verhandlungen bleiben den Nichtbeteiligten unverständlich. Daraus erklärt sich

---

[1] Im Zusammenhange mit der Frage, ob eine Erklärung einer vor Gericht auftretenden Person mündlich oder schriftlich abzugeben sei, ist systematisch zu behandeln die feierliche oder nicht feierliche Form der Erklärung. Da im heutigen Prozesse der Partei nicht ohne weiteres geglaubt wird, die Behauptung der Partei im allgemeinen (vgl. unten) beweisbedürftig ist, so ist die allgemeine Regel der Parteibehauptung eine nicht feierliche. Die feierliche Form der Erklärung, d. h., historisch gesagt, die unter Anrufung Gottes als Zeugen der Wahrheit erfolgende Erklärung, d. h. die eidliche Erklärung einer Person (einer Partei, eines Zeugen, eines Sachverständigen), hat naturgemäß von jeher als ein Mittel der Beglaubigung der Erklärung, Behauptung oder Aussage gegolten, und das kanonische Recht, welches den falschen oder nicht gerechtfertigten Eid als äußerste Gefährdung des Seelenheils des Schwörenden betrachtet, hat die Lehre vom Eide mit Rücksicht auf die notwendige Einsicht des Schwörenden in die Bedeutung der wichtigen Handlung und mit Rücksicht auf das öffentliche Interesse bei der Eidesleistung besonders ausgebildet. Die Partikularrechte und die Praxis der einzelnen deutschen Staaten zeigten später manche Verschiedenheiten. Jetzt ist die Form der Eidesleistung durch die deutsche Civilprozeßordnung §§ 440 ff. geregelt. Obschon bezweifelt werden kann, ob eine Formel, welche irgend einen religiös bestimmten Glauben, z. B. auch nur den Glauben an einen persönlichen Gott einschließt — namentlich wenn es sich um die Verteidigung von Vermögensrechten handelt, — in einem Staate gefordert werden könne, der die Freiheit des religiösen Bekenntnisses proklamiert, ist man doch in der deutschen Civilprozeßordnung bei dieser Formel geblieben. Das erforderliche Alter hat die deutsche Civilprozeßordnung § 358 1 für Zeugen und § 435 für Parteien auf das vollendete sechzehnte Lebensjahr gesetzt. —

Über Gerichtssprache und etwa notwendige Zuziehung eines Dolmetschers vgl. jetzt für das Deutsche Reich deutsches Gerichtsverfassungsgesetz §§ 186 ff.

die allgemeine Teilnahme des Publikums an Civilgerichtsverhandlungen in England, Nordamerika und Frankreich und die früher wahrgenommene entgegengesetzte Erscheinung in manchen deutschen Ländern. Die Wirksamkeit der deutschen Civilprozeßordnung in dieser Beziehung kann erst nach und nach eintreten. Die unbeschränkte Öffentlichkeit des älteren deutschen Prozesses ist im gemeinen deutschen Prozesse lediglich infolge der Schriftlichkeit verschwunden; erst nachher suchte man nach Rechtfertigungsgründen für die der Bureaukratie bequeme Nichtöffentlichkeit.

Nachdem viele neuere deutsche Gesetze die Öffentlichkeit nach dem Vorgange des französischen Rechts bereits wieder eingeführt hatten (vgl. z. B. auch die preußische Verordnung vom 6. April 1847), ist dieselbe durch die §§ 170 ff. des deutschen Gerichtsverfassungsgesetzes Grundsatz des deutschen Prozesses geworden. Diese Bestimmungen des deutschen Gerichtsverfassungsgesetzes sind durch ein Gesetz vom 5. April 1888 nicht unerheblich im Sinne einer Einschränkung der Öffentlichkeit modifiziert worden. Indes wird thatsächlich das letztere Gesetz weniger im Civil- als vielmehr im Strafprozeß zur Anwendung kommen. Ein genaueres Eingehen auf die zum Teil verwickelten Vorschriften des letzteren Gesetzes wird daher an dieser Stelle nicht erforderlich sein. In gewissen Sachen kann allerdings eine Ausschließung der Öffentlichkeit geboten sein; nach § 173 des deutschen Gerichtsverfassungsgesetzes in allen Sachen, „wenn die Öffentlichkeit eine Gefährdung der öffentlichen Ordnung (nach dem Gesetze von 1888 „insbesondere der Staatssicherheit") oder der Sittlichkeit besorgen läßt", und außerdem in Ehesachen mit Rücksicht auf das hier besonders zu beachtende Gefühl der Parteien dann, wenn eine der Parteien den Ausschluß der Öffentlichkeit beantragt. Sonst ist für das Gericht ein selbst übereinstimmender Antrag beider Parteien nicht maßgebend — denn die Öffentlichkeit besteht im Interesse der gesamten Rechtspflege — und bedarf es vielmehr in jedem Falle, wenn nicht das Verfahren nichtig (nach der deutschen Civilprozeßordnung § 513 6 im Wege der Revision anfechtbar) sein soll, eines motivierten und in seinem entscheidenden Teile öffentlich zu verkündenden Beschlusses. Die Verkündung des Urteils (d. h. soweit die Verkündung desselben notwendig ist) muß in jedem Falle öffentlich erfolgen (deutsches Gerichtsverfassungsgesetz § 174). Doch kann nach dem Gesetze von 1888 auch für die Verkündungs- oder Entscheidungsgründe oder eines Teiles derselben die Öffentlichkeit ausgeschlossen werden. Dagegen erfolgt die Beratung und Abstimmung der Richter wie in Frankreich und nach den früheren deutschen Gesetzen, so auch nach dem deutschen Gerichtsverfassungsgesetz § 195 stets nicht öffentlich (vgl. auch deutsche Civilprozeßordnung § 271), während in England auch öffentliche Abstimmungen der Richter vorkommen. Daß der Zutritt zu öffentlichen Gerichtsverhandlungen unerwachsenen Personen oder nicht anständig gekleideten Personen (nach deutschem Gerichtsverfassungsgesetz § 176 auch solchen Personen, die sich nicht im Besitze der bürgerlichen Ehrenrechte befinden) untersagt werden kann, ergiebt sich einfach aus der Erwägung, daß unter der Öffentlichkeit die Würde des Gerichts und der Verhandlung nicht leiden darf.

§ 14. Anhang: Die Eventualmaxime. Nicht als eigentlich gestaltendes Prinzip ist dagegen zu betrachten die sogenannte Eventualmaxime[1] (von manchen weniger richtig Eventualprinzip genannt), d. h. die Maxime, daß alle zu demselben Zwecke konkurrierenden Angriffs- und Verteidigungsmittel von der Partei auf einmal vorgebracht und dem betreffenden Prozeßstadium gemäß zusammen erledigt werden sollen, wenn auch das einzelne Angriffs- und Verteidigungsmittel nur für den Fall von Bedeutung ist, daß die Partei mit dem anderen vorangestellten (prinzipalen) nicht zum Ziele gelangt. Als das Einfachste und Natürlichste erscheint nicht eine solche eventuelle Häufung, sondern ein successives Vorbringen, und das ist auch allein möglich in einem mündlichen Verfahren ohne weitere Vorbereitung. Geht dagegen der mündlichen Verhandlung ein vorbereitender Abschnitt vorher, in welchem der Rahmen jener definitiv festgestellt wird, so ergiebt sich mit Notwendigkeit, daß die in dem vorbereitenden Abschnitte nicht angezeigten Angriffs- und Verteidigungsmittel im zweiten, dem Hauptabschnitte ausgeschlossen sind. In diesem Sinne ließe

---

[1] Albrecht, Die Ausbildung des Eventualprinzips im gemeinen Civilprozeß. 1837.

sich im römischen Formularprozeß von einer Eventualmaxime reden, insofern Exceptionen u. s. w., die in die formula nicht aufgenommen waren, auch vom iudex nicht berücksichtigt werden konnten. Doch ist dies kein besonderes Prinzip oder eine besondere Maxime, sondern einfach Folge des Satzes, daß Handlungen, die einem früheren Prozeßabschnitte angehören, in einem späteren nicht mehr geltend gemacht werden können, und so verhält es sich auch im älteren deutschen Prozesse, wenn hier unterschieden wird ein Stadium der Behauptungen und ein Stadium des Beweises. Von einem besonderen Prinzipe oder einer besonderen Maxime ist vielmehr nur dann zu reden, wenn innerhalb desselben Prozeßstadiums die konkurrierenden Handlungen auf einmal vorgenommen werden müssen, und davon weiß der ältere deutsche Prozeß gar nichts; dadurch hätte vielmehr umgekehrt sein ganzes Gefüge zersprengt werden müssen. In dieser strikten Bedeutung eignet sich die Eventualmaxime nur für ein schriftliches Verfahren, und mit diesem ist sie auch aufgekommen und zwar anfangs nicht als unverbrüchliches Prinzip, sondern als Zweckmäßigkeitsmaßregel, die daher auch Gründen der Billigkeit weichen kann. So wird nach Cap. 4 X. de exc. 2, 25 der Richter angewiesen, der Partei die Geltendmachung aller dilatorischen Einreden binnen bestimmter Frist aufzugeben, und sehr weitgreifende Vollmacht erteilt dem Richter in dieser Hinsicht für das damalige summarische Verfahren die vielbesprochene Clem. 2. (Saepe) de V. S. 5, 11. Während so der erste Anfang der Eventualmaxime im kanonischen, beziehungsweise im italienischen Rechte des Mittelalters liegt, ist es allerdings andererseits richtig, daß die aus dem älteren deutschen Rechte stammende Einteilung des Prozesses in eine Menge einzelner, nur zu bestimmten Handlungen dienender Abschnitte von selbst zu schärferer Accentuierung der Eventualmaxime hindrängte. Diese erfolgte denn auch in den deutschen Reichsgesetzen und der deutschen Praxis. Erstere schließen hier ab mit den §§ 37. 38. 40. 45 ff., 78 des jüngsten Reichsabschiedes (1654), worin der Beklagte angewiesen wird, nicht nur seine dilatorischen Einreden auf einmal vorzutragen[1], sondern zugleich eventuell die Litiskontestation vorzunehmen, unter Beifügung aller peremtorischen Einreden gleich bei der ersten Antwort auf die Klage, was dann analog auch auf die Appellationsinstanz angewendet wurde. Die gemeinrechtliche Praxis hat dies ausgedehnt auf das Beweisverfahren. So muß die Partei alle Beweismittel über die von ihr zu beweisenden Punkte, alle Gegenbeweismittel, Einreden gegen die Beweismittel der Gegenseite auf einmal vorbringen.

Aus dem Wesen der Eventualmaxime folgt:

1. Jedes der mehreren eventuell miteinander verbundenen Angriffs- und Verteidigungsmittel muß getrennt von dem andern beurteilt werden; daher kann z. B. der Beklagte die Klagforderung leugnen, eventuell aber doch deren Zahlung behaupten.

2. Der Richter hat über das eventuell Vorgebrachte nicht zu erkennen, falls es nach Lage der Sache überflüssig ist.

Übrigens bedurfte es nach gemeinem deutschen Prozeßrechte, damit eine Partei mit dem eventuell nicht Vorgebrachten ausgeschlossen sei, vorheriger peremtorischer Aufforderung, und überdies wurde die Partei mit dem, was sie erst später in Erfahrung gebracht hatte (einem novum), auf Grund eines von ihr zu leistenden Kalumnien- (Noven-) eides auch später noch zugelassen.

Die starre Handhabung der Eventualmaxime schädigt nicht selten die Rechte der Partei, z. B. wird dadurch die Partei, welche eine dilatorische Einrede hat, veranlaßt, um sicher zu gehen, eventuell doch auf eine Erörterung der Sache selbst einzugehen, wodurch dann die dilatorische Einrede den wesentlichsten Teil ihrer Bedeutung einbüßt, und die Eventualmaxime verzögert oft auch die Erledigung des Prozesses. Mit einer einheitlichen mündlichen Verhandlung ist die Eventualmaxime in der gemeinrechtlichen Gestalt unverträglich.

Sie war auch unverträglich mit der in der preußischen allgemeinen Gerichtsordnung angenommenen Untersuchungsmaxime; denn die Ausschließung der Angriffs- und Verteidigungsmittel kann nur auf einen Verzicht gegründet werden. Dagegen wurde die Eventualmaxime strenge gehandhabt in dem neueren preußischen Verfahren und in der hannoverschen

---

[1] Über die Ausnahme der sogenannten foridetlinatorischen Einreden vgl. unten.

Prozeßordnung, insofern namentlich durch das hannoversche Beweisurteil Angriffs= und Verteidigungsmittel für die Instanz ausgeschlossen wurden. Der französische Prozeß andererseits kennt die Eventualmaxime gar nicht, ersetzt dieselbe aber in gewissem Umfange durch die bereits oben erwähnte Souveränität der Gerichte; im englischen Prozesse aber kommt die Eventualmaxime (teilweise vermöge der Teilung des Verfahrens) nur in milder Form vor. Die neuen Entwürfe einer gemeinsamen deutschen Civilprozeßordnung hatten die Eventualmaxime mehr und mehr fallen lassen. Radikal mit ihr gebrochen haben jetzt die deutsche Civilprozeßordnung[1] und die Entwürfe einer österreichischen Civilprozeßordnung von 1876 und 1881.

III. Geschichte des deutschen Civilprozesses.

§ 15. **Römisch=kanonischer Prozeß des späteren Mittelalters. Reception und Modifikation desselben in Deutschland.** Der deutsche Civilprozeß ist erwachsen aus einer Verbindung römischer und germanischer Grundsätze, namentlich durch Einschiebung des materiellen römischen Beweisrechts in den formalistisch gestalteten germanischen Prozeß. Die italienischen Juristen und die Kanonisten glaubten oft rein römisches Recht anzuwenden; aber sie verstanden dasselbe in einem formalistischen Sinne. So zerspaltete namentlich der römisch=kanonische Prozeß des Mittelalters das prinzipiell einheitliche römische Verfahren in eine Reihe einzelner Abschnitte, deren jeder nur einem besonderen Zwecke diente.

Die vorzüglichsten systematischen Darstellungen dieses Prozesses lieferten Pillius, Tancredus, Roffredus und Guilielmus Durantis, dessen etwa 1270 bearbeitetes Speculum iudiciale das Brauchbarste aus den Arbeiten der Vorgänger in sich aufnahm und lange fast das Ansehen einer Rechtsquelle genoß. Dieser in Italien ausgebildete Prozeß wurde, wie er im wesentlichen bereits bei dem Kammergerichte des Kaisers im fünfzehnten Jahrhundert Aufnahme gefunden hatte, auch der Prozeß des 1495 in Deutschland errichteten ständigen kaiserlichen und Reichskammergerichts, wie aus den in der Kammergerichtsordnung von 1508 enthaltenen zahlreichen Citaten aus den italienischen Schriftstellern sogar äußerlich ersichtlich ist. Die Ordnungen dieses wesentlich mit Rechtsgelehrten besetzten Gerichtes wurden das Vorbild der territorialen Gesetzgebung und Praxis, wenngleich nur wenige direkt auf das Verfahren der Territorialgerichte abzielende Bestimmungen in den Reichsgesetzen sich finden. Die hauptsächlichste Fortentwicklung, welche, abgesehen von der bereits oben erwähnten Eventualmaxime, der ordentliche Prozeß durch die Reichsgesetze erfuhr, entlehnte letzterer dem sächsischen Prozeßrechte. In den Ländern des sächsischen Rechts nämlich hatte sich im Anschluß an den Sachsenspiegel ein subsidiäres sogenanntes gemeines Sachsenrecht erhalten, welches dem Eindringen des römisch=kanonischen Prozesses erheblichen Widerstand leistete und später denselben nicht ohne erhebliche Modifikationen aufnahm, auch durch die Schriften einer Reihe sächsischer Juristen im sechzehnten und siebzehnten Jahrhundert, von denen Chilian König, Matthias Berlich und Benedikt Carpzov besonders zu bemerken sind, zu hohem Ansehen in ganz Deutschland gelangte. (Die mehr romanisierende Richtung wurde durch die das reichskammergerichtliche Verfahren behandelnden Schriftsteller vertreten, deren berühmteste Joachim Mynsinger und Andreas Gail sind.) Zu jenen Modifikationen gehörte namentlich die Weglassung des sogenannten Positionalverfahrens des römisch=kanonischen und früheren reichsgerichtlichen Prozesses und die Beibehaltung eines Beweisurteils. Während nämlich die Darlegung des dem Prozesse zu Grunde liegenden Thatbestandes im römisch=kanonischen Prozesse nicht in der schriftlichen Klage und in deren Beantwortung durch den Beklagten gegeben wurde, vielmehr erst auf die Litiskontestation und die Ableistung des

---

[1] § 251 lautet Abs. 1: „Angriffs= und Verteidigungsmittel (Einreden, Widerklagen, Repliken u.s.w.) können bis zum Schlusse derjenigen mündlichen Verhandlung, auf welche das Urteil ergeht, geltend gemacht werden.

Kalumnieneides in der Art folgte, daß die Parteien ihre Behauptungen in eine Reihe kurzer Artikel auflösten, über welche einzelne Artikel der Gegner unter Verpflichtung, die Wahrheit in Gemäßheit des Kalumnieneides zu sagen, sich erklären mußte, wurde nach sächsischem Prozeßrecht Klage und Antwort auf die Klage ohne Artikelform und ohne vorherigen Kalumnieneid begründet. Die Weitläufigkeiten und Chicanen, die aus der Aufstellung der sogenannten Positionen entsprangen — denn selbstverständlich konnte auch über die Zulässigkeit derselben wie einer mehr oder weniger unbestimmten Antwort gestritten werden —, ließen jenes einfache sächsische Verfahren als das vorzüglichere erscheinen, und der jüngste Reichsabschied § 34 verpflichtete daher unter Abschaffung der Positionen und Responsionen den Kläger in der Klaglibelle „summarischer weiß das Faktum kurz und nervose, jedoch deutlich und distinkte" auszuführen, und in § 37 den Beklagten zu entsprechender Antwort sogleich auf die Klage. Das Beweisurteil aber betreffend, so hatte im sächsischen Prozesse im Anschlusse an das ältere deutsche Recht, wo das Beweisurteil das wesentlich entscheidende Urteil des Prozesses war, während im reichskammergerichtlichen Verfahren nur einfache Bescheide zur Regelung der Beweisführung vorkommen, ein durch den Ausfall der demnächstigen Beweisführung bedingtes und der Rechtskraft fähiges Urteil sich erhalten, über welches später die gemeinrechtliche Praxis noch hinausging. Der kursächsische Prozeß blieb dabei stehen, dem Kläger den Grund der Klage, dem Beklagten den Grund der Einrede u. s. w. in allgemeiner Fassung zum Beweise aufzuerlegen; der gemeine Prozeß stellte die einzelnen der Klage, der Einrede u. s. w. zu Grunde gelegten erheblichen Thatsachen zum Beweise und errichtete damit zwischen Behauptungen und Beweisen eine unübersteigbare Schranke.

Mit der Einführung dieses **speciellen Beweisurteils** erlangte der gemeine Prozeß im wesentlichen seine heutige Gestalt, und nach Carpzov beginnt auch die Prozeßlitteratur sich zu verflachen. Statt auf die Quellen zurückzugehen, studierte man später nicht einmal mehr die Italiener. Man begnügte sich mit Abschreiben aus den Vorgängern und gelegentlichen praktischen Bemerkungen. Nur die Gerichtsverfassung erfuhr nicht unerhebliche Änderungen. Das Reichskammergericht — neben welchem übrigens als oberste Reichsgerichte noch der Reichshofrat und für gewisse besondere Fälle das Fürstengericht bestanden — war, abgesehen von seiner Jurisdiktion erster Instanz, auch höchste Appellationsinstanz in Civilsachen für die Territorialgerichte. Hiergegen erlangten nun die größeren Reichsstände — nicht nur sämtliche Kurfürsten — sogenannte Privilegia de non appellando (limitata beziehungsweise illimitata), vermöge deren ihre Gerichtshöfe von der Appellation an das höchste Reichsgericht eximiert wurden, und sahen sich dadurch veranlaßt, selbst oberste Gerichtshöfe (Oberappellationsgerichte, Obertribunale) zu errichten, die nur in ihrem Territorium gegenüber den Untergerichten, von denen die Rittermäßigen und andere bevorrechtete Personen eximiert waren, und gegenüber den Land- und Hofgerichten als dritte Stufe der Gerichtsorganisation erschienen.

§ 16. Mängel des sogenannten gemeinrechtlichen Verfahrens. Die preußischen Reformen des achtzehnten Jahrhunderts. Die neuere Wissenschaft auf historischer Grundlage. Immer mehr aber zeigten sich bedenkliche Mängel des gemeinrechtlichen Verfahrens. Die starre Handhabung der Verhandlungsmaxime in Verbindung mit der Schriftlichkeit, der Formalismus, der Beweisrecht, trotz dessen prinzipieller Richtung auf Bildung einer richterlichen Überzeugung, in feste Regeln zu bannen suchte und nicht selten, indem er die Verantwortlichkeit der Entscheidung vom Richter auf die Parteien selbst abwälzte, zu einem wahren Mißbrauche des Eides, namentlich des sogenannten Glaubenseides führte, die mit dem bindenden Zwischenbescheide zusammenhängenden Zwischenappellationen, welche dieselbe Sache mehrmals alle Instanzen durchlaufen ließen, schädigten das materielle Recht, das Ansehen der Justiz, und besonders sank der Anstand der rechtsgelehrten Anwälte.

Die Reformbestrebungen Friedrichs des Großen, beginnend mit dem Projekt des Codex Fridericianus Pommeranicus, am schärfsten ausgebildet in dem Corpus Iuris Fridericianum von 1781 und abschließend mit der unter Friedrichs Nachfolger publizierten all-

gemeinen Gerichtsordnung von 1793/95, suchten unter Aufhebung des Verhandlungs=
prinzips und der Eventualmaxime wie der den Richter bindenden Zwischenbescheide, ja
sogar unter zeitweiliger vollständiger Verwandlung der Advokaten[1] in besoldete Staats=
beamte, unmittelbar materielle Wahrheit und materielles Recht herzustellen, indem sie zum
Ersatz der Formen die Parteien unter die Vormundschaft des Gerichts stellten, dieses
selbst aber durch eine kasuistische Gesetzgebung und durch die Trennung der Ämter eines
Instruenten, Decernenten und Referenten beschränkten. Der Erfolg dieser dem Wesen des
Civilprozesses teilweise geradezu widerstrebenden Reformen war aber im ganzen keineswegs
günstig, und so sah man sich genötigt, in den späteren Gesetzen von 1833 und
1846 die gemeinrechtlichen Grundsätze des Verhandlungsprinzips und der Eventualmaxime
wiederherzustellen[2]. Doch haben gerade die preußischen Reformversuche der naturrechtlichen
Kritik der Prozeßgrundsätze, wie sie selbst mit diesen zusammenhängen, wieder besonderen
Anstoß gegeben, und daher auch die wissenschaftliche Behandlung des positiven Rechts beein=
flußt, wie besonders hervortritt in Gönners geistreichem, aber die Quellen nicht genügend
berücksichtigenden Handbuche des deutschen Prozesses. Gleichzeitig machte sich dann eine
andere mehr nur die Quellen in Betracht ziehende Richtung kenntlich, als deren erster Ver=
treter Martin zu nennen ist, und endlich erwuchs unter dem Einfluß der historischen Schule
eine neuere wissenschaftliche Richtung, welche die Forschungen auf dem Gebiete der römischen
und deutschen Rechtsgeschichte auch für den Prozeß nutzbar machte und fortführte, so aber
auch die Grundlage für richtige Kritik des Bestehenden lieferte (v. Bethmann=Holl=
weg, Planck, Briegleb, Wetzell u. a.).

Zur Geschichte des deutschen Civilprozesses vgl.:
v. Keller, Der römische Civilprozeß und die Aktionen. 5. Aufl. bearbeitet von Wach; Kar=
lowa, Geschichte des röm. Civilprozesses. 1872; v. Bethmann=Hollweg, Der Civilprozeß des
gemeinen Rechts in geschichtlicher Entwicklung. Bd. I—III. 1864—1866; Wieding, Der Justi=
nianeische Libellprozeß. 1865. — Hartmann (O. E.), Über das römische Kontumacialverfahren. 1851;
Karlowa, Beiträge zur Geschichte des römischen Civilprozesses. 1865.
Walter, Röm. Rechtsgeschichte. Bd. II; Rudorff, Röm. Rechtsgeschichte. Bd. II. 1859.
Geschichte des deutschen Prozesses:
Rogge, Über das Gerichtswesen der Germanen. 1820; v. Maurer, Geschichte des altgermani=
schen mündlichen Gerichtsverfahrens. 1824; Albrecht, Commentatio iuris Germanici doctrinam
de probationibus adumbrans. 1827; Planck, Die Lehre von dem Beweisurteile. 1848; Homeyer,
Der Richtsteig Landrechts. S. 411—520. 1857; Siegel, Geschichte des deutschen Gerichtsverfahrens.
1857. Bd. I; Bar, Das Beweisurteil des germanischen Prozesses. 1866; Sohm, Der Prozeß der
lex Salica. 1867; Laband, Die vermögensrechtlichen Klagen nach der sächsischen Rechtsquellen des
Mittelalters. 1869; v. Bethmann=Hollweg, Der Civilprozeß d. germ. Rechts. Bd. IV u. V.
1868 u. 1873; Sohm, Die fränkische Reichs= und Gerichtsverfassung. 1871; Kühns, Geschichte
der Gerichtsverfassung und des Prozesses in der Mark Brandenburg. 2 Bde. 1865. 1867; Franklin,
Das Reichshofgericht im Mittelalter. 2 Bde. 1867. 1869; Planck, Das deutsche Gerichtsverfahren
des Mittelalters nach dem Sachsenspiegel und verwandten Rechtsquellen. 2 Bde. 1879.
Briegleb, Über exekutorische Urkunden und Exekutivprozesse. 2 Bde. 2. Aufl. 1845; Wach,
Der Arrestprozeß in seiner geschichtlichen Entwicklung. Erster Teil: Der italienische Arrestprozeß.
1868; Franklin, Das königliche Kammergericht vor dem Jahre 1495. 1871; v. Bethmann=
Hollweg, Der Civilprozeß. Bd. V und Bd. VI Abt. 1; Stölzel, Die Entwicklung des gelehrten
Richtertums in deutschen Territorien. 2 Bde. 1872. Vgl. auch v. Savigny, Geschichte des
römischen Rechts im Mittelalter; Stobbe, Geschichte der deutschen Rechtsquellen. 2 Bde. 1860.
1864. — Über die Reception des römischen Rechts vgl. namentlich Stintzing, Geschichte der
deutschen Rechtswissenschaft I. 1880.

Die praktischen Schäden des gemeinen Civilprozesses aber waren durch die Wissenschaft
allein nicht heilbar. Dazu bedurfte es einer energischen Gesetzgebung. Die Verfassungs=
gesetze des ehemaligen Deutschen Bundes gaben nur Vorschriften über die Errichtung oberster
Gerichtshöfe dritter Instanz und über Beschwerden wegen verweigerter Justiz (Bundesakte
Artikel 12; Wiener Schlußakte Artikel 29), und die Gesetzgebung der Einzelstaaten beschränkte

---

[1] Schon eine Verordnung vom 2. September 1783 mußte den Parteien die Abordnung eines
Stellvertreters aus der Zahl der sogenannten Justizkommissarien wieder gestatten.
[2] Vgl. namentlich Abegg, Versuch einer Geschichte der preußischen Civil=Prozeß=Gesetz=
gebung. 1848.

sich zunächst auf Kodifikationen des gemeinen Rechts und Verbesserungen im Detail, wie denn solche Kodifikation (mit der wesentlichen Abänderung, daß die Beweisantretung verbunden werden muß mit der Aufstellung der Parteibehauptungen) in der noch jetzt gültigen allgemeinen österreichischen Gerichtsordnung von 1781 enthalten ist.

§ 17. **Einfluß des französischen Prozeßrechts. Die hannoversche Civilprozeßordnung von 1850 und die dieser sich anschließenden Gesetze und Entwürfe. Die deutsche Civilprozeßordnung.** Eine andere Richtung erhielten aber die Gesetzgebungsarbeiten allmählich durch die Bekanntschaft mit dem französischen Prozesse, der nach Beseitigung der französischen Zwischenherrschaft in Rheinpreußen, Rheinhessen und in der Pfalz bestehen geblieben war. Der französische Prozeß, ebenso wie der gemeine deutsche Prozeß hervorgegangen aus einer Verbindung römischer und germanischer Rechtssätze, hatte abweichend von jenem eine mündliche Verhandlung sich bewahrt und verdankte dies vielleicht folgendem Umstande. Während in Deutschland der Parteieneid und der in manchen Beziehungen von dem römischen abweichende deutsche Zeugenbeweis eine allmähliche Verarbeitung des römischen Beweisrechts gestattete und forderte, wurde in Frankreich das schließlich hauptsächlichste Beweismittel, der Zweikampf, der die augenscheinlichsten Mißstände mit sich führte, allmählich durch das souveräne Ermessen der königlichen Richter beseitigt, welche ihn zu gestatten oder zu verbieten sich berechtigt erklärten und, um hierüber sich zu entscheiden, eine von ihrem Ermessen abhängige Untersuchung, Enquête, einschoben, die dann bald das alleinige Beweismittel wurde, und neben welcher nur noch der zugeschobene Eid eine mehr nur geduldete und untergeordnete Stellung einnahm. So erschien das Beweisverfahren, wie noch heutzutage im französischen Prozeß der Fall ist, als bloßer Zwischenakt der Parteivorträge, nicht wie in Deutschland als zweiter Hauptakt des Verfahrens. Da nun zugleich der Zeugenbeweis in Frankreich die größten Mißbräuche nach der damaligen starren Theorie mit sich brachte und deshalb die noch heute im wesentlichen in den Bestimmungen des Code de procédure fortbestehende Ordonnance von Moulins von 1566 den Zeugenbeweis äußerst beschränkte, so war es im französischen Prozesse leichter, die Öffentlichkeit und Mündlichkeit zu wahren, welche letztere übrigens nicht gelten für die Enquête und das von dem kanonischen Prozesse entlehnte Interrogatoire des parties sur faits et articles. Der französische Prozeß erscheint daher in der berühmten Ordonnance civile von 1667 schon wesentlich in seiner heutigen Ausbildung, und die Stürme der Revolution brachten, da die proponierte Einführung der Civiljury abgewehrt wurde, nicht sowohl eine Änderung des Verfahrens als vielmehr der **Gerichtsverfassung**; der Code de procédure civile von 1806[1] ruht wesentlich auf der Ordonnance von 1667. Diese neue Gerichtsverfassung setzte nach manchen Schwankungen im einzelnen an die Stelle des bunten Gewirrs der früheren Jurisdiktion ein einfaches wohldurchdachtes und auf der Gleichheit vor dem Gesetze beruhendes System. Während nun aber in den meisten deutschen Staaten und durchgängig in den größeren eine der französischen mehr oder weniger nachgebildete Gerichtsverfassung unter fast gänzlicher Beseitigung der privilegierten Gerichtsstände infolge der Ereignisse des Jahres 1848 eingeführt wurde (für Preußen in seinem damaligen Umfange mit Ausnahme der Rheinprovinz durch Verordnung vom 2. Januar 1849), begegneten die Grundsätze des französischen Verfahrens selbst größerem Widerstande. In vielen Staaten hielt man an der reinen Schriftlichkeit fest; in Preußen kam es z. B. nur zu einem schriftlichen Verfahren mit mündlicher Schlußverhandlung. Die hannoversche Prozeßordnung von 1850 (in Kraft seit 1852) nahm dagegen den Grundsatz der reinen Mündlichkeit auf, behielt aber, abweichend vom französischen Prozesse, eine gleich anfangs eintretende richterliche Prozeßleitung und außerdem das gemeinrechtliche System der bindenden Zwischenbescheide und namentlich das Beweisurteil und mit diesem auch die Eventualmaxime. Sie trat entschieden in den Vordergrund bei den namentlich durch den deutschen Juristentag seit 1860 geförderten Bestrebungen zur Herbeiführung einheitlicher deutscher Gesetzgebung und lag, jedoch nicht ohne dabei erhebliche Modifikationen zu erleiden, namentlich hinsichtlich

---

[1] Neben diesem ist aber sehr wesentlich zu beachten das Dekret vom 30. März 1808.

des Beweisurteils, dem Entwurfe einer gemeinsamen deutschen Prozeßordnung zu Grunde, welche eine in Gemäßheit eines Bundesbeschlusses zusammentretende, indes nicht alle Staaten, namentlich nicht Preußen, vertretende Kommission zu Hannover in den Jahren 1862—1866 ausarbeitete, während das preußische Justizministerium 1864 einen wesentlich auf französischer Grundlage ruhenden Entwurf einer preußischen Civilprozeßordnung veröffentlichte. Die Verfassung des Norddeutschen Bundes, gegenwärtig des Deutschen Reichs, bezeichnete nun in Artikel 4 Nr. 13 als eine der Aufgaben der gemeinsamen Gesetzgebung die Gesetzgebung über das gerichtliche Verfahren. Es wurde daher 1869 von einer Bundeskommission auf Grundlage des früheren hannoverschen Entwurfs und unter Mitbenutzung des früheren preußischen Entwurfs ein Entwurf einer norddeutschen Civilprozeßordnung ausgearbeitet, während in Württemberg 1868 eine wesentlich dem hannoverschen Entwurfe, in Bayern 1869 eine mehr dem französischen Verfahren sich anschließende Civilprozeßordnung publiziert wurde. Nach Errichtung des Deutschen Reichs wurde ein im preußischen Justizministerium ausgearbeiteter Entwurf einer deutschen Civilprozeßordnung (Sommer 1871) veröffentlicht, der wesentlich von den früheren Entwürfen, insbesondere auch von dem stark angegriffenen norddeutschen Entwurfe abwich, unter Annahme des Prinzips der reinen Mündlichkeit (ohne daß die Schriftsätze die mündliche Verhandlung beschränken) die Eventualmaxime völlig preisgab, die Unmittelbarkeit streng auch auf das Beweisverfahren anwendete und die Appellation über die Beweisfrage ausschloß. Infolge der in letzterer Beziehung[1] sich geltend machenden Opposition der Praktiker nahm ein 1874 veröffentlichter, nachher mit der Strafprozeßordnung und dem Gerichtsverfassungsgesetze von einer Kommission des Deutschen Reichstags (der deutschen Reichsjustizkommission) in den Jahren 1874—1876 sorgfältig beratener Entwurf die Appellation (Berufung) in vollem Umfange wieder auf, im übrigen die bis dahin gewonnenen Grundsätze beibehaltend. Aus diesem von der Reichsjustizkommission in den Grundsätzen nicht modifizierten Entwurfe ist dann, nachdem in letzter Stunde noch politische Differenzen über verschiedene Punkte des Gerichtsverfassungsgesetzes und der Strafprozeßordnung fast ein Scheitern der ganzen mühseligen Justizgesetzarbeiten herbeigeführt hatten, die Civilprozeßordnung für das Deutsche Reich vom 30. Januar 1877 hervorgegangen. Ergänzt wird dieselbe einerseits durch das deutsche Gerichtsverfassungsgesetz vom 27. Januar 1877 und andererseits, was das Konkursverfahren betrifft, durch die deutsche Konkursordnung vom 10. Februar desselben Jahres (vgl. unten). Jedes dieser Gesetze ist noch von einem besonderen durch das Reich gegebenen Einführungsgesetze begleitet worden, in welchem namentlich das Verhältnis partikularer Rechtsnormen zu dem nunmehrigen Reichsrechte geregelt ist. Einzelne hierher gehörige Punkte und unter großen Beschränkungen auch Übergangsbestimmungen sind indes der Regelung durch die Landesgesetzgebung überlassen, so daß die einzelnen deutschen Staaten wiederum noch besondere, die Ausführung der neuen Justizordnung betreffende Gesetze erlassen haben. (Vgl. z. B. preußisches Gesetz vom 24. April 1878 zum deutschen Gerichtsverfassungsgesetze und preußisches Gesetz vom 31. März 1879, betreffend die Übergangsbestimmungen zur deutschen Civilprozeßordnung und zur deutschen Strafprozeßordnung, Gesamtausgabe der preußischen Ausführungsgesetze und Verordnungen, von Sydow. Berlin 1879. Guttentag.) Hinzugekommen sind von Reichs wegen noch und können gleichfalls als Komplemente der Civilprozeßordnung mit angesehen werden folgende Reichsgesetze: die Rechtsanwaltsordnung vom 1. Juli 1878, das Gerichtskostengesetz vom 18. Juni und die Gebührenordnungen für Gerichtsvollzieher vom 24. Juni und für Zeugen und Sachverständige vom 30. Juni desselben Jahres, sowie das Gesetz vom 11. April 1877 über den Sitz des Reichsgerichts. Eine kaiserliche Verordnung vom 28. September 1879 hat sodann noch die Zulässigkeit des Rechtsmittels der Revision in einer Beziehung modifiziert[2]. In Kraft sind die sämtlichen neuen Justizgesetze des Deutschen Reichs mit dem 1. Oktober 1879 getreten (vgl. § 1 des Einführungsgesetzes zum Gerichtsverfassungsgesetze). Für das cisleithanische Österreich wird gegenwärtig eine eben-

---

[1] Ein 1872 veröffentlichter fernerer Entwurf war nur ein fast durchgängig übereinstimmender Abdruck des Entwurfs von 1871.
[2] Vgl. dazu noch Bekanntmachung des Reichskanzlers vom 11. April 1880.

falls auf den Prinzipien der reinen Mündlichkeit und der freien Beweiswürdigung ruhende Civilprozeßordnung vorbereitet. Der Entwurf von 1876, den man im wesentlichen dem früheren Justizminister Dr. Glaser verdankt, bildet, indem er sich in vielen Beziehungen der Prozeßordnung für das Deutsche Reich anschließt, gleichwohl eine selbständige und höchst beachtenswerte Leistung, um so mehr, als er in konsequenter Durchführung jener beiden Hauptgrundsätze die Appellation über die Beweisfrage — abgesehen von den Urteilen der Einzelrichter — ausschließt und im Anschluß an das österreichische Gesetz vom 27. April 1873 über das Bagatellverfahren die formellen Parteieide des gemeinen Prozeßrechts (und auch der deutschen Civilprozeßordnung) durch eidliche Vernehmung der Parteien ersetzt[1].

Die Entwicklung des englischen Common-law-Verfahrens (die Specialprozeduren des englischen Rechts können hier selbstverständlich nicht berücksichtigt werden) steht in enger Verbindung mit der Geschichte der Jury. Der in seinen Grundzügen äußerst einfache und rationelle englische Prozeß — Schriftenwechsel bei einem der oberen Reichsgerichte mit mündlicher Schlußverhandlung und hierauf, wenn Beweisfragen streitig sind, Verweisung der Sache unter Festsetzung der Streitpunkte (issues) vor die Jury — hatte im Laufe der Zeit ein unermeßliches Gewirr formalistischer technischer Regeln aufgehäuft, unter denen das materielle Recht sehr oft erstickte und die Kosten zu unglaublicher Höhe anschwollen, so daß das englische Verfahren auf dem Kontinente im übelsten Rufe stand und in England selbst den herbsten Angriffen (z. B. Benthams) ausgesetzt war. Die neueste Gesetzgebung hat aber durch verschiedene Common-law-procedure-acts — z. B. die von 1852 und Act. 36. 37 Vict. c. 66 (1873); 38. 39 Vict. c. 77 (1875) und 39. 40 Vict. c. 58 (1876) — sehr wirksam eingegriffen, so daß die Entscheidung selbst sehr verwickelter Prozesse binnen verhältnismäßig kurzer Zeit in England nicht mehr selten ist. Außerdem ist durch die Errichtung der neuen County-Courts für Sachen bis 50 ₤ Wert und durch die hier (in Sachen über 5 ₤ Wert nur mit Zustimmung der Parteien) Platz greifende Praxis, Beweisfragen durch den Richter ohne Zuziehung der Jury entscheiden zu lassen, die Prozeßführung billiger und schneller gemacht. Die Übertragung der Grundsätze des englischen Common-law-Verfahrens auf den Kontinent wird aber, abgesehen von Vorurteilen und Unkenntnis, gehindert durch die enge Verbindung mit der Civiljury und durch die ganz abweichende englische Gerichtsorganisation, der zufolge, abgesehen von den Bagatellgerichten (den County-courts), die Rechtspflege und zwar auch die Leitung der Schwurgerichte in den Händen der Mitglieder der obersten Reichsgerichte konzentriert ist.

In Nordamerika ist mit manchen Modifikationen im einzelnen das englische Common-law-Verfahren kodifiziert worden in dem in hohem Ansehen stehenden Code of civil procedure of the State of New-York.

Besonders bemerkenswerte neuere umfassende Prozeßgesetze außer den bereits angeführten: braunschweigische Prozeßordnung v. 1850, oldenburgische v. 1857, lübeckische v. 1862, badische v. 1864.
Lehr- u. Handbücher: Martin, Lehrb., 13. Aufl. 1863; Linde, Lehrb., 7. Aufl. 1850; Schmid, Handb., 1843—1845; Heffter, System. 2. Aufl. 1843; Bayer, Vorträge über den gemeinen ordentl. Prozeß. 9. Aufl. 1865; Osterloh, Lehrb., 2 Bde., 1856; Wetzell, System des ordentl. Civilprozesses. 3. Aufl. 1873; Renaud, Lehrb. 1867. 2. Aufl. 1870. — Endemann, Das deutsche Civilprozeßrecht. 1868; Koch, Der preußische Civilprozeß. 2. Aufl. 1854; Menger, System des Österreichischen Civilprozeßrechts in rechtsvergleichender Darstellung. Bd. I. Allgemeiner Teil. Wien 1876; v. Canstein, Lehrbuch des Österreichischen Civilprozeßrechts. 2 Bde. 1880. 1882. Zeitschriften: besonders Archiv für die civilistische Praxis. 1818 ff. (von Mittermaier u. a., jetzt von Bülow und anderen Mitgliedern der Tübinger Juristenfakultät); Zeitschrift für Civilrecht und Prozeß (von Linde u. a.). 1837—1865; Archiv für praktische Rechtswissenschaft, seit 1852 (von Schäffer, Seitz und Hoffmann, dann von Emminghaus, Hoffmann, Jhering u. a); Zeitschrift für das Privat- und öffentliche Recht der Gegenwart von Grünhut (Wien, seit 1873); Magazin für das deutsche Recht der Gegenwart. Herausgeg. von Bödiker. Hannover 1881—1888; Mecklenburgische Zeitschrift für Rechtspflege und Rechtswissenschaft von Budde u. a., seit 1881. Seit 1879 erscheint in Carl Heymanns Verlag in Berlin eine von Busch in Sondershausen herausgegebene besondere Zeitschrift für deutschen Civilprozeß, bis heute 13 Bde. Für die

---

[1] Der neueste österreichische Entwurf von 1881 unterscheidet sich nur in mehr untergeordneten Bestimmungen und durch einen über das Sicherungs- und Exekutionsverfahren hinzugefügten Abschnitt von dem Entwurfe von 1876.

Kenntnis der Praxis wichtig das bekannte von Seuffert begründete, auch jetzt noch fortscheinende Archiv für Entscheidungen der obersten Gerichte in den deutschen Staaten und jetzt besonders Entscheidungen des Reichsgerichts in Civilsachen, herausgeg. von den Mitgliedern des Gerichtshofes, seit 1880. Bis jetzt 23 Bde.

Französischer Prozeß: Warnkönig u. L. Stein, Französ. Staats- und Rechtsgeschichte. Bd. III 1846; Schäffner, Geschichte der Rechtsverfassung Frankreichs. Bd. IV 1850; Bonceme, Théorie de la procédure civile. 7 vols. 1837 ff.; Carré (et Chauveau Adolphe), Les lois de la procédure civile. 7 vols. (verschiedene Auflagen); Boitard, Leçons sur le code de procédure. 2 vols. (wiederholte Auflagen); Schlink, Kommentar über die französische Civilprozeßordnung. 4 Bde. 2. Aufl. 1856 und 1857; v. Daniels, System und Geschichte des französischen und rheinischen Civilprozeßrechts I 1. 1849; Paraquin, Die französische Gesetzgebung (I: Gerichtsorganisation, II: Civilprozeß). 1861; Jonas, Studien aus dem Gebiete des französischen Civilrechts und Civilprozesses. 1870; u. a.

Englischer Prozeß: Rüttimann, Der englische Civilprozeß. 1871; Smith, An elementary view of the proceeding in an action at law. 13. edit. by Prentice. London 1868; Roscoe, Outlines of civil procedure. 1876; Trower, A manual of the prevalence of equity under the 25 th section of the judicature act. 1876; Ed. Zimmermann, Die Justizreform in England. Berlin 1877; Schuster, Die bürgerliche Rechtspflege in England. Berlin 1887.

Kritische Schriften: Mittermaier, Der gemeine deutsche bürgerliche Prozeß in Vergleichung mit dem französischen. Vier Beiträge. 1820 ff. in verschiedenen Auflagen. 2. Aufl. von Beitrag 4. 1840; Zink, Über die Ermittlung des Sachverhalts im französischen Civilprozesse. 2 Bde. 1860; Leonhardt, Zur Reform des Civilprozesses in Deutschland. Erster Beitrag und zweiter Beitrag. 1865; J. Glaser, Gesammelte kleinere Schriften über Strafrecht, Civilrecht und Strafprozeß. Bd. II (Wien 1868) S. 351 ff.; Bar, Recht und Beweis im Civilprozesse. 1867; v. Canstein, Die rationellen Grundlagen des Civilprozesses. 2 Abteilungen. Wien 1877. — Verhandlungen des deutschen Juristentages, seit 1860 erscheinend, namentlich Gutachten in den Verhandlungen IX 1. X 1 (hier Gutachten über die Kompetenz des Deutschen Reichsgerichts) und die Verhandlungen in Bd. III. Wichtig sind auch die freilich zur Zeit im Buchhandel nicht erschienenen (übrigens gedruckten) umfangreichen Protokolle der früheren hannoverschen Kommission und der Kommission zur Ausarbeitung einer Civilprozeßordnung für den Norddeutschen Bund und der Justizkommission des Deutschen Reichstags (letztere von 1875 und 1876). Einen Auszug aus den Protokollen der früheren hannoverschen Kommission giebt Winter, Erläuterungen zu den Entwürfen einer allgemeinen Civilprozeßordnung für den sämtlichen Bundesstaaten. Wiesbaden 1867. — Gutachten über den Entwurf einer deutschen Civilprozeßordnung auf Veranlassung des deutschen Anwaltvereines erstattet. Berlin (Moeser) 1871. — Über den österreichischen Entwurf von 1876 vgl. die angeführte Schrift v. Cansteins u. Bar in Grünhuts Zeitschr. für das Privat- und öffentliche Recht der Gegenwart. 1877 (Bd. IV) S. 593 ff. — Neuerdings hat Bähr (Der deutsche Civilprozeß in prakt. Bethätigung. 1885) das Mündlichkeitsprinzip wiederum scharf angegriffen. Siehe gegen Bähr aber z. B. Wach, Die Reichscivilprozeßordnung und die Praxis. 1886; Henrici, Das deutsche Reichsgericht. 1886.

Kommentare zur deutschen Civilprozeßordnung: Struckmann u. Koch. 5. Aufl. 1887; L. Seuffert. 4. Aufl. 1889; Endemann (3 Bde.); v. Wilmowski und Levy. 5. Aufl. 2 Bde. 1889; Petersen; Uebel. 2 Bde. 1878; Gaupp. 3 Bde. 1879—81, jetzt in 2. Aufl. erscheinend u. a. — Von systematischen Bearbeitungen des deutschen Civilprozeßrechts auf Grundlage der deutschen Civilprozeßordnung sind zu bemerken: Wach, Handbuch des deutschen Civilprozeßrechts. Bd. I 1885; Hellmann, Lehrb. des deutschen Civilprozeßrechts. 1886; Planck, Lehrb. des deutschen Civilprozeßrechts. Bd. I. 1887; Birckmeyer, Grundriß und Materialien zur Vorlesung über den ordentlichen Civilprozeß. I: Einleitung und allgemeiner Teil. 1886 (besonders genaue Litteraturnachweise); Bar, Systematik des deutschen Civilprozeßrechts auf Grundlage der deutschen Reichsjustizgesetze. 1878, giebt den Text der Paragraphen der Civilprozeßordnung und des Gerichtsverfassungsgesetzes und die Einführungsgesetze in der Ordnung eines wesentlich für akademische Zwecke aufgestellten wissenschaftlichen Systems. — Wichtig für die Auslegung sind besonders die Regierungsmotive und die Protokolle der deutschen Reichsjustizkommission. Materialien zu den deutschen Reichsjustizgesetzen, herausgegeben von Hahn. Berlin. v. Decker. Die Mat. betr. die Gerichtsverfassung und die Civilprozeßordnung füllen 2 starke Bde. (1879 u. 1880). Kommentar zu den preußischen Ausführungsgesetzen von Struckmann und Koch.

Besonders beliebt und praktisch brauchbar sind die kleinen Textausgaben der Reichsjustizgesetze, mit Registern, welche bei Guttentag (Collin) in Berlin erschienen sind. Eine Art populärer Darstellung des deutschen Civilprozeßrechts nach der Civilprozeßordnung und dem Gerichtsverfassungsgesetze enthält Fitting, Der Reichscivilprozeß (in mehrfachen Auflagen).

Über allgemeine Fragen der Prozeßtheorie: Kohler, Der Prozeß als Rechtsverhältnis. 1888.

IV. Die Gerichte.

§ 18. Unabhängigkeit der Gerichte. Unzulässigkeit willkürlicher kommissarischer Gerichtsbarkeit. Ausschließlichkeit der staatlichen Gerichtsbarkeit. Grundsatz für die gesamte Rechtspflege ist heutzutage deren vollkommene

Unabhängigkeit, d. h. Abhängigkeit nur von dem Willen des Gesetzes, nicht aber von dem persönlichen Willen des Staatsoberhauptes (Verbot der sogenannten Kabinettsjustiz). Dieser Grundsatz galt keineswegs im römischen Rechte, wo die Kaiser nicht verhindert waren, in Person Recht zu sprechen, und ebenso nicht im älteren deutschen Prozesse, wo Kaiser und Landesherren in Person den Gerichten präsidierten, allerdings aber das Urteil nicht selbst fanden, sondern von den Beisitzern (Schöffen) finden lassen mußten. Die Kammergerichtsordnungen (Kammergerichtsordnung von 1495 Tit. 27, v. 1555 II. 35) ordneten dabei an, daß der Justiz des Kammergerichts „ihr stracker Lauf" gelassen werden solle und die Kammergerichtsordnung von 1555 sprach bereits bestimmt die Nichtigkeit kaiserlicher, die Justiz beeinträchtigender Befehle aus. Wenn auch die Reichsgesetze nicht so bestimmt sich über das Verhältnis der Landesherren zu den Territorialgerichten erklärten, ist doch späterhin diese auch durch landesherrliche Reversalien u. s. w. bestätigte Unabhängigkeit der Gerichte gemeines Recht geworden, welches in Übereinstimmung mit dem § 86 der preußischen Verfassungsurkunde von 1850 jetzt durch den Eingangsparagraphen des deutschen Gerichtsverfassungsgesetzes: „Die richterliche Gewalt wird durch unabhängige, nur dem Gesetze unterworfene Gerichte ausgeübt" förmlich bestätigt ist. Dabei ist auch nach richtiger Ansicht ein Unterschied zwischen positiven und negativen Vorschriften des Staatsoberhaupts nicht zu machen: auch die Nichtanwendung der richterlichen Gewalt, wo dieselbe Pflicht gewesen wäre, ist Pflichtverletzung [1].

Dem Staatsoberhaupte ist hiernach zu unmittelbarer Ausübung nur die sogenannte Gerichtsherrlichkeit verblieben. Im Deutschen Reiche steht jetzt die Gerichtsherrlichkeit in Ansehung des Reichsgerichts dem Reiche zu. (Vgl. namentlich deutsches Gerichtsverfassungsgesetz § 127, demzufolge die Mitglieder des Reichsgerichts auf Vorschlag des Bundesrats vom Kaiser ernannt werden.) Abgesehen von dem Rechte, allgemeine Anordnungen zu treffen innerhalb der Grenzen des Verordnungsrechts, gehört dahin aber auch die Oberaufsicht über die Dienstführung der Gerichte (Visitationsrecht), kraft deren auch sogenannte Mandata de administranda iustitia erlassen werden können, welche indes den Inhalt einer etwa zu erlassenden richterlichen Verfügung nicht betreffen dürfen und daher unzulässig sind, wenn das Gericht aus Rechtsgründen sich weigert, eine Handlung vorzunehmen. Das Organ, dessen das Staatsoberhaupt sich hier bedient, ist in Deutschland das Justizministerium. Doch sind oft gewisse Zweige der Oberaufsicht den oberen Gerichtshöfen (oder deren Präsidenten) und nach der französischen Gerichtsverfassung den Staatsanwälten übertragen. Nach dem deutschen Gerichtsverfassungsgesetz § 152 darf den Staatsanwälten (wie freilich z. B. nach der hannoverschen Gerichtsverfassung in gewissem Umfange der Fall war) eine Dienstaufsicht über die Richter landesgesetzlich nicht übertragen werden.

Das römische und kanonische Recht gestatteten dem Beamten eine Übertragung der eigenen Gerichtsbarkeit an andere Personen (iurisdictio mandata und delegata). In Deutschland sind indes diese im späteren römischen Rechte beschränkten, nach kanonischem Recht weitergehenden Befugnisse für die weltlichen Gerichte nicht praktisch geworden. Die Erteilung von Aufträgen (Kommissionen) beschränkt sich auf Vornahme einzelner Instruktions- und Zwangshandlungen, bei Vernehmung von Zeugen, Behändigungen u. s. w., und ausgeschlossen, abgesehen von dem gemeinrechtlichen, durch die Justizgesetzgebung des Deutschen Reichs jetzt beseitigten Institute der Aktenversendung, ist ebenfalls der Auftrag zur Fällung des Urteils. Derartige Aufträge werden in Deutschland und Frankreich aber auch heutzutage nur noch an Gerichte erteilt, und der Grundsatz der Mündlichkeit (Unmittelbarkeit) führt von selbst zur Beschränkung solcher Aufträge. Aber auch das Recht der Kaiser, Kommissionen für einzelne Fälle einzusetzen, ist als Eingriff in die Unabhängigkeit der Gerichte

---

[1] Eine dem Staatsrechte, speciell dem neueren Verfassungsrechte angehörige Garantie der Unabsetzbarkeit der Gerichte ist die Unabsetzbarkeit der Richter, genauer Absetzbarkeit nur durch Richterspruch. Nach dem gemeinen Rechte bestand diese Unabsetzbarkeit nicht; doch konnte dem Richter Gehalt und Rang nicht durch Administrativverfügung entzogen werden. Jetzt bestimmt das deutsche Gerichtsverfassungsgesetz § 8 die Unabsetzbarkeit. Auch darf nach § 9 daselbst wegen vermögensrechtlicher Ansprüche der Richter aus dem Dienstverhältnisse der Rechtsweg landesgesetzlich nicht ausgeschlossen werden.

bereits in den Reichsgesetzen auf Notfälle (Fälle der Behinderung des ordentlichen Gerichts) beschränkt worden, und der gleiche Satz kam später auch in den Territorien zur Geltung, wie denn in der neueren Verfassungssprache dieser Satz dahin ausgedrückt ist: „niemand darf seinem ordentlichen Richter entzogen werden" (vgl. deutsches Gerichtsverfassungsgesetz § 16), und neuere Gerichtsverfassungsgesetze lassen auch in solchen Notfällen das Kommissorium nicht von dem Staatsoberhaupte, sondern von einem oberen Gerichtshofe ausgehen. Die Vorschriften des deutschen Gerichtsverfassungsgesetzes (vgl. § 134. 122. 69) haben in dieser Richtung auch die Möglichkeit der Zuordnung von Hülfsrichtern durch die Justizverwaltung sehr wesentlich beschränkt. So ist die Zuziehung von Hülfsrichtern bei dem Reichsgerichte überhaupt unzulässig, und zu Hülfsrichtern bei den Oberlandesgerichten dürfen nur ständig angestellte Richter berufen werden.

Nach dem gemeinen deutschen Staatsrechte konnte übrigens die Gerichtsbarkeit auch einer Privatperson (oder Korporation) kraft erblichen Rechtes zustehen. Diese sogenannte **Patrimonialgerichtsbarkeit**, in neuerer Zeit mehr und mehr auf gewisse Befugnisse der Gerichtsherrlichkeit reduziert, war aber schon in den bei weitem meisten deutschen Staaten beseitigt. Nach dem deutschen Gerichtsverfassungsgesetz § 15 ist diese Beseitigung für das gesamte Deutsche Reich nunmehr eine absolute. Auch entzieht derselbe Paragraph jeder geistlichen Gerichtsbarkeit die bürgerliche Wirkung und insbesondere in Ehe- und Verlöbnissachen.

§ 19. Gerichtsorganisation. Das Verhältnis der verschiedenen Gerichte zueinander wird bestimmt durch die **Gerichtsorganisation** und zwar entweder als Sub- oder als Koordination. Ein Gericht ist dem anderen als obere Instanz übergeordnet, wenn es Verfügungen des letzteren abändern oder doch aufheben kann. Die gemeinrechtliche Gerichtsorganisation wie auch die neueren Organisationen stellen eine dreifache Abstufung der Gerichte auf (Grundsatz der drei Instanzen, worin jedoch keineswegs enthalten ist, daß jede Streitsache drei Instanzen durchlaufen könnte): Untergerichte (Gerichte erster Instanz), Mittelgerichte (Gerichte zweiter Instanz) und oberster Gerichtshof. Doch sind die Funktionen der verschiedenen Gerichte nach der älteren und nach der neueren Gerichtsverfassung nicht ganz dieselben, da die mittleren Gerichte nach der älteren Gerichtsverfassung auch Gerichte erster Instanz für Personen und Sachen privilegierten Gerichtsstandes waren, während bei dem Verschwinden des letzteren sie wesentlich zu reinen Appellationsgerichten geworden sind. Wenn nun zugleich, wie nach der französischen Gerichtsverfassung der Fall ist, Streitsachen von geringerem Wertbetrage, beziehungsweise Streitsachen, die regelmäßig eine einfache Erledigung finden oder doch eine besonders schnelle Erledigung fordern, ständigen Einzelrichtern (in Frankreich den Friedensrichtern) überwiesen sind, so kann sich, wie in Frankreich, eine vierfache Abstufung der Gerichte ergeben: Einzelrichter, Kollegialgerichte unterer Instanz, Appellationsgerichte und oberster Gerichtshof, und so verhält es sich auch nach dem deutschen Gerichtsverfassungsgesetz. Dasselbe unterscheidet Amtsgerichte (mit Einzelrichtern besetzt)[1], (kollegiale) Landgerichte, Oberlandesgerichte und den obersten Gerichtshof. Die Landgerichte sind indes nicht ausschließlich Gerichte erster Instanz, vielmehr zugleich Berufungs- und Beschwerdeinstanz für die Amtsgerichte. Außerdem besteht noch der Unterschied, daß nach der französischen Gerichtsverfassung und z. B. nach der früheren bayerischen Prozeßordnung der oberste Gerichtshof nur Entscheidungen vernichten, nicht aber andere unmittelbar an deren Stelle setzen kann, während nach dem gemeinrechtlichen Systeme der oberste Gerichtshof selbst in der Sache urteilen kann. (Siehe unten die Lehre von den Rechtsmitteln.) Das Bedürfnis der praktischen Aufrechterhaltung einheitlicher Rechtsgrundsätze hatte im neuen Deutschen Reiche zur Errichtung des (1869 gesetzlich angeordneten) Reichsoberhandelsgerichts in Leipzig geführt. In Gemäßheit des deutschen Gerichtsverfassungsgesetzes § 125 ff. besteht nunmehr für das Deutsche Reich ein höchstes „Reichsgericht" mit mehr umfassender Kompetenz, die in Zukunft wohl noch Ausdehnungen erfahren dürfte. Es ist Revisions- und Beschwerdeinstanz über den Oberlandesgerichten; indes kann

---

[1] Dies schließt nicht aus (vgl. Gerichtsverfassungsgesetz § 22), daß bei einem Amtsgerichte mehrere Amtsrichter angestellt sind; ja letzteres wird faktisch die allgemeine Regel sein. Allein jeder dieser mehreren Amtsrichter ist durchaus selbständig thätig.

die Gesetzgebung eines Bundesstaates, in welchem mehrere Oberlandesgerichte errichtet werden — mit Ausnahme desjenigen Staates, in welchem das Reichsgericht seinen Sitz hat —, Revisionen und Beschwerden gegen Entscheidungen der betreffenden Oberlandesgerichte einem besonderen höchsten Landesgerichte übertragen, eine Befugnis[1], die indes auf diejenigen Sachen wiederum keine Anwendung erleidet, welche bisher zur Zuständigkeit des Reichsoberhandelsgerichts gehörten oder durch besondere Reichsgesetze dem Reichsgerichte zugewiesen werden.

Sondergerichte für bestimmte besondere Streitsachen, wie solche früher in Deutschland in großer Zahl vorkamen, z. B. Marktgerichte, Meßgerichte, Salzgerichte, Berggerichte u. f. w., sind nach dem deutschen Gerichtsverfassungsgesetz § 14 nur für die dort bezeichneten Streitsachen, d. h. in sehr beschränktem Umfange noch zulässig[2] (vgl. übrigens auch das unten über den privilegierten Gerichtsstand Gesagte) und selbst von der Errichtung besonderer Handelsgerichte, wie solche nach der französischen Gerichtsverfassung bestehen, ebenso aber auch z. B. in Bayern, Württemberg, Hamburg, Bremen bestanden, ist abgesehen. Dagegen können nach dem deutschem Gerichtsverfassungsgesetz §§ 100 ff. durch die Landesjustizverwaltungen nach Maßgabe des Bedürfnisses bei den Landgerichten für die Erledigung der Handelssachen sogenannte Handelskammern (möglicherweise auch an einem anderen Orte als an demjenigen, an welchem das Landgericht seinen Sitz hat) errichtet werden. Diese Handelskammern der Landgerichte sind nach dem deutschen Gerichtsverfassungsgesetz nicht, wie nach der französisch-rheinischen Gerichtsverfassung, lediglich mit Kaufleuten besetzt; vielmehr führt, wie es z. B. bisher auch in Bremen und Hamburg der Fall war, ein Jurist (Mitglied des Landgerichts) den Vorsitz und zwei dem Handelsstande angehörige, in Gemäßheit der §§ 112. 113 des Gerichtsverfassungsgesetzes je auf die Dauer von drei Jahren ernannte Handelsrichter bilden die richterlichen Beisitzer. Der praktische Vorzug dieser Handelskammern vor besonderen Handelsgerichten besteht in der Verminderung oder doch Vereinfachung der Kompetenzstreitigkeiten und in der Erweiterung des Rechtes der Parteien, selbst die Gerichtspersonen zu bestimmen, welche ihren Rechtsstreit entscheiden sollen. Denn ob eine nur aus rechtsgelehrten Staatsrichtern bestehende sogenannte Civilkammer des Landgerichts oder die Handelskammer entscheidet, wird nach den Bestimmungen des Gerichtsverfassungsgesetzes wesentlich von den Anträgen der Parteien abhängen; die Civilkammer, vor welche eine nach § 101 des Gerichtsverfassungsgesetzes vor die Handelskammer gehörige Handelssache gebracht wird, kann von Amts wegen die Sache nicht vor die Handelskammer verweisen; die Handelskammer hat der Regel nach im umgekehrten Falle dies Recht der Verweisung, da das Amt der Handelsrichter ein Ehrenamt ist, und deshalb die Handelskammern nicht mit Geschäften überlastet werden dürfen, die Handelskammern auch nur eine gesetzlich beschränkte Kompetenz besitzen. In der zweiten Instanz (bei den Oberlandesgerichten) bestehen besondere Handelskammern nach dem deutschen Gerichtsverfassungsgesetz nicht; das deutsche Gerichtsverfassungsgesetz hat sich in dieser Beziehung dem französischen Rechte angeschlossen, während in Bayern und Württemberg z. B. auch in der zweiten Instanz besondere Handelsrichter zugezogen wurden.

Zur vollen Besetzung des Gerichts sind gemeinrechtlich Richter und Gerichtsschreiber erforderlich, während andere (nicht rechtsgelehrte) Beisitzer des Gerichts bis vor kurzem noch im partikularen Rechte vorkamen.

Die Richter sind entweder Einzelrichter, oder sie bilden ein in Civilsachen mit Majorität beschließendes Kollegium, in welchem jedes Mitglied wesentlich gleiche Rechte und der Vorsitzende nur die formelle Geschäftsleitung voraus hat. (Vgl. über die Rechte des Vorsitzenden deutsches Gerichtsverfassungsgesetz §§ 177. 176; deutsche Civilprozeßordnung §§ 127. 131. 193.) Der Richter oder das Richterkollegium ist das allein beschließende Organ des Gerichts; aber der Gerichtsschreiber ist, indem er die Handlungen des Gerichts zu den Akten aufzeichnet, keineswegs in jeder Beziehung von dem Richter abhängig: die Richtigkeit der Aufzeichnungen soll er auf eigene Verantwortlichkeit bezeugen oder mitbezeugen; er dient also der Kontrolle der Gesetzmäßigkeit der richterlichen Handlungen.

---

[1] Nur Bayern hat von dieser Befugnis Gebrauch gemacht.
[2] Vgl. die preußischen Gesetze betr. die Rheinschiffahrtsgerichte und die Elbzollgerichte vom 8. bezw. 9. März 1879.

§ 20. **Fähigkeit zur Ausübung des richterlichen Amtes.** Zur Ausübung des richterlichen Amtes gehört Wahrnehmungs= und Urteilsfähigkeit. Deshalb sind unfähig (inhabiles) und zwar absolut: Wahnsinnige, Unmündige, Personen, denen der erforderliche Sinn fehlt, z. B. Taube in einem mündlichen Verfahren. Auch können Frauen wie überhaupt öffentliche Ämter, so auch das Richteramt nicht ausüben, und wie zu jedem öffentlichen Amte ist Besitz der bürgerlichen Ehrenrechte erforderlich. Der neueren Zeit gehört an das Erfordernis besonderer Rechtskenntnis, wozu mindestens dreijähriges Rechtsstudium und das Bestehen von Prüfungen gefordert wird; doch werden, wie bemerkt, die modernen Handelsgerichte ganz (in Frankreich) oder teilweise mit Kaufleuten besetzt. Das Erfordernis eines bestimmten Religionsbekenntnisses, in neuerer Zeit mehr und mehr aufgegeben (vgl. Reichsabsch. von 1544 § 92; deutsche Bundesakte von 1815 Art. 16), ist durch das allgemein lautende Reichsgesetz vom 3. Juli 1869 in Deutschland jetzt vollständig beseitigt. Nach dem deutschen Gerichtsverfassungsgesetz §§ 2 ff. erfordert die Fähigkeit zur Bekleidung des Richteramtes das Bestehen zweier Prüfungen. Die erste hat zur Voraussetzung ein (mindestens) dreijähriges Studium der Rechtswissenschaft auf einer Universität (anderthalbjähriges Studium auf einer deutschen Universität), die zweite einen nach der Ablegung der ersten Prüfung durchzumachenden Vorbereitungsdienst von (mindestens) drei Jahren[1]. Die Landesgesetzgebung ist nicht behindert, höhere Anforderungen zu stellen; da aber nach § 5 des Gesetzes wer in einem Bundesstaate die Fähigkeit zur Bekleidung des Richteramtes erlangt hat, dieselbe auch in jedem anderen Bundesstaate besitzt, so ist durch die ungenügenden Normativbestimmungen — es fehlt an einer einheitlichen Prüfungsordnung — der Anlaß zu einer Minuslicitation der einzelnen Bundesstaaten bezüglich der Anforderungen an die technische Ausbildung des Richterpersonals gegeben, einer Minuslicitation, die um so bedauerlicher ist, als ein mündliches Verfahren, wenn es segensreich wirken soll, eine besonders tüchtige wissenschaftliche Ausbildung des Richters voraussetzt. In Preußen ist wie bisher nach dem Gesetze vom 6. Mai 1869 eine vierjährige Vorbereitungszeit und dreijähriges Studium geblieben, und andere Staaten haben sich dem angeschlossen, ungeachtet zahlreiche wohlbegründete Ausführungen deutscher Universitätslehrer gerade die bisherigen preußischen Vorschriften als besonders mangelhaft bezeichnet hatten.

Über die **natürlichen** Unfähigkeitsgründe enthält weder das deutsche Gerichtsverfassungsgesetz noch die deutsche Civilprozeßordnung Bestimmungen; indes dürfte nicht zu bezweifeln sein, daß, wenn wirklich z. B. ein nachweislich wahnsinniger Richter das Urteil gefällt oder mitgefällt haben sollte, dasselbe von der Partei als nichtig angefochten werden könnte. Die etwa bei Anstellung eines Richters geschehene Verletzung der Vorschriften über die technische Vorbildung des Richterpersonals wird dagegen der richtigen Ansicht nach von den Parteien nicht, sondern etwa nur von der Volksvertretung gegenüber dem verantwortlichen Minister geltend gemacht werden können.

Relativ, d. h. in einer bestimmten Sache unfähig das Richteramt auszuüben ist, wer (oder wessen Ehefrau) in der Sache selbst Partei ist, ein unmittelbares Interesse an dem Ausgange der Sache hat (z. B. regreßpflichtig ist); nach neueren Gesetzgebungen soll auch niemand in Sachen naher Angehöriger das Richteramt ausüben. Der relativ unfähige Richter muß sich von Amts wegen der Leitung und Entscheidung der betreffenden Sache enthalten; seine Thätigkeit und besonders sein Urteil in der betreffenden Sache ist nichtig (vgl. deutsche Civilprozeßordnung §§ 512₂; 542₂; 543₅)[2]. Dagegen ist die Geltendmachung des Verdachts einer Befangenheit des Richters in anderen Fällen den Parteien überlassen,

---

[1] Nach § 4 des deutschen Gerichtsverfassungsgesetzes sind die ordentlichen Rechtslehrer an den deutschen Universitäten ohne weiteres zur Bekleidung des Richteramtes befähigt.

[2] Genauere Vorschriften giebt jetzt die deutsche Civilprozeßordnung § 41. Danach ist jemand auch deshalb relativ unfähig, weil er in dem Prozesse in einer gewissen Weise thätig gewesen ist, die mit der Thätigkeit des Richters inkompatibel erscheint. Die Civilprozeßordnung nimmt hiernach relative Unfähigkeit an, wenn jemand als Zeuge oder Sachverständiger in dem betreffenden Prozesse vernommen ist, Prozeßbevollmächtigter einer Partei gewesen ist u. s. w. Auch der Richter, der in der früheren Instanz mitgewirkt hat, ist für die höhere Instanz nach § 41₆ regelmäßig relativ unfähig.

z. B. wenn der Richter mit einer Partei besonders befreundet oder verfeindet ist. Die Partei kann in solchem Falle den verdächtigen (suspekten) Richter ablehnen, refusieren; der refusierte Richter muß bis zur Entscheidung über das Rekusationsgesuch aller Amtshandlungen (mit Ausnahme der faktisch unaufschiebbaren, z. B. bei Arrestgesuchen) sich enthalten; denn wird das Gesuch begründet befunden, so sind alle weiteren Amtshandlungen nichtig (vgl. deutsche Civilprozeßordnung §§ 513 s. 542 s); wogegen der bloß verdächtige, nicht auch unfähige Richter bis zur Ablehnung vollkommen gültig prozediert. (Die dem Rekusationsgesuche zu Grunde gelegte Thatsache muß einigermaßen glaubhaft gemacht werden; gemeinrechtlich konnte dazu der in der neueren Gesetzgebung mehr und mehr beseitigte, auch in der deutschen Civilprozeßordnung nicht mehr vorkommende sogenannte Perhorrescenzeid dienen.) Über das Ablehnungsgesuch kann selbstverständlich der refusierte Richter nicht selbst entscheiden; ist also das Gericht nach Abrechnung des refusierten Mitgliedes nicht mehr beschlußfähig, so muß Entscheidung des vorgesetzten Gerichts eingeholt werden. (Vgl. über die Ablehnung deutsche Civilprozeßordnung §§ 42—48.)

Die Erfordernisse der Persönlichkeit des Gerichtschreibers werden nach neueren Gesetzen nach Maßgabe der für den Richter gültigen Bestimmungen beurteilt; nur ist nach vielen Gesetzgebungen Rechtskenntnis nicht erforderlich. Auch das deutsche Gerichtsverfassungsgesetz fordert dieselbe nicht. Dagegen erklärt die deutsche Civilprozeßordnung § 49 die Vorschriften über relative Unfähigkeit und Ablehnung des Richters auch auf den Gerichtschreiber für anwendbar. Das preußische Gesetz vom 3. März 1879, betreffend die Dienstverhältnisse der Gerichtschreiber, fordert für die Bekleidung der Stelle eines Gerichtschreibers, abgesehen von zeitweiliger Wahrnehmung der Geschäfte, zweijährigen Vorbereitungsdienst und das Bestehen einer Prüfung. Die Anstellung der Gerichtschreiber (nicht immer der Gerichtschreibergehülfen) erfolgt auf Lebenszeit.

§ 21. Staatsanwaltschaft; Unterbeamte der Civiljustiz. Nach der französischen Gerichtsverfassung nimmt als öffentlicher Beamter, wenn auch nicht als Mitglied des Gerichts, an der Rechtspflege teil der Staatsanwalt, der, abgesehen von den Fällen, wo er wegen eines vorhandenen öffentlichen Interesses als wirkliche Partei (partie principale) erscheint, in allen vor den gewöhnlichen Kollegialgerichten verhandelten Sachen mit gutachtlichen Anträgen (als partie jointe) vor Abgabe des Urteils gehört wird. Doch ist der Wert dieser in Deutschland für die Unabhängigkeit der Gerichte bedenklich erachteten Einrichtung sehr streitig. Die deutsche Civilprozeßordnung hat sie nicht aufgenommen, ebenso nicht die neuen österreichischen Entwürfe. Nach der deutschen Civilprozeßordnung tritt die Staatsanwaltschaft mitwirkend oder bezw. als selbständige Partei nur auf in Ehesachen und im sogenannten Entmündigungsverfahren (vgl. z. B. §§ 569. 586. 607.)

Der Unterbeamte des Gerichts (Gerichtsdiener, Gerichtsvollzieher), der Aufträge des Gerichts auszuführen, z. B. Ladungen, Arreste zu vollstrecken hat, besitzt in seiner amtlichen Wirksamkeit öffentlichen Glauben. Eine selbständige Stellung haben die französischen Huissiers, eine Einrichtung, die, bereits in Hannover und in Bayern nachgeahmt, jetzt auch von der Justizgesetzgebung des Deutschen Reiches aufgenommen ist. Das deutsche Gerichtsverfassungsgesetz § 156 giebt, da der Gerichtsvollzieher, obschon im Auftrage einer Partei handelnd, doch mit Unparteilichkeit handeln und Zeugnisse mit öffentlichem Glauben über die von ihm vorgenommenen Akte ausstellen muß, Vorschriften über die Ausschließung eines Gerichtsvollziehers in gewissen Sachen, in denen jene Unparteilichkeit anzuzweifeln ist, z. B. in Sachen naher Angehöriger.

Sämtliche Gerichtspersonen werden vor dem Amtsantritte auf ihre Amtspflichten vereidet.

§ 22. Sachliche Zuständigkeit der Gerichte im allgemeinen. Der Civilprozeß und die Gerichte entscheiden in Deutschland nur über privatrechtliche Streitigkeiten. Befugnisse öffentlicher Behörden als solche können nicht direkt Gegenstände eines Civilrechtsstreites sein und Verfügungen der Verwaltungsbehörden in letzterem nicht aufgehoben werden. Aber die Frage, ob eine privatrechtliche, zur Kompetenz der Gerichte gehörige Sache vorliege, wird gemeinrechtlich von den Gerichten selbst entschieden und muß von den Gerichten selbst oder doch besonderen Gerichtshöfen entschieden werden, wenn die Justiz nicht der Verwaltung untergeordnet werden soll. Das deutsche Gerichtsverfassungsgesetz § 17 stellt als Prinzip den Satz auf, daß die Gerichte selbst, bei denen ein angeblicher Rechtsanspruch geltend gemacht wird, über die Zulässigkeit des Rechtsweges entscheiden, gestattet jedoch der Landesgesetzgebung die Entscheidung über Kompetenzstreitigkeiten zwischen den Gerichten und den Verwaltungsbehörden oder Verwaltungsgerichten besonderen Behörden unter gewissen Voraussetzungen zu übertragen. Die hier gegebenen Normativbestimmungen bezwecken, den Mitgliedern des Verwaltungsgerichtshofs, von denen übrigens auch die Hälfte höhere Richter sein müssen, die erforderliche Unabhängigkeit zu sichern. Auch kann die durch rechtskräftiges Urteil eines Gerichtes feststehende Zulässigkeit des Rechtsweges nicht später noch im Wege des Kompetenzkonfliktes angefochten werden, und das Einführungsgesetz § 11 läßt, was die straf= oder civilrechtliche Verfolgung von Amtshandlungen betrifft, Vorentscheidungen darüber nur seitens eines Verwaltungsgerichtshofs (nicht der Verwaltungsbehörden selbst) bezw. seitens des Reichsgerichts und auch nur bezüglich der Feststellung zu, ob der Beamte sich einer Überschreitung seiner Amtsbefugnisse oder der Unterlassung einer ihm obliegenden Amtshandlung schuldig gemacht habe. Übrigens wird ein privatrechtlicher Anspruch (z. B. ein Anspruch auf Schadenersatz wegen einer widerrechtlichen Handlung eines Beamten) nicht dadurch zu einer dem öffentlichen Rechte angehörenden und deshalb den Gerichten entzogenen Sache, daß die Entscheidung von einer dem öffentlichen Rechte angehörigen Vorfrage (z. B. von den staatsrechtlichen Befugnissen des Beamten) abhängig ist, und es war eine Schmälerung des der Justiz an sich zustehenden Gebiets, wenn, wie z. B. nach einer (allerdings mit dem Artikel 97 der preußischen Verfassungsurkunde nicht wohl zu vereinigenden) Auslegung des § 6 des preußischen Gesetzes vom 11. Mai 1842, die Entschädigungsverpflichtung wegen angeblich widerrechtlicher Handlung eines Beamten abhängig gemacht wurde von einer Vorentscheidung einer Verwaltungsbehörde und wenn deshalb ein sogenannter Kompetenzkonflikt erhoben werden kann, eine Vorschrift, die in ausgedehnter Weise auch in Frankreich gilt. Allerdings kann, insoweit der Beamte von seinem pflichtmäßigen Ermessen einen nach Ansicht des Gerichts selbst unzweckmäßigen Gebrauch gemacht hat, von einem Ersatzanspruche keine Rede sein; aber dann ist die Klage nicht wegen Inkompetenz des Gerichts, sondern als materiell unbegründet zurückzuweisen.

Indes sind nach manchen Landesgesetzen Ansprüche, die nach allgemeinen Grundsätzen als civile zu betrachten wären, ausnahmsweise vor die Verwaltungsbehörden verwiesen, und diese sogenannte **Administrativjustiz** (vgl. hinsichtlich Preußens v. Rönne, Staatsrecht der Preußischen Monarchie. 3. Aufl. I 2 267 ff.) hat namentlich in Frankreich eine sehr große Ausdehnung, wo z. B. die mit öffentlichen Behörden abgeschlossenen Lieferungsverträge auch der Kognition der Gerichte nicht unterliegen[1]. Dagegen steht in Deutschland der Staat als Inhaber von Privatrechten und privatrechtlich Verpflichteter (Fiskus) und nicht minder das Staatsoberhaupt in privatrechtlichen Angelegenheiten vor den Gerichten zu Recht[2].

Ebenso aber, wie die einen Civilanspruch bedingende staatsrechtliche Vorfrage von dem Gerichte selbständig entschieden werden muß, hat das letztere auch über **strafrechtliche Vorfragen** zu entscheiden, und zwar selbst dann, wenn über die letzteren bereits im Strafverfahren strafrechtlich entschieden sein sollte. Die von der französischen Jurisprudenz (nach dem Grundsatze: Le criminel emporte le civil) und in neueren deutschen Gesetzen (vgl. z. B.

---

[1] Vgl. über die Zuständigkeit der Gerichte im Verhältnis zu den Verwaltungsbehörden in Gemäßheit des deutschen Gerichtsverfassungsgesetzes Hauser, Die deutsche Gerichtsverfassung. 1879 (Separatabdr. aus der Zeitschrift für Reichs= und Landesrecht). — Vgl. auch H. Schulze, Das preußische Staatsrecht II (1877) 354 ff. 850 ff.

[2] Das Einführungsgesetz zur deutschen Civilprozeßordnung §§ 4. 5 unterwirft den Fiskus (wie überhaupt alle anderen öffentlichen Korporationen), was privatrechtliche Ansprüche betrifft, unbedingt den Gerichten und bestimmt zugleich, daß die Geltendmachung vermögensrechtliche Ansprüche seitens Dritter gegen Landesherren oder Mitglieder fürstlicher Familien nicht von der Einwilligung des Landesherrn, wie in einigen deutschen Staaten noch auf Grund einer falsch verstandenen historischen Tradition der Fall war, abhängig gemacht werden darf. Auf Streitigkeiten der Mitglieder einer fürstlichen Familie unter sich bezieht sich diese Bestimmung nicht.

württembergische Prozeßordnung Artikel 7, bayerische Prozeßordnung § 323, Norddeutscher Entwurf § 462) angenommene Ansicht, welche den Civilrichter unbedingt durch ein auf kontradiktorische Verhandlung ergehendes **verurteilendes** Strafurteil rücksichtlich des darin festgestellten Thatbestandes gebunden erachtet, beruht auf einer Verkennung des Umstandes, daß im Strafverfahren die Parteien andere sind als im Civilverfahren und opfert das Recht der Partei einer angeblichen absoluten Wahrheit des Strafprozesses. Wirklich verletzende Widersprüche zwischen Straf- und Civilverfahren sind auf andere Weise, durch eine für beide Prozesse mehr gleichmäßige Beweiswürdigung und durch ein zweckmäßiges Adhäsionsverfahren zu Gunsten des durch ein Delikt Beschädigten vermeidbar. Anders liegt selbstverständlich der Fall, wenn die **Thatsache der Verurteilung** im Strafverfahren Voraussetzung des Entstehens oder Erlöschens eines Civilanspruchs ist. Die deutsche Civilprozeßordnung hat jene oben als irrig bezeichnete Präjudizialität des Strafurteils denn auch nicht angenommen; vielmehr sind im Einführungsgesetze § 14₁ landesgesetzliche Vorschriften über die bindende Kraft des Strafurteils gegenüber dem Civilrichter ausdrücklich als außer Kraft tretend bezeichnet. (Vgl. z. B. Strafprozeßordnung für die neuen preußischen Provinzen vom 25. Juni 1867 § 10.)

Bedingte und betagte Ansprüche sollen gemeinrechtlich nicht vor Gericht verfolgt werden, auch wegen des hier konkurrierenden öffentlichen Interesses nicht mit Zustimmung des Gegners. Doch gestattete schon das römische Recht in einem Falle, in welchem jetzt freilich durch Beweisaufnahme zum ewigen Gedächtnis geholfen werden kann, verfrühte Klage, und die deutsche Civilprozeßordnung § 231 gestattet dieselbe allgemein unter Voraussetzung eines (besonderen) rechtlichen Interesses. Unter der gleichen Voraussetzung gewährt dieser Paragraph auch eine Klage auf Anerkennung einer Urkunde, auf Feststellung der Unechtheit einer Urkunde und auf Feststellung auch des Nichtbestehens eines Rechtsverhältnisses.

Weismann, Die Feststellungsklage. 1879: Wach, Der Feststellungsanspruch. 1889.

§ 23. Gerichtszwang und Gerichtsstand. Einzelne Gerichtsstände. Die allgemeine **sachliche** Zuständigkeit der Gerichte vorausgesetzt, ist nun zu trennen die Zuständigkeit des einzelnen Gerichts zur Entscheidung einer Streitsache und die Zuständigkeit zur Vornahme von Zwangsakten. Zuständig zur Vornahme von Akten staatlichen Zwanges ist immer nur das Gericht[1], in dessen Bezirke sich die betreffende Person oder Sache, z. B. die zum Zeugnisse zu zwingende Person, die mit Arrest zu belegende Sache, zur Zeit befindet: „Extra territorium ius dicenti impune non paretur"[2]. Dagegen kann sehr wohl ein Gericht zur Entscheidung über die Streitsache berufen sein, dem die Zuständigkeit zur Vornahme der etwa erforderlichen Zwangsakte fehlt, z. B. A wird bei dem Gerichte seines Wohnorts verklagt, die zu vernehmenden Zeugen befinden sich im Bezirke des Gerichts B oder auch die mit Arrest zu belegenden Sachen des A, und, was besonders wichtig ist, mit der Zwangsgewalt geht parallel das Recht, Urkunden (Protokolle) mit öffentlichem Glauben aufzunehmen, so daß das Gericht A in dem Bezirke B dazu nicht befugt erscheint. Daher haben die Gerichte — und zwar unter gewissen Beschränkungen selbst die Gerichte verschiedener Staaten — einander **Rechtshülfe** zu leisten, zur Vornahme von Zwangs- wie zur Vornahme von Beweis-(Instruktions-)handlungen, und hat darüber bereits das frühere gemeine Recht bestimmte Normen ausgebildet. Der um Rechtshülfe ersuchte (requirierte) Richter hat selbstverständlich nicht jedes Verlangen eines anderen Richters auszuführen. Er hat vielmehr, was selbstverständlich, seine eigene Zuständigkeit zu der begehrten Handlung zu prüfen — denn eine Befugnis, die er überhaupt gesetzlich nicht haben soll, kann ihm auch das Ersuchen eines anderen Richters nicht beilegen — und nach der gemeinrechtlichen Theorie auch die Zuständigkeit des requirierenden Richters. Nachdem nun bereits das deutsche (anfangs norddeutsche) sogenannte Rechtshülfegesetz vom 21. Juni 1869 die Rechtshülfe in bürgerlichen Rechtsstreitigkeiten unter den Gerichten der Staaten des Deutschen

---

[1] Ausnahme in Notfällen nach § 167 des deutschen Gerichtsverfassungsgesetzes.
[2] Übrigens konnte nach dem früheren gemeinen Rechte der Gerichtszwang bei dem forum arresti auch zur Begründung der Zuständigkeit für die Entscheidung (der Hauptsache) Anlaß geben; nach der deutschen Civilprozeßordnung kommt dies nicht mehr vor.

Reiches nach dem Prinzip vorgeschrieben: „Es macht keinen Unterschied, ob das ersuchende und das ersuchte Gericht demselben Bundesstaate oder ob sie verschiedenen Bundesstaaten angehören", hat das deutsche Gerichtsverfassungsgesetz §§ 157 ff. das gleiche Prinzip und zugleich das bereits ebenfalls in dem Rechtshülfegesetz angenommene Prinzip beibehalten, daß eine Prüfung der Kompetenz des ersuchenden Gerichts nicht stattfindet (§ 159).

Die Lehre vom Gerichtsstande bestimmt dagegen das Recht und die Pflicht der einzelnen Gerichte zur Entscheidung der einzelnen Prozeßsachen, und zwar nimmt diese Lehre im Civilprozesse deshalb einen nicht unbedeutenden Platz ein, weil einerseits es für eine Partei oft nicht gleichgültig ist, ob sie einen Rechtsstreit an einem entfernten und daher ihr unbequemen Orte zu führen hat, und weil andererseits die Rechtsansichten bei den verschiedenen Gerichten verschieden sein können. Dabei hemmen zu enge Bestimmungen über den Gerichtsstand die Rechtsverfolgung seitens des Klägers, zu weite bedrücken den Beklagten. Da nun jedes richterliche Urteil ein Unterwerfungsverhältnis des in Anspruch Genommenen voraussetzt, so ergiebt sich mit Notwendigkeit der Satz: "Actor sequitur forum rei", d. h. insoweit ein persönliches Verhältnis für den Gerichtsstand maßgebend ist, entscheidet die Person des Beklagten. Daher ist das allgemeine, regelmäßig für alle Klagen gültige Forum auch das des Domizils des Beklagten. (Die deutsche Civilprozeßordnung hat, vgl. z. B. § 21, neben dem allgemeinen Gerichtsstande des Domizils noch einige analog zu behandelnde Gerichtsstände von beschränkterem Umfange aufgenommen, welche auf ein länger dauerndes Aufenthalts=, Geschäfts= oder doch persönliches Verhältnis sich gründen.) Jedes Gericht aber wird in allen Sachen, in denen die Parteien freie Dispositionsbefugnis haben, kompetent durch freiwillige Unterwerfung der Parteien (Prorogation, prorogierter Gerichtsstand), und diese kann auch stillschweigend dadurch erfolgen, daß der Kläger ein unzuständiges Gericht anruft, der Beklagte, ohne die Unzuständigkeit geltend zu machen, über die Materialien des Rechtsstreits (zur Hauptsache) verhandelt (deutsche Civilprozeßordnung §§ 38—40)[1]. Indirekt auf die Annahme einer freiwilligen Unterwerfung zurückzuführen ist der specielle Gerichtsstand des Vertrags (forum contractus, obligationis), nach der älteren Ansicht da begründet, wo der Vertrag geschlossen ist, nach der neueren (vgl. deutsche Civilprozeßordnung § 29) da, wo er erfüllt werden soll[2]. Auf andere Gründe sind dagegen zurückzuführen das forum rei sitae, der specielle Gerichtsstand für dingliche (und analog zu behandelnde) Klagen, begründet an dem Orte, wo die Sache sich befindet (nach dem früheren gemeinen Rechte auch auf Klagen, welche bewegliche Sachen betreffen, sich erstreckend, aber konkurrierend mit dem forum domicilii des Beklagten, nach der deutschen Civilprozeßordnung § 25 dagegen nur für Klagen über unbewegliche Sachen geltend, aber gegenüber anderen Gerichtsständen exklusiv), und das forum delicti commissi, begründet an dem Orte, wo das Delikt begangen ist, für civile aus diesem Delikt entspringende Ansprüche (deutsche Civilprozeßordnung § 32). Dem ersteren liegt zu Grunde einerseits die Rücksicht auf die unmittelbare Zwangsgewalt über die Sache, andererseits, wie die Ausbildung des forum rei sitae im deutschen Rechte zeigt, das öffentliche Interesse an dem im Bezirke (Lande) belegenen Grundeigentum. Dem forum delicti commissi liegt zu Grunde neben der Erleichterung des Beweises die Rücksicht auf gleichzeitige Verfolgung des Civil= und des Strafanspruchs, wie denn der Zusammenhang einer Streitsache mit einer

---

[1] Eine mit Rücksicht auch auf § 247 der deutschen Civilprozeßordnung lebhaft erörterte und wichtige Kontroverse bildet die Frage, ob bei Versäumung des Verhandlungstermins seitens des Beklagten (§ 296) das Gericht noch irgend eine Prüfung seiner Kompetenz, soweit dieselbe irgend von Parteiwillkür abhängt, vorzunehmen habe. Dem Wortlaute und dem Willen des Gesetzgebers wie der Entstehungsgeschichte der betreffenden Gesetzesparagraphen und dem praktischen Bedürfnisse der Rechtssicherheit entspricht die vom Reichsgerichte angenommene Ansicht, welche Gerichte das Recht und die Pflicht dieser Prüfung zuweist, wenngleich die zur Begründung der Kompetenz vom Kläger vorgebrachten Thatsachen nach § 296 beim Ausbleiben des Beklagten als zugestanden anzunehmen sind. Vgl. namentlich den zusammenfassenden Aufsatz von v. Amsberg im Archiv f. d. civilist. Praxis LXV 59 ff. und Leonhard in der Zeitschr. f. deutschen Civilprozeß IV 403 ff.

[2] Doch hat die deutsche Civilprozeßordnung § 30 für Klagen aus Meß= und Marktgeschäften unter gewissen Voraussetzungen auch an dem Orte des Geschäftsabschlusses einen Gerichtsstand angenommen.

andern unter gewissen Voraussetzungen geeignet sein kann, einen Gerichtsstand derart zu begründen, daß das für eine der betreffenden Streitsachen zuständige Gericht auch für die andere kompetent wird (forum connexitatis), entweder weil die Streitsachen in einem inneren, materiellen Zusammenhange stehen (vgl. auch deutsche Civilprozeßordnung §§ 36, 34) oder weil beide äußerlich durch den Prozeßgang miteinander in Verbindung gebracht werden (formelle Konnexität); letzteres findet statt, wenn das Gericht, welches für den Anspruch des Klägers kompetent ist, auch für einen Gegenanspruch des Beklagten, wie nach gemeinem Recht, kompetent erklärt wird (**Gerichtsstand der Widerklage**, forum reconventionis)[1] oder wenn das für den Arrestschlag zuständige Gericht unter Umständen auch kompetent wird zur Feststellung des Anspruchs selbst, wegen dessen der Arrest angelegt wird. Was die deutsche Civilprozeßordnung betrifft, so ist der Gerichtsstand der Widerklage (vgl. § 33) beschränkt auf konnexe Gegenansprüche, kann zugleich aber auch als Gerichtsstand eines formellen Zusammenhanges bezeichnet werden, da die Möglichkeit der Widerklage geknüpft ist an die Dauer der mündlichen Verhandlung über die Vorklage (§§ 251. 253). Der Gerichtsstand des Arrestes kommt in der deutschen Civilprozeßordnung nicht vor. Er ist ersetzt durch den in § 24 normierten Gerichtsstand: für Klagen wegen vermögensrechtlicher Ansprüche gegen Personen, die im Deutschen Reiche keinen Wohnsitz haben, ist ohne weiteres das Gericht zuständig, in dessen Bezirke sich Vermögen derselben oder der mit der Klage in Anspruch genommene Gegenstand befindet[2].

Auf einer besonderen Bevorrechtung einzelner Personenklassen oder Arten von Streitsachen beruhen die privilegierten Gerichtsstände, oft in der Art bestehend, daß für das nach allgemeinen Grundsätzen zuständige Gericht das diesem vorgesetzte Gericht an die Stelle tritt. Die persönlich privilegierten Gerichtsstände haben bereits vor dem Erscheinen der deutschen Justizgesetze in neuerer Zeit fast sämtlich dem Grundsatze der Gleichheit vor dem Gesetze weichen müssen, und nicht minder die sachlich privilegierten[3]; letztere verdienen deshalb keine Begünstigung, weil die Trennung einzelner Zweige von dem Ganzen der Rechtspflege auf dieses letztere regelmäßig höchst nachteilig einwirkt, sowohl auf die wissenschaftliche Behandlung wie auf die (durch Kompetenzstreitigkeiten aufgehaltene) Erledigung der einzelnen Streitsachen.

Von der örtlichen Zuständigkeit verschieden ist die sachliche Zuständigkeit, insofern für Streitsachen von geringerem oder größerem Belange nach den neuen Gerichtsverfassungsgesetzen verschiedene Gerichte, die für denselben Ort zuständig sind, eintreten.

Ausnahmsweise kann es erforderlich werden, das zuständige Gericht nicht durch allgemeine Rechtsregel, sondern durch besondere Anordnung für den einzelnen Fall zu bestimmen. Neuere Gesetze geben diese früher dem Landesherrn zustehende Befugnis, einen sogenannten **außerordentlichen Gerichtsstand** zu begründen, lediglich den höheren Gerichten. Die deutsche Civilprozeßordnung giebt sie in § 36 insbesondere im Falle eines sogenannten (negativen oder positiven) Kompetenzkonflikts, d. h. wenn in einem Rechtsstreite verschiedene Gerichte sich rechtskräftig für zuständig erklärt haben, ebenso wenn verschiedene Gerichte, von welchen eins für den Rechtsstreit zuständig ist (d. h. eines jedenfalls zuständig sein muß), sich rechtskräftig für unzuständig erklärt haben oder wenn es mit Rücksicht auf die Grenzen verschiedener Gerichtsbezirke ungewiß ist, welches Gericht für den Rechtsstreit zuständig sei.

Da der unzuständige Richter nicht einschreiten, nicht urteilen soll, so sind Prozeßhandlungen desselben nichtig („Sententia a non suo iudice lata nullam obtinet firmitatem"), sofern nicht Prorogation den Mangel heilt, und gemeinrechtlich hatte ein unzuständiges Gericht den Mangel der Kompetenz von Amts wegen geltend zu machen. (Anders

---

[1] Vgl. namentlich R. Löning, Die Widerklage im Reichscivilprozesse, in d. Zeitschr. f. deutsch. Civilprozeß IV 1—190, auch als besondere Schrift erschienen. Diese Arbeit behandelt die Widerklage in allen prozessualen Beziehungen, nicht nur in Ansehung des Gerichtsstandes; Kleinfeller, Der Gerichtsstand der Widerklage. 1882.
[2] Ein besonderer Gerichtsstand für Erbschaftsklagen (am letzten Domizil des Erblassers) ist in der deutschen Civilprozeßordnung § 28 statuiert.
[3] Das deutsche Gerichtsverfassungsgesetz (vgl. Einführungsgesetz § 5) läßt nach Maßgabe der Landesgesetze privilegierte Gerichtsstände nur für die Landesherren und für die Mitglieder der landesherrlichen Familien zu.

steht es nach manchen neueren Gesetzen und nach der deutschen Civilprozeßordnung § 38 hinsichtlich der örtlichen und der nach Wertsummen bestimmten Kompetenz.) Die einmal zur Zeit der Klage vorhanden gewesene Kompetenz aber wird durch spätere Änderung der Umstände nicht wieder aufgehoben; z. B. der in foro domicilii begonnene Prozeß wird daselbst beendigt, auch wenn sein Beklagter sein Domizil verlegt. („Ubi coeptum est semel iudicium, ibi et finem accipere debet.") Unter mehreren Gerichtsständen hat der Kläger die Wahl.

V. Die Parteien, ihre Stellvertreter und Beistände.

§ 24. Prozeßfähigkeit und sogenannte legitimatio ad causam. Jedes Rechtssubjekt ist der Regel nach fähig, seine Rechte vor Gericht geltend zu machen und zu verteidigen. Da aber der Prozeß Parteihandlungen mit rechtlicher Wirksamkeit fordert, so muß wer selbständig Partei sein will oder sein soll, auch die Handlungsfähigkeit im Sinne des bürgerlichen Rechts besitzen (deutsche Civilprozeßordnung § 51 Absatz 1: „Eine Person ist insoweit prozeßfähig, als sie sich durch Verträge verpflichten kann"), und insofern der Prozeß auf bestimmte Vermögensobjekte Wirkung äußern soll, auch die Dispositionsbefugnis über das in Anspruch genommene Vermögensrecht. Von den Bestimmungen des materiellen bürgerlichen Rechts hängt also ab, inwieweit jemand, selbständig und ohne der Vertretung oder des Beistandes einer anderen Person zu bedürfen, Prozeß führen kann (ein Satz, der in der deutschen Civilprozeßordnung § 50 auch ausdrücklich ausgesprochen ist), daher auch insoweit nicht von der lex fori, von dem am Orte des Gerichts geltenden Gesetze, sondern von der lex domicilii bezw. rei sitae. Doch bestimmt die deutsche Civilprozeßordnung Absatz 2 des § 51 noch besonders, daß die Prozeßfähigkeit einer großjährigen Person nicht durch die väterliche Gewalt, die Prozeßfähigkeit einer Ehefrau nicht dadurch, daß sie Ehefrau ist, beschränkt wird, eine Entscheidung, die, wie sie durchaus konsequent ist, zugleich manche Zweifel des gemeinen Rechts bezw. Verschiedenheiten des partikularen Rechts beseitigt. Es versteht sich aber von selbst — und die Motive zu § 51 heben dies auch hervor —, daß der Hausvater oder Ehemann aus Judikaten, welche ohne seine Zuziehung ergangen sind, sich eine Zwangsvollstreckung in das Vermögen des Hauskindes oder der Ehefrau, an welchem ihm besondere Rechte zustehen (z. B. der Nießbrauch) nicht unter Verletzung dieser seiner Rechte gefallen zu lassen braucht. Wer im Konkurse sich befindet, verpflichtet durch einen ohne den Kurator geführten Prozeß die Konkursmasse nicht. Der Mangel der Fähigkeit, den Prozeß zu führen, macht den Prozeß nichtig; der Richter hat daher von Amts wegen darauf zu achten, ob diese Fähigkeit (legitima persona standi in iudicio) vorhanden ist. (Vgl. jedoch deutsche Civilprozeßordnung § 53 in betreff der Ausländer.)

Nicht mit dieser Fähigkeit auf gleiche Linie zu stellen ist aber die Frage, ob dem Kläger gerade das verfolgte Recht, und ob es ihm gerade gegen den in Anspruch genommenen Beklagten zustehe (legitimatio ad causam activa und passiva). Sehr oft ist mit der Behauptung und dem Beweise des fraglichen Rechts auch jene Behauptung unmittelbar gegeben; so wenn jemand klagt aus einem von ihm mit dem Beklagten selbst abgeschlossenen Vertrage. In manchen Fällen aber ist jene Behauptung und jener Beweis trennbar von der Behauptung und von dem Beweise des Rechtes selbst, so wenn der Erbe ein in der Person des Erblassers entstandenes Recht, der Eigentümer eines Grundstückes eine für dieses erworbene Servitut einklagt, oder wenn jemand als Erbe aus einer vom Erblasser übernommenen Verpflichtung, als Besitzer einer Sache verklagt wird. Die ältere gemeinrechtliche Theorie wendete hier die Grundsätze von der legitima persona standi in iudicio analog an. (Gegenwärtig ist man darüber einig, daß es nur um einen Teil der zur Begründung der Klage erforderlichen Thatsachen, nicht aber um eine Vorbedingung der Gültigkeit des Prozesses sich handelt. Es können also prinzipiell nur die gleichen Prozeßsätze Platz greifen, welche auch für die übrigen Klagethatsachen gelten, und wenngleich unter Umständen der Obsieg im Prozesse für den nicht zur Sache Legitimierten nutzlos sein mag, so hat der Richter doch keinen Grund, z. B. Geständnisse der Partei über die legitimatio als unwirksam zu behandeln, und der Prozeß ist bei einem Mangel nur in der legitimatio ad causam keineswegs nichtig. Dagegen hatte die ältere Theorie insofern nicht unrecht, als unter Umständen die Feststellung der legitimatio ad causam weit einfacher sein kann als die Feststellung des Rechtes an sich und dann jene unter Durchbrechung der Eventual=maxime zweckmäßig vorweg auf Verlangen des Beklagten, der ihre Existenz leugnet (soge=nannte exceptio deficientis legitimationis ad causam), erledigt werden kann — während die neuere Theorie und Gesetzgebung hier einfach die starre Eventualmaxime anwendete. Jenem Bedürfnisse angemessener Vorverhandlung über die legitimatio ad causam kann nach der deutschen Civilprozeßordnung § 275 durch eine von dem Ermessen des Gerichts abhängige Teilung des Prozeßstoffes genügt werden. Der legitimatio ad causam erwähnt die deutsche Civilprozeßordnung, was auch vom Standpunkte des Gesetzes aus durchaus richtig ist, nicht.

§ 25. **Rechte und Pflichten der Parteien gegeneinander. Prozeß=strafen. Pflicht zur Kautionsleistung, zum Ersatze der Prozeßkosten.** Die Rechte der Parteien im Prozesse sind im allgemeinen gleich. Aber der Beklagte hat insofern eine günstigere Stellung, als vermöge seiner nur negativen, verteidigenden Stellung er schon siegt, wenn nur der Kläger seinen Angriff zu begründen nicht im stande ist („Actore non probante reus absolvitur"), sollte z. B. auch keineswegs klar sein, daß der Beklagte nichts schuldet oder daß ihm die vindizierte Sache gehört. (Die Regel: „Reus excipiendo fit actor" bezieht sich nur auf die Beweislast.) Umgekehrt kann aber der Kläger als solcher in der Hauptsache nicht verurteilt, nur abgewiesen werden. Nur scheinbar ist die Ausnahme bei einer vom Beklagten erhobenen Widerklage; inwieweit aber bei den sogenannten doppel=seitigen Klagen (den interdicta retinendae possessionis und den Teilungsklagen) eine wirk=liche Ausnahme stattfindet, ist allerdings in der gemeinrechtlichen Theorie streitig.

Der römische (und ebenso der ältere deutsche Prozeß) verhängte mannigfache Nachteile für den, der unrechtmäßige Ansprüche erhob oder rechtmäßige ableugnete (Prozeßstrafen). Diese besonderen Sicherungsmittel hat das neuere Recht mehr und mehr fallen lassen, ob=wohl es zweifelhaft ist, ob einige derselben, z. B. Vorschriften über den Verlust von Ein=reden und Rechtswohlthaten bei unrechtmäßigem Ableugnen des Klaggrundes, im gemeinen Rechte noch anwendbar seien. Auch der Eid vor Gefährde, Kalumnieneid, dem das kano=nische Recht eine sehr große Ausdehnung und Bedeutung gegeben hatte (ein Eid, wesentlich dahin gehend, daß man in gutem Glauben prozessiere), ist in den neueren Prozeßgesetzen beseitigt worden und kommt in der deutschen Civilprozeßordnung nicht vor. Nur für äußerste Fälle kam noch in neueren Prozeßgesetzen die Anwendung von Disciplinarstrafen gegen Partei oder Anwalt wegen mutwilligen Prozessierens vor. Man erblickt heutzutage dagegen ein hinreichendes Sicherungsmittel in der Verpflichtung zum Ersatze der Prozeßkosten, die aller=dings gegenwärtig sehr erheblich ins Gewicht fällt, und zugleich in der Öffentlichkeit und Mündlichkeit des Verfahrens. Die erfolglose Einlegung von Rechtsmitteln an den obersten Gerichtshof wurde allerdings, um diesen vor Geschäftsüberhäufung zu schützen, nach manchen Gesetzgebungen mit sogenannten Succumbenzstrafen geahndet. Die deutsche Civilprozeß=ordnung kennt weder vom Prozeßgerichte zu verhängende Strafen wegen mutwilligen Pro=zessierens noch Succumbenzstrafen.

Ebenso haben nach heutigem Rechte — anders freilich nach römischem Rechte — die Parteien als solche nur in Ausnahmefällen einander Kautionen zu bestellen. So mußte nach gemeinem Rechte der Kläger als Ausländer Kaution leisten (für den etwaigen Ersatz der Prozeßkosten), der Beklagte bei besonderem Verdachte, daß er sich der Vollstreckung des Urteils entziehen werde. Die deutsche Civilprozeßordnung kennt (vgl. §§ 102 ff.) als be=sondere Kaution einer Partei, auf welche dem Prozeßgegner ein unbedingtes Recht gegeben wird, nur die erstere. Allerdings kommen Sicherheitsleistungen in der deutschen Civilprozeß=ordnung noch mehrfach vor in der Bedeutung, daß davon entweder eine besondere prozessuale Vergünstigung, z. B. die Herbeiführung der Zwangsvollstreckung gegen den Gegner vor Eintritt des Rechts kraft des Urteils, abhängig gemacht wird oder die Kaution dazu dient, eine nachteilige Maßregel (Arrest oder unter Umständen Zwangsvollstreckung [vgl. §§ 807. 647]) abzuwenden.

Dagegen ist die Verpflichtung zum Ersatze der Prozeßkosten an den Gegner heutzutage nach durchgreifender Regel an die Thatsache des Unterliegens im Prozesse geknüpft, ohne daß ein Verschulden, wie nach älterem römischen Rechte der Fall gewesen zu sein scheint, dazu erforderlich ist, wenngleich ein nachweisbares Verschulden sowohl bei einzelnen Prozeßverhandlungen[1] wie möglicherweise bezüglich des gesamten Prozesses[2] die schuldige Partei (unter Umständen auch Dritte, z. B. Zeugen, Sachverständige, Gerichtspersonen)[3] zur Tragung der Kosten verpflichtet. Nur scheinbar ist die Ausnahme im Falle eines wechselseitigen Sieges und im Falle, daß eine Partei ganze Prozeßabschnitte nutzlos veranlaßt, z. B. Appellationen erfolglos eingelegt hat. Im ersten Falle pflegt man Kompensation der Kosten eintreten zu lassen (d. h. jeder Teil trägt die von ihm aufgewandten Kosten), möglicherweise auch verhältnismäßige Teilung der Kosten (deutsche Civilprozeßordnung § 88 Absatz 1); im zweiten trägt die Kosten allein, wer den betreffenden Prozeßabschnitt nutzlos veranlaßt hat. Aus Billigkeitsgründen ließ der frühere gemeine Prozeß eine wahre Ausnahme durch Kompensation eintreten, wenn die Partei hinsichtlich des faktischen Streitmaterials besonders zweifeln konnte, während der französische Prozeß z. B. dem Richter die Befugnis giebt, die Kosten des Prozesses unter nahen Verwandten zu kompensieren. Die deutsche Civilprozeßordnung erkennt auch die erstere immerhin schwer zu handhabende Ausnahme nicht an.

§ 26. Succession in ein Parteiverhältnis. Erlöschen des Prozesses ohne Urteil. Die durch den Beginn des Prozesses von den Parteien übernommene Prozeßobligation (d. h. namentlich die Obligation, das Urteil anzuerkennen und zu erfüllen) geht zwar auf den Universalsuccessor über; gleichwohl kann der Prozeß, da er fortwährend Handlungen der Parteien voraussetzt und da nach gemeinem Rechte eine einem Verstorbenen gemachte Auflage, ein gegen ihn gefälltes Urteil nichtig ist (vgl. den in gewissem Umfange übereinstimmenden Artikel 344 des Code de procédure), nicht auf den Namen eines Verstorbenen geführt werden. Der Prozeß ruht daher einstweilen (die deutsche Civilprozeßordnung § 217 sagt, es trete eine „Unterbrechung des Verfahrens" ein)[4] und das Prozeßrecht kennt daher ein besonderes sogenanntes Reassumtionsverfahren (Wiederaufnahmeverfahren), vermöge dessen die Erben einer Partei entweder von der Gegenpartei herangezogen werden oder auch freiwillig den Prozeß aufnehmen können. (Vgl. deutsche Civilprozeßordnung § 217.) Prozessiert freilich die Partei nicht in Person, so ist es juristisch denkbar, daß der Tod der Partei keine Änderung herbeiführt, sofern das Gesetz die Vollmacht des Vertreters für die Erben verbindlich erklärt. Andererseits macht aber auch, wenn die Partei nicht selbständig prozessieren kann, sondern eines gesetzlichen Vertreters bedarf, der Tod und ebenso die etwa eintretende Prozeßunfähigkeit (z. B. eintretender Wahnsinn) des gesetzlichen Vertreters die Partei verteidigungsunfähig und muß daher konsequenterweise ebenso wie der Tod einer in Person prozessierenden Partei eine Unterbrechung der Verhandlung herbeiführen und bezw. ein Reassumtionsverfahren veranlassen, und wenn das Prozeßgesetz die Vertretung

---

[1] Z. B. Versäumung eines Termins, Verschulden der Verlegung eines Termins, verschuldetes Herbeiführen der Berufungsinstanz, wenn die Partei in der Berufungsinstanz auf Grund neuen Vorbringens obsiegt, das sie bereits in erster Instanz geltend machen konnte (§ 92 Abs. 2).
[2] Deutsche Civilprozeßordnung § 89. „Hat der Beklagte nicht durch sein Verhalten zur Erhebung der Klage Veranlassung gegeben, so fallen dem Kläger die Prozeßkosten zur Last, wenn der Beklagte den Anspruch sofort anerkennt." Z. B. ein Gewerbetreibender verklagt jemand sofort, ohne ihm, wie üblich, vorher die Rechnung zuzustellen. Der Schuldner hat gegen die Rechnung keine Einwendung und zahlt sofort auf die Klage.
[3] Z. B. können nach der deutschen Civilprozeßordnung § 97 (Gerichtsschreiber, Gerichtsvollzieher, Rechtsanwälte, gesetzliche Vertreter, Bevollmächtigte zur Tragung der durch ihr grobes Verschulden veranlaßten Kosten verurteilt werden.
[4] Deutsche Civilprozeßordnung § 226 Abs. 2: „Die während der Unterbrechung oder Aussetzung von einer Partei in Ansehung der Hauptsache vorgenommenen Prozeßhandlungen sind der anderen Partei gegenüber ohne rechtliche Wirkung."

der Parteien vor den Kollegialgerichten durch rechtsgelehrte Anwälte obligatorisch macht, die Partei, welche nicht in solcher Weise vertreten, gar nicht hört, so macht der Tod bezw. die eintretende Unfähigkeit des Anwalts, die Vertretung fortzuführen, eine Unterbrechung bezw. eine Art Reassumtionsverfahren (durch direkte Ladung der Partei selbst) notwendig. Und demgemäß verordnet denn auch die deutsche Civilprozeßordnung, welche einerseits (vgl. § 82) die Vollmacht des Vertreters auf die Erben der Partei erstreckt, andererseits die Vertretung der Parteien durch rechtsgelehrte Anwälte bei den Kollegialgerichten fordert. Durch eine Singularsuccession in das Streitobjekt kann zwar nach allgemeinen juristischen Grundsätzen die Prozeßobligation der ursprünglichen Parteien nicht berührt werden[1]; indes spricht man auch hier oft von einer Reassumtion, obwohl thatsächlich nach richtiger Auffassung nichts anderes vorliegt als eine Intervention des Successors, der den Erfolg des vom Autor geführten Prozesses gegen sich gelten lassen muß und als procurator in rem suam eintritt (vgl. unten). Die deutsche Civilprozeßordnung unterscheidet übrigens Unterbrechung und Aussetzung des Verfahrens. Die Unterbrechung ist das Ruhen des Rechtsstreites ipso iure, die Aussetzung das Ruhen des Rechtsstreits auf Antrag und diesem Antrage entsprechende Verfügung des Gerichts; die Unterbrechung beruht, wie gezeigt worden, auf juristischer Notwendigkeit, da die Partei einstweilen ihre Verteidigung nicht führen kann, und letztere erst wieder organisiert werden muß. Die Aussetzung tritt in gewissen Fällen aus Billigkeitsgründen ein. Die Aussetzung tritt nach § 223 ein, wenn eine Partei oder ein gesetzlicher Vertreter gestorben oder prozeßunfähig geworden, aber durch einen Prozeßbevollmächtigten vertreten ist: hier kann der Vertreter die Aussetzung beantragen[2]. Das Streitverhältnis erlischt, abgesehen von der Beendigung durch Urteil, durch gerichtlichen Vergleich, Streitentsagung (wenn der Kläger definitiv auf das Streitobjekt verzichtet, der Beklagte sich für sachfällig erklärt), durch Beerbung, insoweit eine Partei Erbe der anderen wird. Aus der Verjährung des Rechtes selbst wenigstens kann der Beklagte nur eine Einrede gegen die Fortsetzung des Prozesses entnehmen (Verjährung der Litispendenz, wenn der Kläger den Prozeß die bestimmte Verjährungszeit hindurch liegen läßt). Das ältere römische Recht kannte auch eine unmittelbare Verjährung des Prozesses, wodurch dann mittelbar das Recht selbst verloren ging: d. h. ein Prozeß, der binnen bestimmter Zeit nicht beendet war, erlosch von selbst, und dann konnte auch das Recht selbst nicht mehr geltend gemacht werden. Der französische Prozeß kennt noch eine besondere péremption; wenn ein Prozeß drei Jahre lang geruht hat, so hat der Beklagte das Recht, ihn durch einseitige Erklärung zu annullieren, und es wird dann so angesehen, als sei überhaupt nicht prozessiert, z. B. auch die Klageverjährung nicht unterbrochen worden; der Kläger trägt die Kosten des annullierten Prozesses. Die deutsche Civilprozeßordnung hat dies nicht aufgenommen.

§ 27. Intervention. Es kann im rechtlichen Interesse eines Dritten liegen, eine Partei in dem Prozesse zu unterstützen, zu intervenieren (vgl. deutsche Civilprozeßordnung §§ 63 ff.); und zwar erstens in dem Falle, daß der Dritte in dem Falle des Unterliegens der Partei (trotz ordnungsmäßiger und sorgsamer Prozeßführung) der Partei regreßpflichtig ist (so insbesondere der Verkäufer, wenn dem Käufer das Kaufobjekt kraft Rechtsanspruchs von einem anderen abgestritten, evinziert wird); zweitens in dem Falle, daß ausnahmsweise das Urteil nicht nur für die Partei, sondern auch für das Recht eines Dritten maßgebend ist (z. B. das Urteil über die Gültigkeit des Testaments in dem Rechts-

---

[1] Vgl. übereinstimmend deutsche Civilprozeßordnung § 236 Abs. 2: „Die Veräußerung oder Cession hat auf den Prozeß keinen Einfluß." Nur wenn nicht der Streitgegenstand selbst veräußert ist, sondern ein streitiges Recht oder eine streitige Verpflichtung als Zubehör eines Grundstücks mit veräußert ist, berechtigt und verpflichtet (letzteres auf Antrag des Gegners) § 237 den Singularsuccessor, den Rechtsstreit in der Lage, in welcher er sich befindet, als Hauptpartei zu übernehmen, eine Bestimmung, die dem früheren gemeinen Rechte gegenüber eine Abweichung enthalten dürfte.

[2] Die deutsche Civilprozeßordnung kennt übrigens noch eine Unterbrechung, bezw. Aussetzung des Verfahrens infolge Krieges (§§ 222. 224). Eine Vereinbarung der Parteien, daß das Verfahren ruhen solle, hat nicht die Folge, daß die Notfristen nicht laufen (228).

streite zwischen den Testaments- und Intestaterben entscheidet auch für und gegen die Legatare). Die Rechte des Intervenienten im Prozesse müssen von diesem verschiedenen Grunde der Intervention abhängen, namentlich muß es hiervon abhängen, ob der Intervenient auch gegen den erklärten Willen desjenigen, für den er interveniert, Prozeßhandlungen vornehmen kann: im allgemeinen aber ist er zu allen Prozeßhandlungen befugt, welche der Rechtsverteidigung derjenigen Partei, zu deren Gunsten er interveniert, förderlich sind. Indes kann es, da durch die Intervention Kosten und Weiterungen veranlaßt werden, nicht ohne weiteres gestattet sein, daß jemand interveniere. Der Zulassung der (nach der deutschen Civilprozeßordnung § 68 Absatz 3 definitiven)[1] Intervention geht daher eine summarische Untersuchung über die Zulassung (über die Existenz eines rechtlichen Interesses) voraus. Der Intervenient muß den Prozeß immer so nehmen, wie er ihn findet; er hat nicht das Recht, ihn ganz oder teilweise rückgängig zu machen. Die Anzeige einer Partei an einen Dritten (damit dieser ihr eventuell als Intervenient beitreten könne), welche häufig ratsam ist, um später den Einwand ungenügender Prozeßführung seitens eines Regreßpflichtigen abzuschneiden, heißt Streitverkündigung (Litisdenunziation, Appel en garantie): sie ist heutzutage (nach deutschem Prozeßrechte) ein durch Vermittelung des Prozeßgerichts erfolgender Akt, und da sie, um praktisch wirksam zu sein, regelmäßig beim Beginn des Prozesses erfolgen muß, so kann der Beklagte zu diesem Zwecke, ehe er die Klage beantwortet, eine Frist sich erbitten. Oft wird übrigens der Intervenient oder der, dem der Streit verkündigt ist, mit ausdrücklicher oder stillschweigender Bewilligung der Parteien den Streit nunmehr als alleinige Partei (procurator in rem suam) fortsetzen, da faktisch nicht sowohl die ursprüngliche Partei, als vielmehr er, z. B. als regreßpflichtiger Verkäufer, bei dem Ausgange der Sache interessiert ist. Daraus erklärt sich die eigentümliche Gestalt, welche die Litisdenunziation und Intervention annimmt in dem Falle, daß jemand, der z. B. als Pächter auf fremden Namen eine Sache detiniert, auf Herausgabe der Sache belangt und nun der juristische Besitzer (Verpächter) zugezogen wird (nominatio sive laudatio auctoris des gemeinen Prozeßrechts). (Vgl. deutsche Civilprozeßordnung § 73)[2].

Neben der soeben besprochenen sogenannten accessorischen Intervention, welche den Zweck hat, einer der ursprünglichen Parteien zum Siege zu verhelfen, kennt das Prozeßrecht aber auch eine sogenannte Haupt- oder Prinzipalintervention, um für den Intervenienten entweder 1. das eigentliche Streitobjekt oder 2. das zufällige Exekutionsobjekt in Anspruch zu nehmen. Z. B. 1. A vindiziert das im Besitze des B befindliche Haus. B will diesen Anspruch nicht gelten lassen. 2. A hat gegen B eine Forderung von tausend Thalern erstritten, und zur Befriedigung dieser Forderung soll das im Besitze des B befindliche Haus gerichtlich versteigert werden. C interveniert (in beiden Fällen), indem er das Haus als sein Eigentum in Anspruch nimmt. Das gemeine Prozeßrecht und ebenso neuere Prozeßgesetze suchen im ersten Falle thunlichst eine Vereinigung der mehreren Rechtsstreitigkeiten herbeizuführen, indem sie dem Intervenienten gestatten, seine Klage sofort gegen beide ursprüngliche Parteien (obschon in der Person der einen dieser Parteien, weil diese eben nicht Besitzer ist, die Voraussetzungen der legitimatio ad causam fehlen können) bei dem Prozeßgerichte (obwohl dieses möglicherweise dem ersten Kläger gegenüber an sich nicht kompetent sein würde) anzubringen. Unter Umständen wird dann — nach richterlichem Ermessen (nach der deutschen Civilprozeßordnung nur auf Antrag), — wenn voraussichtlich der mittels Intervention geltend gemachte Anspruch bald ein für alle Beteiligten unzweifelhaftes Resultat herbeiführen kann, der erste Prozeß sistiert (vgl. deutsche Civilprozeßordnung §§ 61. 62). Im zweiten Falle wird nach gemeinem Prozeßrechte die Exekution

---

[1] Provisorisch wird der Intervenient ohne weiteres zum Hauptverfahren zugezogen. Deutsche Civilprozeßordnung § 68 Abs. 3.

[2] Nach dem Vorgange einzelner Partikularrechte erkennt § 72 der deutschen Civilprozeßordnung auch einen eigentümlichen Fall der Streitverkündigung mit besonderer Wirkung dann an, wenn jemand als Schuldner von A in Anspruch genommen wird und zugleich befürchtet, von B wegen derselben Forderung in Anspruch genommen zu werden. Hier kann der Beklagte nach gerichtlicher Hinterlegung des Streitbetrages sich aus dem Prozesse ziehen, so daß der Streit lediglich unter den beiden angeblichen Gläubigern auszumachen ist. Man könnte vielleicht den Fall auch als eine eigentümliche Prinzipalintervention auffassen.

bis zur Entscheidung über die Intervention einstweilen ausgesetzt (Civilprozeßordnung 690). (Wo übrigens eine Vereinigung der mehreren Interessenten in einem Prozesse stattfindet, wird dieselbe juristisch immer auf eine accessorische Intervention sich zurückführen lassen.)

Weismann, Hauptintervention und Streitgenossenschaft. 1884.

§ 28. Klagenhäufung und Streitgenossenschaft insbesondere. Der Kläger kann auch mehrere Klagansprüche gegen denselben Beklagten in demselben Verfahren geltend machen (sogenannte objektive Klagenhäufung oder Klagenkumulation), falls das Gericht die erforderliche Kompetenz besitzt und beide Klagen für dieselbe Prozeßart sich eignen. Abgesehen aber davon, daß solche Kumulation zuweilen aus Gründen des materiellen Rechts unzulässig sein kann — der Berechtigte muß dann wählen, ob er den einen oder den anderen Anspruch geltend machen will, — hängt die Zulassung der mehreren Ansprüche in einem Verfahren nach rationeller Betrachtung wesentlich von Zweckmäßigkeitsgründen und namentlich davon ab, daß nicht wegen der Verbindung der mehreren Ansprüche eine Verwirrung des Verfahrens zu befürchten ist. Auch eine eventuelle Klagenhäufung ist möglich, d. h. eine Klagenhäufung der Art, daß der Kläger die eventuelle Klage nur für den Fall angestellt haben will, daß er mit der vorangestellten (prinzipalen) nicht durchdringt.

Ferner können mehrere Personen in einem Verfahren als Kläger auftreten oder als Beklagte belangt werden (sogenannte subjektive Klagenhäufung), und auch darüber entscheidet der obige Zweckmäßigkeitsgrund, so daß es namentlich darauf ankommt, ob das Streitmaterial für die mehreren Personen wesentlich dasselbe ist. Die Rechte der einzelnen in einer Parteirolle auftretenden Personen werden aber durch solche Streitgenossenschaft (Litiskonsortium) nicht berührt, bleiben vielmehr voneinander unabhängig, sofern sie dies nach dem materiellen Rechte sind, und so kann es kommen, daß bei demselben thatsächlichen Klaggrunde einer der zu einer Parteirolle vereinigten Streitgenossen den Prozeß gewinnt, der andere ihn verliert, z. B. wenn jener, nicht aber dieser einen entscheidenden Parteieid schwört.

Mit diesen Grundsätzen stimmen, sowohl was die objektive als was die subjektive Klagenhäufung betrifft, die Vorschriften der deutschen Civilprozeßordnung (vgl. §§ 232 und 56 ff.) überein. Der Gesichtspunkt der Zweckmäßigkeit macht sich dabei auch nach der Richtung geltend, daß nach § 136 das Gericht die Trennung des Verfahrens über anfangs vereinigte Ansprüche hinterher noch anordnen kann. Doch untersagt, in Übereinstimmung mit mehreren früheren Partikularprozeßgesetzen, aber abweichend von dem früheren gemeinen Rechte, die deutsche Civilprozeßordnung § 232 Abs. 2 die Kumulation der Besitzklage und der Klage auf das Recht selbst (Verbindung von possessorium und petitorium).

§ 29. Vertretung der Parteien und Advokatur (Anwaltschaft). Die Vertretung handlungsunfähiger und juristischer Personen im Prozesse ist unmittelbare Notwendigkeit. Bei mehr entwickeltem Verkehre entsteht aber auch für andere Personen das Bedürfnis, sich im Prozesse vertreten zu lassen. Doch ist diese Stellvertretung nicht ohne Nachteile für eine gerechte und schnelle Erledigung der Prozesse. Daher, und nicht etwa allein der Prozeßformalitäten wegen, gestattete der ältere römische Prozeß solche auf dem freien Willen der Partei beruhende Stellvertretung nicht, und als später der Formularprozeß sie zuließ, geschah dies zunächst nur so, daß, während der Beweis allerdings dahin sich richtete, ob das Rechtsverhältnis in der Person des Vertretenen entstanden sei, doch der Vertreter als wirkliche Partei behandelt und nur durch Kautionen indirekt das Ergebnis für und gegen die Partei wirksam gemacht wurde. Der heutige Prozeß dagegen behandelt die einzelne Handlung des Vertreters (Prokurators) direkt als Handlung des Vertretenen und läßt daher ersteren gar nicht verpflichtet werden. So werden bei genügender Vollmacht Kautionen von dem Vertreter als solchem nicht mehr geleistet; so ist aber auch bei mangelnder Vollmacht der Prozeß, der auf den Namen eines anderen geführt wird, nichtig (vgl. deutsche Civilprozeßordnung §§ 513 5, 542 4), und muß daher nach gemeinem Rechte der Richter von Amts wegen auf den Nachweis genügender Vollmacht (legitimatio ad processum) sehen (deutsche Civilprozeßordnung § 84)[1]; so ruht das Vertretungsverhältnis lediglich auf den Grundsätzen des Mandats, und wie dieses kann auch das Vertretungsverhältnis jederzeit durch einfache Erklärung des Vertretenen, vorbehaltlich der Anzeige an Gericht und Gegner, gelöst werden (deutsche Civilprozeßordnung § 83). Von dem früheren gemeinen Prozeßrechte weicht die deutsche Civilprozeßordnung, was die Vollmacht betrifft, insofern namentlich ab, als sie einerseits den Umfang der in der Prozeßvollmacht liegenden Befugnisse erweitert (§§ 71—78) — an sich würde als Prinzip nur gelten können, daß die Vollmacht zu allen im regelmäßigen Betriebe des Prozesses liegenden Handlungen, aber auch nur zu diesen berechtigt —, insbesondere z. B. auf die Befugnis einen Vergleich abzuschließen, und als sie andererseits die erteilte Vollmacht ohne weiteres auf die Erben des Vertretenen mit erstreckt (§ 82).

Juristisch durchaus verschieden von dem Prokurator ist der Advokat, obwohl in Deutschland der rechtsgelehrte Advokat auch meist Prokurator der Partei ist. Der Prokurator handelt statt der Partei, der Advokat kann die Thätigkeit der Partei nur unterstützen durch Rat, Anfertigung von Schriften und durch mündliche Vorträge vor Gericht. Die Advokatur bildet heutzutage einen unter Autorisation des Staates ausgeübten Lebensberuf. In Frankreich und England ist der technische, äußere Betrieb des Prozesses in den Händen der Avoués und bezw. Attorneys, welche die Partei vertreten, während die Advocats und bezw. Barristers in Konsultationen und Rechtsausführungen vor Gericht thätig werden. Die deutsche Justizgesetzgebung hat diese Trennung der Funktionen nicht aufgenommen; die Rechtsanwaltsordnung kennt nur Rechtsanwälte, die zu sämtlichen in den Betrieb des Prozesses gehörigen Handlungen befähigt sind.

Die richtige Organisation der Advokatur (Rechtsanwaltschaft) ist nicht nur für die Rechtspflege, sondern auch für das gesamte öffentliche Leben eines Volkes von eminenter Bedeutung. Dem Anwalt liegt der Schutz der individuellen Rechtssphäre wie gegen Private, so auch unter Umständen gegen Eingriffe der Staatsgewalt selbst ob. Daraus ergiebt sich die Forderung möglichster Unabhängigkeit, aber auch Ehrenhaftigkeit und Zuverlässigkeit des Standes der rechtsgelehrten Anwälte. Die deutsche Rechtsanwaltsordnung ist hier von manchen Abwegen, welche in einzelnen deutschen Partikulargesetzgebungen eingeschlagen waren, zurückgekommen. Sie betrachtet die Rechtsanwälte nicht mehr, wie es in den älteren preußischen Provinzen der Fall war, als Staatsdiener, die nur in beschränkter Zahl lediglich nach dem freien Ermessen der Justizverwaltung ernannt werden, sondern sie beruht auf dem Prinzipe der Freigebung der Advokatur: d. h. jeder, der die Befähigung der Advokatur erlangt hat — und diese ist nach der Rechtsanwaltsordnung dieselbe wie für das Richteramt —, hat der allgemeinen Regel nach ein Recht auf Zulassung durch die Landesjustizverwaltung, freilich nur in demjenigen Bundesstaate, in welchem der Antragsteller die zum Richteramte befähigende Prüfung bestanden hat. Die Zulassung erfolgt aber im Interesse eines schleunigen Geschäftsbetriebes, und da zugleich die Civilprozeßordnung bei den Kollegialgerichten die Vertretung der Parteien durch Anwälte obligatorisch macht, nur bei einem bestimmten Gerichte (ausnahmsweise bei mehreren bestimmten Gerichten): Lokalisierung der Anwaltschaft (vgl. § 3 der Rechtsanwaltsordnung und § 18 Absatz 1 daselbst: „Der Rechtsanwalt muß an dem Orte des Gerichts, bei welchem er zugelassen ist, seinen Wohnsitz nehmen"). Dies schließt jedoch nicht aus (vgl. § 26 Rechtsanwaltsordnung), daß der Rechtsanwalt in Sachen, auf welche die Strafprozeßordnung, die Civilprozeßordnung und die Konkursordnung Anwendung finden, vor jedem Gerichte Verteidigungen führe, als Beistand der Partei auftrete und, insoweit eine Vertretung durch Anwälte nicht geboten ist, die Vertretung übernehme, und dazu wird er durch das Gesetz ausdrücklich für befugt erklärt. (Man könnte sonach sagen: die Rechtsanwaltschaft, soweit sie obligatorisch für die Partei ist, sei lokalisiert, die Advokatur und die Prozeßvertretung im übrigen sei nicht lokalisiert.) Endlich hat die deutsche Rechtsanwaltsordnung auch für die Unabhängigkeit der

---

[1] Nur in Anwaltsprozessen ist nach dem citierten § 84 die Prüfung der Vollmacht des Anwalts von einem Antrage des gegnerischen Anwalts abhängig — mit Rücksicht auf die in der Stellung und Befähigung der Anwälte liegende Garantie.

Rechtsanwälte gesorgt, indem sie nach dem Vorgange anderer neuerer Gesetzgebungen, insbesondere der französischen, die Aufsicht über die Anwälte, die Handhabung der Disciplin (Verhängung von Disciplinarstrafen mit Inbegriff der Ausschließung von der Rechtsanwaltschaft) den (gewählten) Vorständen der Anwaltskammern — die innerhalb des Bezirks eines Oberlandesgerichts zugelassenen Rechtsanwälte bilden je eine Anwaltskammer — übertragen hat.

Ob eine Partei den Prozeß in Person führe oder sich durch einen rechtsgelehrten Anwalt abtreten lasse, war nach dem früheren gemeinen Rechte nur von dem Belieben der Partei erahängig (bei vielen Gerichten jedoch die Unterzeichnung der Parteischriften durch einen rechtsgelehrten Prokurator bereits notwendig). Nach der deutschen Civilprozeßordnung § 74, die hierin dem französischen Rechte, ebenso aber auch z. B. der hannoverschen und bayerischen Prozeßordnung folgt, muß im Interesse eines geordneten Verfahrens und prompten Geschäftsganges die Partei im Verfahren vor den Kollegialgerichten (nach französischem Rechte nicht vor den Handelsgerichten) sich eines rechtsgelehrten Anwalts bedienen (Anwaltszwang) (vgl. auch österreichischen Entwurf von 1881 § 100).

VI. Die prozessualen Angriffs- und Verteidigungsmittel.

§ 30. Allgemeine Grundsätze. Nach den Grundsätzen des heutigen Prozeßrechts müssen die Parteien jeden an das Gericht gerichteten Antrag, sofern derselbe nicht auf einfache Abweisung eines gegnerischen Antrags geht, der Art begründen, daß aus den von ihnen angeführten Thatsachen der Antrag rechtlich zu folgern ist, eine Regel, von welcher nur bei einfachen im regelmäßigen Gange des Prozesses liegenden Anträgen eine Ausnahme Platz greift. Das Parteigesuch zerfällt daher 1. in die Behauptung von Thatsachen (Geschichtserzählung), 2. in eine rechtliche Deduktion und 3. in den Antrag selbst (Petitum). Von diesen drei Stücken ist indes das zweite unwesentlich, denn es liegt in dem Wesen des Richteramtes, daß der Richter die anzuwenden Rechtssätze nicht erst von den Parteien zu erfahren braucht (iura novit curia). (Doch ist es selbstverständlich oft nützlich, dem Richter die Rechtsdeduktion, welche im mündlichen Verfahren wesentlich dem mündlichen Vortrage zufällt, zu liefern, und ausländisches Recht und lokales, nicht in allgemein anerkannter Weise verzeichnetes Gewohnheitsrecht braucht der Richter nicht zu kennen.) Hieraus ergiebt sich zugleich, daß die sogenannte rechtliche Gegendeduktion, d. h. der Nachweis, daß der Antrag des Gegners rechtlich unbegründet sei, ein selbständiges Verteidigungsmittel nicht ist: die Partei macht hier den Richter nur aufmerksam auf etwas, was er eigentlich ohnehin wissen müßte. Ebenso aber trägt jenen Charakter nicht das einfache Ableugnen der vom Gegner vorgebrachten Thatsachen; dasselbe ändert den Prozeßstoff gar nicht und bedeutet nur, daß die Partei über die fraglichen Punkte Beweis verlange, und da für den Fortgang des Prozesses die Frage des Beweises wesentlich ist, so erwächst jeder Partei die in allen Prozeßrechten anerkannte Verpflichtung, sich über die thatsächlichen Behauptungen der Gegenseite zu erklären, dieselben entweder zuzugestehen oder abzuleugnen, eine Verpflichtung, deren Erfüllung durch die naturgemäße Annahme des Zugeständnisses bei verweigerter Antwort durch den Richter erzwungen werden kann.

§ 31. Klage, Einreden, Repliken u. s. w. Streitbefestigung. Der wichtigste Parteiantrag im Prozesse ist die Klage. Fehlt es dem Petitum der Klage an der erforderlichen Bestimmtheit, so wird die Klage als dunkel, ist der Schluß aus der Geschichtserzählung auf das Petitum nicht gerechtfertigt, so wird die Klage als unschlüssig oder unbegründet zurückgewiesen.

An die Behändigung der Klage knüpfen sich wichtige materielle Rechtswirkungen, die wesentlich auf den Gedanken sich zurückführen lassen, daß der Kläger unter der unvermeidlichen Dauer des Prozesses thunlichst nicht leiden, also alles erhalten soll, was er gehabt haben würde, wenn der Prozeß gleich beim Beginne schon entschieden worden wäre (Haftung für culpa beziehentlich casus, Ersatz von Früchten u. s. w.). Das klassische römische Recht knüpfte diese Wirkungen an die Litiskontestation; der heutigen (schriftlichen) Einleitung des Prozesses entspricht im allgemeinen besser der Zeitpunkt der Behändigung der Klage (vgl. übereinstimmend deutsche Civilprozeßordnung § 235). Prozessual wichtig sind die Unzulässigkeit der Änderung der Klage[1] und die Entstehung der Einrede der Litispendenz für den Beklagten, wenn der Kläger, ungeachtet er die Klage bei einem Gerichte angebracht hat, sie gleichwohl nochmals bei einem anderen Gerichte gleichzeitig anhängig macht; beides Wirkungen, welche indes nach der Ansicht vieler nach dem gemeinen Rechte erst mit der Einlassung des Beklagten auf den Streit eintraten, nach der deutschen Civilprozeßordnung aber schon an die Behändigung der Klage geknüpft sind.

Das Verteidigungsmittel des Beklagten gegen die Klage ist die Einrede. Im weitesten Sinne versteht man darunter jede Einwendung gegen den Klaganspruch oder gegen die Art seiner Geltendmachung, welche nicht in einem bloßen Ableugnen besteht, so daß dahin auch gerechnet wird die rechtliche Gegendeduktion, sei es gegen den Anspruch, sei es gegen die gewählte Prozeßart (exceptio inepti libelli, exc. non rite formati processus), sowie auch das Vorbringen von Thatsachen, welche mit der Wahrheit der vom Kläger behaupteten Thatsachen unverträglich sind (exc. rei non sic, sed aliter gestae in der Sprache der älteren gemeinrechtlichen Praxis). Dieser allerdings in der Praxis oft übliche Sprachgebrauch ist aber deshalb verwerflich, weil die von Einreden handelnden Rechtssätze auf diesen unbestimmten Begriff gar nicht anwendbar sind. Im Sinne des heutigen Prozeßrechts ist Einrede vielmehr jede Behauptung des Beklagten, deren Wahrheit mit der Wahrheit der vom Kläger zur Begründung der Klage vorgebrachten Thatsachen verträglich, gleichwohl aber geeignet ist, eine Zurückweisung der Klage zu begründen; ferner jeder Mangel in dem klägerischen Vorbringen, dessen Geltendmachung der Willkür des Beklagten überlassen ist (z. B. exc. S. C. Macedoniani, exc. S. C. Velleiani). Denn wenngleich es Regel ist, daß der Richter einen in dem eigenen Vorbringen der Partei offen hervortretenden Mangel von Amts wegen zu berücksichtigen hat, so können doch Gründe für den Gesetzgeber vorliegen, ein ausdrückliches Berufen des Beklagten auf diesen Mangel ausnahmsweise zu verlangen, und was das römische Recht betrifft, so kommt hier in Betracht das Verhältnis der verschiedenen Rechtsquellen, des ius civile und des ius honorarium, wonach letzteres dem ersteren gegenüber nicht als vollberechtigt erschien, also nicht ohne weiteres (ipso iure), wenigstens nicht ohne specielle Weisung der vom Magistrate zu erteilenden Prozeßformel, als Aufhebungs= oder Unwirksamkeitsgrund eines civilrechtlich entstandenen Rechtsverhältnisses angesehen werden konnte. Der Begriff der Einrede ist aber ein weiterer als derjenige der römischen exceptio. Im römischen Prozesse behauptet der Kläger, daß ihm das Recht (jetzt) zustehe; im heutigen Prozesse genügt die Behauptung, daß das Recht einmal für den Kläger erworben wurde; demgemäß bildet die Behauptung, das entstandene Recht sei erloschen, im heutigen Prozesse eine Einrede; nicht aber war dies im römischen Prozesse eine exceptio, es müßte denn das Verhältnis des ius honorarium hier in Betracht kommen. Ebenso bildet im heutigen Prozesse eine Einrede die Behauptung einer sogenannten rechtsverhindernden Thatsache, d. h. Behauptung eines besonderen Mangels des der Klage zu Grunde liegenden Thatbestandes, z. B. die Behauptung, daß die Sache, deren Ersitzung der Kläger behauptet, der Ersitzung entzogen sei, daß der Testator, aus dessen Testamente geklagt wird, die Fähigkeit zu testieren nicht gehabt habe. Diese ebenfalls gegenüber dem

---

[1] Eine bloße Verbesserung der Klage (Emendatio libelli) im Gegensatze der wesentliche Punkte berührenden Mutatio libelli ist auch später noch gestattet. Als Verbesserung gilt z. B. die Herabminderung des ursprünglich Geforderten, Änderung in Namen und Daten, falls das Faktum dabei dasselbe bleibt. (Vgl. deutsche Civilprozeßordnung § 240.) Mit (möglicherweise auch stillschweigender Einwilligung des Beklagten (vgl. deutsche Civilprozeßordnung § 241) ist die Klagänderung zulässig, da das Verbot derselben nur im Interesse einer geordneten Verteidigung des Beklagten besteht. Nur in der Berufungsinstanz (vgl. deutsche Civilprozeßordnung § 489) bewirkt auch die Zustimmung des Beklagten die Zulässigkeit der Klagänderung nicht, da hier das dem Ius publicum angehörige Verhältnis der Instanzen in Betracht kommt.

römischen Begriffe der Exceptio wahrnehmbare Differenz des Begriffes der Einrede gründet sich wesentlich darauf, daß der heutige Prozeß, statt ein Vorverfahren zu kennen, wie es das römische Verfahren in iure ist, sogleich mit einer Specialisierung der Thatsachen beginnt.

Die Einreden werden eingeteilt in dilatorische und peremtorische. Letztere sind der Worterklärung nach Einreden, die den Anspruch für immer vernichten, erstere Einreden, die nur der Geltendmachung des Anspruchs zur Zeit entgegenstehen. Im Sinne des heutigen Prozeßrechts sind aber verzögerliche (prozeßhindernde) Einreden — man redet in diesem Sinne auch von dilatorischen Einreden, Exceptions dilatoires — nicht die Einreden, welche das römische Recht dilatorische nennt. Im römischen Rechte hieß dilatorisch jede Einrede, welche den Prozeß, wenn auch aus einem Grunde des materiellen Rechts, als verfrüht darstellt, z. B. die Einrede, daß Kläger dem Beklagten Stundung bewilligt habe, und da der Rechtsbestand des vom Magistrate eingesetzten iudicium in letzterem selbst nicht angefochten werden konnte, so nahm umgekehrt auch jede die formelle Unzulässigkeit dieses Rechtsbestandes betreffende Einrede den Charakter der Einrede gegen das Recht selbst an, sobald sie im iudicium Gegenstand des Beweises wurde: der Ausspruch des iudicium lautete im klassischen römischen Prozesse nur dahin, daß dem Kläger der Anspruch nicht (jetzt) zustehe oder daß er ihm zustehe, nie dahin, daß das Verfahren formell unzulässig sei. Der deutsche Prozeß unterschied dagegen früh mit Schärfe die Einreden, mittels deren der Beklagte sich der Antwort auf die Klage wehrte, und solche, die das materielle Rechtsverhältnis selbst betreffen, und nur nach vollständiger Erledigung der ersteren konnte auf die Prüfung des materiellen Rechtsverhältnisses eingegangen werden — ein Gegensatz, der mit dem Gegensatze des römischen und des germanischen Beweisrechtes zusammenhängt und daher auch mit dem Eindringen jenes ins Schwanken geriet. So wurde schon in der Clem. 2 (Saepe) de V. S. das Vorbringen der sämtlichen dilatorischen Einreden der Eventualmaxime unterworfen, und später wurden überhaupt die dilatorischen Einreden mit Ausnahme der sogenannten foridellinatorischen Einreden (Einrede der Litispendenz, der Inkompetenz) mit dem Vorbringen der Parteien über das materielle Rechtsverhältnis zusammen erledigt, wogegen umgekehrt die gemeinrechtliche Doktrin allen peremtorischen Einreden, deren sofortige Liquidität vorausgesetzt, d. h. vorausgesetzt, daß der Beklagte sie sofort durch schleunigen Beweis festzustellen unternahm, die Eigenschaft sogenannter prozeßhindernder Einreden beilegte, d. h. die Wirkung, daß der Beklagte, ohne Nachteile befürchten zu müssen, bis zu rechtskräftiger Erledigung dieser Einreden auf die Streitsache selbst nicht einzugehen brauchte (z. B. der Beklagte schützt die Einrede vor, Kläger habe sich mit ihm über das Streitobjekt verglichen; hier wird zunächst nur über diese Einrede und erst, wenn diese verworfen ist, über die Entstehung des Klaganspruchs verhandelt). Neuere Gesetzgebungen haben den peremtorischen Einreden diese letztere Wirkung wieder entzogen: es sind hiernach verzögerliche, d. h. das Verfahren im übrigen aufhaltende Einreden nur solche, welche die Geltendmachung des Rechts gerade in diesem Verfahren betreffen, beziehungsweise dem Gerichte die Befugnis des Urteils, der als Gegner auftretenden Person die Befugnis, über die Sache zu prozessieren, abstreiten (z. B. die Einrede der mangelnden Vollmacht, des Mangels der legitima persona standi in iudicio). (Hannoversche Prozeßordnung §§ 196. 202. Österreichischer Entwurf von 1881 § 286. Vgl. auch Code de procéd. Art. 166 ff., deutsche Civilprozeßordnung § 247.) Im Begriffe der prozeßhindernden Einrede liegt es, daß das Eingehen des Beklagten auf die Hauptverhandlung vor Geltendmachung der prozeßhindernden Einrede als ein Verzicht auf die Einrede in dieser Eigenschaft anzusehen ist. Indes handelt es sich in vielen Fällen der prozeßhindernden Einrede, z. B. wenn der Beklagte die Prozeßfähigkeit des Klägers angreift, um eine Voraussetzung, welche die Gültigkeit des Prozesses bedingt, also um einen Mangel, der möglicherweise, wenn der Beklagte ihn nicht rügt, latent bleiben kann, der aber, wenn bemerkt, von Amts wegen beachtet werden muß, also von einem Verzichte nicht getroffen wird. (Vgl. deutsche Civilprozeßordnung § 247 a. E.) Die eventuelle (vgl. das sogleich unten über Anwendung der Eventualmaxime auf die Verteidigung des Beklagten Bemerkte) Einlassung des Beklagten auf die Hauptsachen hindert die Wirksamkeit der prozeßhindernden Einrede nicht. Doch bestimmt die deutsche Civilprozeßordnung § 248 mit Rücksicht auf die Mündlichkeit des Verfahrens zweckmäßig, daß, wenn der Beklagte einmal, wenn auch nur eventuell, zur Hauptsache verhandelt hat, über prozeßhindernde Einreden und eventuelle Hauptsache zusammen weiter verhandelt und entschieden werden soll, falls nicht das Gericht von Amts wegen — aus Zweckmäßigkeitsgründen, z. B. weil die prozeßhindernde Einrede ihm klar, die Erledigung der Hauptsache aber weitaussehend erscheint — eine abgesonderte Verhandlung anordnet.

Der Beklagte kann der Klage gegenüber mehrere Einreden vorbringen, sie eventuell miteinander verbinden, auch eventuell Widersprechendes in den verschiedenen Einreden behaupten, den Klaggrund leugnen und doch eine peremtorische Einrede vorbringen, z. B. die Schuld leugnen und gleichwohl deren geschehene Zahlung behaupten („Qui excipit non fatetur"). Da nämlich der Beklagte nicht weiß, wie der Richter über den Beweis urteilen wird, möglicherweise auch der Beklagte selbst sich irren kann (z. B. es handelt sich um Geschäfte, die durch Mittelspersonen eingegangen wurden), ist es ihm in seiner lediglich abwehrenden Stellung nicht zu versagen, auch Widersprechendes zur Abwehr vorzubringen. Keine Ausnahme der rein abwehrenden Wirkung der Einrede bezeichnet der nur auf die Beweislast bezügliche und selbst hier nicht einmal ausnahmslos richtige[1] Satz: Reus excipiendo fit actor.

Die Replik nimmt der Einrede gegenüber dieselbe Stellung ein, welche dieser gegenüber dem Klaggrunde zukommt. Sie ist also eine selbständige Behauptung, welche, mit der Wahrheit der Einredethatsachen verträglich, gleichwohl geeignet ist, diese unwirksam zu machen. Dabei findet aber ein Unterschied statt zwischen Einredethatsachen, welche ein Klagrecht völlig zerstören, und Einreden, die aus selbständigem Rechtsgrunde entspringend oder diesen bildend nur aus Billigkeitsgründen dem Klaganspruche entgegengesetzt werden können. Der rechtsvernichtenden Thatsache gegenüber giebt es keine Replik, welche diese hinterher wieder vernichten könnte: eine derartige Behauptung würde Aufstellung eines neuen Klaggrundes sein.

Die Duplik verhält sich wiederum zur Replik wie diese zur Einrede, u. s. w. die Triplik und Quadruplik. Wirkliche Dupliken sind aber im Prozesse schon verhältnismäßig selten. Doch bezeichnet man wohl ungenauerweise jede Antwort auf die Einrede oder Antwort der Beklagten als Replik u. s. w.

Hat der Beklagte sich, ohne prozeßverzögerliche Einreden vorzuschützen, oder nach Erledigung derselben, über den Klaganspruch erklärt, so ist, wie man sagt, die Streitbefestigung (Litiskontestation) vorgenommen; die Parteien wissen nun, daß und worüber sie streiten wollen. Dagegen ist es unrichtig, unter Litiskontestation, welche im ältesten römischen Prozesse ein formeller Akt war, im Formularprozeß aber in der Übergabe der formula an die Parteien bestand, lediglich die Antwort des Beklagten über die Klagthatsachen zu verstehen: diese letztere kann allerdings, da der Beklagte den Klaganspruch auch mittels rechtlicher Gegendeduktion oder peremtorischer Einreden bestreiten kann, recht wohl auch affirmativ ausfallen, während eine affirmative Litiskontestation genau genommen eine contradictio in adiecto ist. Gleichwohl pflegt ein ungenauer Sprachgebrauch — seitdem der jüngste Reichsabschied die Parteien verpflichtet hat, sogleich die speciellen Thatsachen vorzutragen — lediglich die Antwort des Beklagten auf die Klagthatsachen als Litiskontestation zu bezeichnen und deshalb auch von einer affirmativen Litiskontestation zu reden.

Litteratur. Goldschmidt, Über Litiskontestation und Einreden. 1812; Albrecht, Die Exceptionen des gemeinen deutschen Civilprozesses. 1835; v. Helmolt, Verhältnis der Exceptionen zur Beweislast. 1851; v. Savigny, System des römischen Rechts V 160 ff.; Maxen, Über Beweislast, Einreden und Exceptionen. 1861; Bülow, Die Lehre von den Prozeßeinreden und die Prozeßvoraussetzungen. 1868 (vgl. dazu Planck in der Münchener krit. Vierteljahrsschrift. 1869. S. 161 ff.; Schlesinger in den Göttinger gel. Anzeigen. 1869. S. 881 ff.; Bar im Archiv f. d. civilistische Praxis. 1869. S. 431 ff.; Heißler in Grünhuts Zeitschr. f. Privat- und öffentliches Recht d. Gegenwart. 1874. S. 114 ff.). Über prozeßhindernde Einreden und Prozeßvoraussetzungen Aufsätze von Bolgiano, Petersen, Osterloh und Schwalbach in der Zeitschr. f. Civilprozeß bezw. im Archiv f. d. civilist. Praxis (Bd. LXIII).

---

[1] Z. B. der Kläger hat im allgemeinen die Kompetenz, nicht aber der Beklagte die Inkompetenz des Gerichts zu erweisen.

VII. Der Beweis.

§ 32. Beweisthema und Beweislast. Bestrittene Thatsachen, von denen die Entscheidung des Prozesses abhängt (erhebliche Thatsachen), müssen bewiesen werden, d. h. der Richter muß durch den Prozeß eine Überzeugung von Wahrheit oder Unwahrheit derselben gewinnen. Diese Thatsachen bilden das Beweisthema.

Aber nur Thatsachen brauchen bewiesen zu werden, eine Regel, von welcher nur eine Ausnahme stattfindet bei ausländischen Rechtssätzen und lokalen Gewohnheitsrechten. Doch steht im letzteren Falle die Beweisführung keineswegs unter den gewöhnlichen Grundsätzen. Wie der Richter hier einerseits die Thätigkeit der Partei selbständig ergänzen kann, so ist er auch andererseits nicht unbedingt an die Zugeständnisse der Parteien gebunden. (Vgl. deutsche Civilprozeßordnung § 265.)

Von den Thatsachen im eigentlichen Sinne aber brauchen auch notorische nicht bewiesen zu werden, d. h. so allgemein kundige, daß sie, wie das kanonische Recht sagt, "sine tergiversatione" d. h. ohne Chicane gar nicht geleugnet werden können, ein Umstand, der allerdings wesentlich nach vernünftigem richterlichen Ermessen beurteilt werden muß. (Die deutsche Civilprozeßordnung § 264 spricht von "dem Gerichte offenkundigen Thatsachen".)

Nicht immer aber gelingt es, dem Richter eine positive Überzeugung über die Existenz oder Nichtexistenz einer Thatsache zu verschaffen, und bleibt vielmehr ein Zustand der Unentschiedenheit. Daraus folgt die Notwendigkeit von Regeln der Entscheidung für den Fall, daß eine behauptete erhebliche und eines Beweises bedürfende Thatsache nicht bewiesen wird, oder da, wie bemerkt, der Civilprozeß die Beweisthätigkeit zunächst den Parteien überläßt: es wird von großer Bedeutung die Lehre von der Beweislast, d. h. die Bestimmung darüber, zu Ungunsten welcher Partei in Ansehung einer bestimmten Behauptung zu entscheiden ist, wenn über die letztere kein Beweis erbracht ist, welcher Partei daher wie das Interesse, so auch die Last des zu beschaffenden Beweises zukommt. Während nun bei der geringen und dürftigen Anzahl von römischen Quellenstellen, welche von der Beweislast reden, die ältere Theorie die positive oder negative Form der Behauptungen entscheiden ließ, indem sie die Negativen von der Notwendigkeit des Beweises befreit erklärte, oder die Beweislast abhängig machen wollte von dem Vorhandensein einer gesetzlichen Präsumtion, legt die neuere Theorie derjenigen Partei, welche ein bestimmtes Angriffs- oder Verteidigungsmittel geltend macht, dessen Beweis auf ("Ei incumbit probatio, qui dicit, non qui negat", l. 2 D. 22, 2. "Semper necessitas probandi incumbit illi, qui agit", l. 21 D. 22, 3; das dicere der ersten Stelle wird als Aufstellen einer Rechtsbehauptung verstanden) und macht demgemäß die Beweislast abhängig von der Verbindlichkeit, die betreffende Thatsache zur Begründung des Angriffs- oder Verteidigungsmittels zu allegieren. Daher brauchen nur die rechtsbegründenden Thatsachen bewiesen zu werden, und nicht braucht bewiesen zu werden die Nichtexistenz rechtsverhindernder oder rechtsvernichtender Thatsachen. Welche Thatsachen nun aber im einzelnen zu den rechtsbegründenden oder rechtshindernden gehören, wird von Erwägungen des materiellen Rechts abhängig gemacht[1].

Befreit von der Beweislast wird eine Partei, insoweit eine gesetzliche Präsumtion für ihre Behauptung streitet. Diese besteht in der Vorschrift, daß der Richter aus der Wahrheit einer bestimmten Thatsache auch die Wahrheit einer anderen Thatsache zu folgern habe, entweder so, daß dieser Schluß als unwiderleglicher angesehen wird (praesumtio iuris et de iure), oder so, daß er nur solange zu gelten hat, bis das Gegenteil für den einzelnen Fall erwiesen wird (einfache praesumtio iuris). Beide Präsumtionen, deren erstere übrigens sehr selten ist, beruhen auf vernünftiger Betrachtung der Lebensverhältnisse und

---

[1] Als rechtsbegründende muß der Kläger diejenigen Thatsachen, aber auch nur diejenigen allegieren, welche der Regel nach das behauptete Recht zur Existenz bringen. Neuestens hat Fitting (Zeitschr. f. d. Civilprozeß XIII 1 ff.) dem Satze "Affirmanti inc. probatio" wieder eine andere Bedeutung abzugewinnen versucht. Es soll die Beweislast treffen denjenigen, der Veränderungen, und denjenigen, der etwas behauptet, was von der Regel des Lebens abweicht.

auf der Erfahrung; das Gesetz hat aber dieser Erwägung auch bei der einfachen Praesumtio iuris noch ein besonderes, künstliches Gewicht im Interesse des einzelnen Rechtsverhältnisses (z. B. der Rechte eines Kindes als eines ehelichen Kindes, wenn das letztere eine bestimmte Zeit vor Eingehung oder nach Auflösung der Ehe geboren ist) beigelegt. Der Gegenbeweis kann nur dahin gerichtet werden, daß der Schluß von der einen Thatsache auf die andere in diesem einzelnen Falle unzutreffend sei; nicht aber kann die allgemeine Richtigkeit des Schlusses angegriffen werden. Ist der Schluß von der einen Thatsache auf die andere nicht gesetzlich mit jenem künstlichen Gewichte versehen, entspringt er vielmehr nur der gewöhnlichen Erfahrung, so spricht man von einer einfachen praesumtio hominis s. facti, welche von der Beweislast nicht befreit und nach der strengen gemeinrechtlichen Theorie höchstens zur Auferlegung eines Noteides führen durfte. Doch wird der Unterschied zwischen der Wirkung gesetzlicher und faktischer Präsumtionen bei freier richterlicher Beweiswürdigung nicht streng festzuhalten sein (vgl. in dieser Beziehung auch Code civil art. 1353).

§ 33. **Verschiedene Arten des Beweises.** Der Beweis, d. h. der Inbegriff von Gründen für die Annahme der Wahrheit einer Thatsache, ist nun entweder ein **Haupt**- oder ein **Gegenbeweis**; Hauptbeweis, wenn er gerichtet ist auf die Wahrheit einer Thatsache des Beweisthema, Gegenbeweis, wenn er die Unwahrheit solcher Thatsachen darthun soll[1]. Gegen jeden Hauptbeweis in diesem Sinne steht nach heutigem Prozeßrechte der Gegenpartei ohne weiteres der Gegenbeweis zu. Dagegen galt nach dem früheren gemeinen Rechte der auf der Eventualmaxime beruhende Satz: „Reprobatio reprobationis non datur", d. h. gegen einen Gegenbeweis konnte kein Gegenbeweis wieder unternommen werden, weil dieser nichts anderes als ein verstärkter Hauptbeweis sein würde. Dieser Satz mußte aber in einer Prozeßordnung, wie die deutsche Civilprozeßordnung ist, welche einerseits die Eventualmaxime verwirft, andererseits auf dem Prinzipe der Verbindung von Behauptungen und Beweisen beruht, wegfallen.

Eine zweite Einteilung des Beweises ist die in **direkten** oder **natürlichen** und in **indirekten** oder **künstlichen** Beweis. Unter den ersten Begriff fällt der Beweis, wenn die Beweismittel unmittelbar das ergeben, was bewiesen werden soll, z. B. der Zeuge sagt aus, er habe die bestimmte rechtlich erhebliche Thatsache wahrgenommen; unter den zweiten Begriff fällt der Beweis, wenn das Beweismittel zunächst andere Thatsachen ergiebt, von denen erst auf die Wahrheit der zu beweisenden Thatsachen geschlossen werden muß. Doch ist genau betrachtet die Wiedergabe einer sinnlichen Wahrnehmung in Worten nicht ohne eine gewisse Schlußfolgerung möglich, eine Erwägung, die namentlich bei der Beurteilung von Zeugenaussagen von Bedeutung ist.

§ 34. **Die Würdigung der Beweise durch den Richter. Das gerichtliche Geständnis.** Eine durchaus abstrakte Behandlung kann nun zu dem Schlusse gelangen, daß das Gesetz den gerichtlichen Beweis ganz denjenigen Regeln überlassen könne, nach welchen sonst der einzelne im Leben sich über Thatsachen vergewissert, oder nach denen der Historiker die Wahrheit von Thatsachen feststellt. Allein eine so absolute Freiheit paßt schon deshalb nicht für den prozessualen Beweis, weil einerseits dieser in dem Urteile einen formellen Abschluß finden, eine Rektifikation später regelmäßig ausschließen muß, anderseits aber, wenngleich der einzelne auf seine Gefahr hin nach rein subjektiven Eindrücken handeln kann, doch darin eine Ungerechtigkeit liegt, daß im Prozesse das Schicksal eines andern von solchem rein subjektiven Eindrucke soll abhängig gemacht werden. Außerdem bietet gerade der prozessuale Streit einen starken Anreiz für die Beteiligten, die Wahrheit zu verhüllen. Deshalb, und weil der Richter unter Umständen auch den Widerstand, die Wahrheit mitzuteilen, durch Zwangsmittel brechen muß, hat jede Prozeßordnung, die auf diesen Namen Anspruch machen will, wenigstens die Formen festzustellen, unter denen Be-

---

[1] Nach einem anderen, aber besser zu vermeidenden Sprachgebrauche ist Hauptbeweis der Beweis, auf den es zunächst im Prozesse ankommt; so wird z. B. der Beweis des Klaggrundes gegenüber dem Beweise der Einrede als Hauptbeweis bezeichnet.

weismittel allein von den Gerichten benutzt werden dürfen, womit von selbst die Privat=
kenntnis des Richters als unzulässiges Beweismittel bezeichnet ist. Eine andere Frage
aber ist, ob Beweismittel, welche der Garantie dieser Formen unterworfen werden können,
lediglich deshalb auszuschließen sind, weil bei ihnen die Gefahr eines falschen Ergebnisses
in vielen Fällen nahe gelegt ist, und ob man, noch weiter gehend, auch die Beurteilung an
sich zulässiger, den gesetzlichen Formen unterzogener Beweismittel an bestimmte Regeln knüp=
fen, mit anderen Worten, eine gesetzliche Theorie der Beweiswürdigung auf=
stellen soll. Dabei steht allerdings der Civilprozeß in mancher Beziehung anders als der
Strafprozeß: Vorgänge, die nur dem Civil=, nicht auch dem Strafrechte angehören, werden,
weil sie eben dem gewöhnlichen Leben angehören, von anderen als den unmittelbar Betei=
ligten weniger beachtet und gestatten auch weniger einen Beweis durch Schlußfolgerungen.
Während aus Charakter und Lebensweise des Angeklagten wichtige Schlüsse gezogen werden
können für oder gegen Annahme, daß er ein bestimmtes Verbrechen begangen habe, kann der
Charakter einer Partei meistens wenig in Betracht kommen für den Beweis der Behauptung,
daß sie einen bestimmten Kontrakt geschlossen habe oder nicht. Auf der anderen Seite aber
haben es die Beteiligten im Gebiete des Civilrechts sehr oft in der Hand, sich durch Urkun=
den und zugezogene Zeugen vollgültigen Beweis im voraus zu sichern (präkonstituierter Be=
weis nach Benthams Bezeichnung), was in Strafsachen nicht thunlich ist.

Dennoch zeigt eine genauere Betrachtung, daß ein Gebundensein des Richters an gesetz=
liche Regeln der Beurteilung des Beweises einerseits zu unrichtigen Ergebnissen führen muß
und andererseits, da diese Regeln doch mehr oder weniger lax sein müssen, auf eine Täu=
schung hinausläuft, und wenn eine Gesetzgebung bestimmte Beweismittel bei einem nicht prä=
konstituierten Beweise allgemein ausschließt (z. B. gewisse Zeugen), so verstopft sie damit
eine oft sehr wertvolle Quelle des Beweises auf Grund einer so allgemein gar nicht halt=
baren Präsumtion. Das bisherige gemeine deutsche Prozeßrecht ließ zwar prinzipiell die
richterliche Überzeugung frei entscheiden und stellte wesentlich nur in der Lehre vom Zeugen=
beweise zwingende Beweisregeln auf, insofern der Richter einem einzelstehenden Zeugen nicht
die Kraft eines vollen (plena probatio), sondern nur eines halben Beweises (semiplena
probatio) beilegen durfte und insofern gewisse Personen von vornherein als unzulässige oder
bezw. nicht voll glaubwürdige, verdächtige bezeichnet wurden. Die neuesten Gesetze und
Entwürfe aber proklamierten das Prinzip der freien Beweiswürdigung, und dies Prinzip,
mit welchem der Fortbestand der Grundsätze der Beweislast und die Fortexistenz gesetzlicher
Präsumtionen sehr wohl vereinbar ist[1], ist denn, wie bemerkt, auch dasjenige der deutschen
Civilprozeßordnung § 259. Freie Beweiswürdigung kann jedoch dem oben Dargelegten
zufolge allerdings gefährlich werden, und in Frankreich geht man bekanntermaßen mit der
Anwendung von Vermutungen statt wirklichen Beweises sehr weit. Eine richtige Beibehal=
tung einer allgemein gültigen objektiven Grundlage des Beweises neben genügender Würdi=
gung der Individualität des Falles zeigt dagegen das englische Recht: der Jury gebührt die
Würdigung des einzelnen Falles, dem Richter die Kontrolle, daß die Verhandlung auf die
wesentlichen Punkte sich konzentriere und nicht mit künstlichen oder unsicheren Beweisführun=
gen in das Unbestimmte sich verliere. Die Beweisregeln (Law of evidence) aber sind bis
auf wenige vereinzelte Ausnahmen lediglich durch Praxis gebildet und überliefert und eben
darum auch in gewissem Umfange biegsam und vom Ermessen des Richters abhängig. Aber
vielleicht wird nur durch Handhabung des Beweises seitens zweier verschiedener Organe, von
denen eines entscheidet, ein anderes die Kontrolle ausübt, ein so wertvoller Schatz, wie
das englische Law of evidence ist, sich bilden lassen.

Überall aber gilt im Civilprozesse, soweit das Streitobjekt ein solches ist, über das die
Parteien frei disponieren können, der Satz, daß die Parteien auch ein an sich ungenügendes
Beweismittel durch Übereinkunft für genügend erklären können, und das gerichtliche Ge=
ständnis, d. h. das in dem betreffenden Prozesse selbst vor Gericht abgegebene Geständnis
über erhebliche Thatsachen, ist nicht sowohl Beweismittel, als vielmehr Dispositionsakt über
die Begrenzung des Streitmaterials, dessen Gültigkeit daher nicht von der Wahrheit des

---

[1] Vgl. Einführungsgesetz zur deutschen Civilprozeßordnung § 16 1.

Eingeſtandenen, ſondern von der Dispoſitionsfähigkeit des Geſtehenden abhängt und alſo nicht durch den einfachen Beweis der Unwahrheit, vielmehr nur durch den Nachweis eines Irrtums (nach dem früheren gemeinen Rechte unter Umſtänden nur im Wege formeller Reſtitution) anfechtbar iſt. (Vgl. deutſche Civilprozeßordnung §§ 261. 263.) Aber auch das außergerichtliche Geſtändnis iſt nach richtiger Auffaſſung kein Beweismittel, ſondern Beweisgrund, da es dem Richter erſt durch ein anderes Beweismittel (Zeugen, Urkunden, gerichtliches Geſtändnis)[1] bewieſen werden muß. Im allgemeinen iſt es civilprozeſſual nur als Vermutung zu behandeln; denn die Beweiskraft des außergerichtlichen Geſtändniſſes ruht einfach auf der oft nicht zutreffenden Annahme, daß jemand etwas, das ihm nachteilig iſt, nicht einräumen werde, wenn dies nicht auch wahr iſt, und daher wird auch nach der ſtrengen Theorie dem außergerichtlichen Geſtändniſſe volle Beweiskraft nur dann beigelegt, wenn dasſelbe zugleich als Dispoſitionsakt bezüglich eines künftigen Beweiſes angeſehen werden kann, alſo wenn es von einem Dispoſitionsfähigen der andern Partei oder ihrem Vertreter oder Rechtsvorgänger gegenüber mit der Abſicht, ein Beweismittel zu liefern, abgelegt iſt, und der praktiſch wichtigſte Fall iſt hier die Fixierung des außergerichtlichen Geſtändniſſes in ſchriftlicher Urkunde, z. B. als Quittung.

§ 35. **Die einzelnen Beweismittel.** Das ſicherſte, freilich nur in beſchränktem Umfange anwendbare Beweismittel iſt der **richterliche Augenſchein**, d. h. unmittelbare richterliche Wahrnehmung über Gegenſtände, bei welchen es beſonderer Sachkenntnis nicht bedarf. Meiſtens wird der Augenſchein nicht unmittelbar von dem erkennenden Gerichte, ſondern von einem beauftragten Richter eingenommen, und werden die Ergebniſſe dann zu Protokoll fixiert. Der Augenſchein (vgl. deutſche Civilprozeßordnung §§ 336. 337) iſt übrigens zuweilen nicht Beweismittel, ſondern ein auch von Amts wegen zuläſſiger Informationsakt (deutſche Civilprozeßordnung § 135), nämlich dann, wenn der Richter dadurch eine klare Anſchauung nicht beſtrittener Thatſachen gewinnen will.

Zeugen ſind unbeteiligte Dritte, die über eigene ſinnliche Wahrnehmung dem Gerichte Mitteilung machen. Die Glaubwürdigkeit der Zeugen beruht auf der Fähigkeit des Zeugen zu richtiger Wahrnehmung und Wiedergabe derſelben ſowie des Willens zu letzterer. Iſt jene Fähigkeit ausnahmsweiſe nicht vorhanden, z. B. bei Unmündigen, Wahnſinnigen, oder nimmt das Geſetz von vornherein an, der betreffenden Perſon (nach gemeinem Rechte dem Meineidigen) ſei abſolut kein Glaube zu ſchenken, ſo iſt der Zeuge abſolut unfähig; wird er nur wegen Intereſſes an der betreffenden Sache oder aus anderem Grunde in dieſer für unfähig erachtet, ſo ſpricht man von **relativer** Unfähigkeit, und alle Umſtände, welche die Unparteilichkeit des Zeugen mutmaßlich beeinfluſſen, z. B. beſondere Freundſchaft, Feindſchaft mit einer der Parteien, machen ihn **verdächtig**. Der unfähige Zeuge (testis inhabilis) ſoll gar nicht vernommen werden; der verdächtige Zeuge (testis suspectus) wird vernommen, aber nicht in dem Maße wie ein einwandsfreier Zeuge (klaſſiſcher Zeuge) als glaubwürdig betrachtet. Die neuere deutſche Rechtsbildung neigte ſchon immer mehr dahin, die Kategorieen der abſolut und der relativ unfähigen Zeugen zu beſeitigen und höchſtens gewiſſe Perſonen vom **eidlichen** Zeugniſſe auszuſchließen, welches letztere ein allerdings höchſt bedenklicher, vom engliſchen Rechte unzuläſſig erachteter Mittelweg iſt. So verfährt auch die deutſche Civilprozeßordnung § 358, welche dabei unterſcheidet Perſonen, die unbedingt **nicht beeidigt** werden ſollen — Perſonen, die zur Zeit der Vernehmung das ſechzehnte Lebensjahr noch nicht vollendet oder wegen mangelnder Verſtandesreife oder wegen Verſtandesſchwäche von dem Weſen und der Bedeutung des Eides noch keine genügende Vorſtellung haben, und Perſonen, die nach den Beſtimmungen der Strafgeſetze unfähig ſind, als Zeugen eidlich vernommen zu werden — und ſolche, bei denen eine **nachträgliche Beeidigung**

---

[1] Das gerichtliche Geſtändnis über die Exiſtenz eines Beweismittels iſt allerdings auch nur Beweismittel, aber ein Beweismittel, deſſen Beweiskraft auf der Dispoſition der Partei beruht. — Vgl. über das Geſtändnis den auch als Specialſchrift erſchienenen Aufſatz von v. Canſtein, Anerkennung und Geſtändnis, in der Zeitſchr. f. deutſchen Civilprozeß. 1879. S. 257 ff.; Demelius, Die Confeſſio im römiſchen Civilprozeß und das gerichtliche Geſtändnis der neueſten Civilprozeßgeſetzgebung. 1880; Wach, Das Geſtändnis, im Arch. f. d. civiliſt. Praxis LXIV 201 ff.

nach dem Ermessen des Gerichts möglich ist (das Gericht soll also erst nach Maßgabe der Vernehmung den Grad der Verdächtigkeit messen), z. B. gewisse nahe Angehörige der Partei, Personen, welche an dem Ausgange des Rechtsstreits unmittelbar interessiert sind.

Eine besondere Garantie der Glaubwürdigkeit der Zeugenaussage verlangt das Prozeßrecht nämlich noch in der Bekräftigung der Zeugenaussage durch Eid und der darauf gegründeten Bestrafung wissentlich falscher bezw. leichtfertiger Zeugenaussage; außerdem aber muß das Zeugnis **mündlich** von dem Zeugen vor dem Richter abgegeben werden, damit dieser durch Nachfragen nach den einzelnen Umständen die Glaubwürdigkeit besser feststellen könne, und weil beide Garantieen bei einer nur durch Zeugen berichteten **Äußerung** eines Dritten **über** eine zu beweisende Thatsache fehlen, so wird dieses sogenannte Zeugnis von **Hörensagen** (testimonium de auditu) für unzulässig erachtet. Nach der Strenge der gemeinrechtlichen Theorie wurde zum **vollen Beweise** aber die in allen wesentlichen Punkten übereinstimmende Aussage **zweier** klassischer Zeugen erfordert, während das französische Recht den Zeugenbeweis bei Verträgen über 150 Franken Wert der Regel nach ausschließt (nicht in Handelssachen), eine Vorschrift, die für das Gebiet des französischen Rechts im Deutschen Reiche durch Einführungsgesetz zur deutschen Civilprozeßordnung § 14₂ außer Kraft gesetzt ist. Die Ablegung des Zeugnisses ist allgemeine staatsbürgerliche Pflicht, deren Erfüllung durch Strafen (deutsche Civilprozeßordnung §§ 345. 355) erzwungen werden kann (das **Erscheinen** auch durch zwangsweise Vorführung, deutsche Civilprozeßordnung § 345), von der aber gewisse Befreiungen teils aus Rücksichten der Pietät, Billigkeit, teils im öffentlichen Interesse anerkannt werden. Die deutsche Civilprozeßordnung §§ 348—350 hat diese Befreiungsgründe dem früheren gemeinen Rechte gegenüber genauer fixiert und zugleich nicht unerheblich erweitert. So sind nach § 348₅ von Ablegung des Zeugnisses befreit alle Personen, welchen kraft ihres Amtes, Standes oder Gewerbes Thatsachen anvertraut sind, deren Geheimhaltung durch die Natur derselben oder durch gesetzliche Vorschrift geboten ist, in betreff der Thatsachen, auf welche die Verpflichtung zur Verschwiegenheit sich bezieht. Auch erkennt § 347 gewisse Befreiungsgründe vom **Erscheinen vor dem erkennenden Gerichte** an (der Befreite ist an seinem dermaligen Aufenthaltsorte zu vernehmen) mit Rücksicht auf das von dem vorgeschlagenen Zeugen bekleidete besonders wichtige öffentliche Amt u. s. w.

Sachverständige (Experten) sind nach richtiger Auffassung nichts anderes als Zeugen besonderer Qualifikation, wie denn auch das englische Beweisrecht die Sachverständigen als Zeugen behandelt; auch insofern sie nicht nur Thatsachen wahrnehmen können, sondern Schlüsse aus wahrgenommenen oder sonst feststehenden Thatsachen ziehen, geben sie ein Zeugnis, und zwar über den Zustand ihrer Wissenschaft oder Kunst, welches einen bestimmten Schluß zu ziehen gestatten oder nicht gestatten soll. Daher hat denn auch der Richter, obwohl er sich nicht an die Stelle der Sachverständigen setzen darf und im Zweifel ihrer Einsicht vertrauen muß, das Recht und die Pflicht der Kontrolle und ist keineswegs unbedingt an ihre Aussprüche gebunden. Indes findet insofern ein Unterschied zwischen Sachverständigen und anderen Zeugen statt, als erstere leichter kontrolliert und durch andere ersetzt werden können. Die Behandlung des Sachverständigenbeweises ist daher im allgemeinen eine freiere. (Vgl. deutsche Civilprozeßordnung §§ 367 ff.)

Die Beweiskraft von **Urkunden** d. h. schriftlichen Aufzeichnungen — denn über die Beweiskraft der Urkunden im weiteren Sinne, d. h. aller bleibenden Spuren menschlicher Thätigkeit, läßt sich eine specielle Theorie nicht aufstellen — hängt ab:

1. von der **Echtheit**, d. h. von der Identität des angeblichen Ausstellers mit dem wirklichen. Der Beweis der Echtheit kann erbracht werden, abgesehen von freiwilliger Anerkennung, durch andere Beweismittel, Zeugen, Sachverständige (Handschriftenvergleichung, comparatio literarum), Eid[1]. Bei öffentlichen Urkunden, d. h. bei Urkunden, welche von

---

[1] Nach dem früheren gemeinen Rechte kam hier meistens ein eigentümlicher Eid, der sogenannte Diffessionseid zur Anwendung, ein aus dem germanischen Rechte stammender Reinigungseid, den der Gegner des Beweisführers (der Produkt), wenn die Urkunde nicht als anerkannt gelten sollte, zu leisten hatte und den er nicht zurückschieben noch durch Gewissensvertretung abwenden konnte. Dieser Eid ist in die deutsche Civilprozeßordnung nicht aufgenommen. Es findet daher entweder der zugeschobene Eid oder der gewöhnliche Noteid statt.

öffentlichen Beamten innerhalb ihrer Zuständigkeit über amtliche Wahrnehmungen aufgenommen sind, hat nicht der Produzent der Urkunde deren Echtheit, sondern der Gegner (Produkt) deren Unechtheit zu erweisen (deutsche Civilprozeßordnung §§ 402 ff.). Auch können die Ergebnisse eines Strafverfahrens zum Beweise einer Fälschung unter Umständen abgewartet und benutzt werden (deutsche Civilprozeßordnung § 140);

2. von der Unversehrtheit der Urkunde. Inwieweit Rasuren, Korrekturen die Beweiskraft aufheben, muß vernünftiges richterliches Ermessen bestimmen;

3. von dem Inhalte der Urkunde. Für den Aussteller beweist die Urkunde regelmäßig nicht (Ausnahme z. B. bei Handelsbüchern); als Zeugnis beweist nur die öffentliche Urkunde (deutsche Civilprozeßordnung §§ 380. 382. 383). Dagegen ist die Urkunde als außergerichtliches Geständnis der Gegenpartei, z. B. ein Schuldschein, ein außerordentlich wichtiges Beweismittel, und als Verkörperung eines Willensaktes (Rechtsgeschäftes) beweist sie als sogenannte dispositive Urkunde immer den Willensakt, das Rechtsgeschäft an sich (z. B. die letztwillige Disposition, die Cession), nicht aber dessen Zeit (Datum), und ist wie jeder Willensakt dem Beweise der Simulation ausgesetzt. (Vgl. deutsche Civilprozeßordnung § 381[1].)

Wichtig für den Verkehr im Deutschen Reiche ist, daß das Einführungsgesetz zur Civilprozeßordnung § 17 die (gemeinrechtlichen) Vorschriften, wonach die Beweiskraft von Schuldscheinen und Quittungen bis zum Ablaufe einer bestimmten Zeitfrist suspendiert wird, aufgehoben hat. (Ausnahme bezüglich der dinglichen Wirkung von Grundbuchurkunden.)

Es ist möglich, daß eine Urkunde, deren eine Partei sich zur Beweisführung bedienen will, nicht in ihren Händen, sondern im Besitze der Gegenpartei oder eines Dritten sich befindet. Die Partei kann hier, sofern ihr ein privatrechtlicher Rechtstitel, z. B. Eigentum, Miteigentum an der Urkunde, Geschäftsverhältnis zum Besitzer zur Seite steht, Herausgabe oder Vorlegung der Urkunde nötigen Falls mittels besonderer Klage erlangen. Es fragt sich aber, ob nicht, abgesehen hiervon, eine allgemeine Pflicht zur Vorlage (Edition), selbstverständlich auf Kosten des Antragstellers, nach Analogie der Zeugnispflicht anzuerkennen sei. Die deutsche Civilprozeßordnung §§ 387. 388 verneint in Übereinstimmung mit dem früheren gemeinen Rechte (im Gegensatze zu der Preußischen Allgemeinen Gerichtsordnung) diese Frage und statuiert, abgesehen von dem Vorhandensein eines auf Gründen des Civilrechts beruhenden Titels, nur bestimmte einzelne Fälle, in denen der Gegner des Beweisführers zur Edition verpflichtet ist. Doch geht die deutsche Civilprozeßordnung (vgl. § 397) wohl ebenso wie das frühere gemeine Recht von der Ansicht aus, daß öffentliche Behörden in der Regel den Parteien die Benutzung von öffentlichen Akten zur Prozeßführung nicht versagen sollen. Das frühere gemeine Recht hatte bereits ein besonderes Zwischenverfahren ausgebildet, um den Editionspflichtigen zur Edition auf Antrag des Beweisführers zu zwingen, in welchem, sofern von seiten des ersteren der Besitz der Urkunde geleugnet wird, die Ableistung des sogenannten Editionseides verlangt werden kann, d. h. eines Reinigungseides, daß Implorat die Urkunde nicht besitze, auch nicht böslich aus seinem Besitze gelassen habe. Die deutsche Civilprozeßordnung hat dieses Zwischenverfahren beibehalten, wendet es aber nur gegen den Prozeßgegner, nicht gegen Dritte an. Dritte können nach § 394 zur Edition nur im Wege besonderer Klage gezwungen werden.

Die Beweiskraft eines von der Partei zu schwörenden Eides kann beruhen entweder auf dem Willen der Parteien oder auf der Ansicht des Richters, daß durch den Eid die Wahrheit festgestellt werden könne. Auf dem Willen der Parteien beruht die Beweiskraft des sogenannten Haupt- oder Schiedseides. Der Beweisführer (Deferent) erklärt, die von ihm aufgestellte Behauptung als unwahr anerkennen zu wollen, wenn der Gegner diese Unwahrheit beschwören werde. Der Gegner (Delat) kommt dadurch zunächst in eine vorteilhafte Lage, und es verlangt daher das Prozeßrecht für die Zuschiebung Dispositionsfähigkeit des Deferenten. Aber der Delat muß nun entweder schwören oder den Eid zu-

---

[1] „Privaturkunden begründen, sofern sie von den Ausstellern unterschrieben oder mittelst gerichtlich oder notariell beglaubigten Handzeichens unterzeichnet sind, vollen Beweis dafür, daß die in denselben enthaltenen Erklärungen von den Ausstellern abgegeben sind."

rückschieben, referieren; thut er keines von beiden, so gilt er als geständig. Wer nicht selbst eidlich leugnen will, muß nach einer natürlichen Billigkeits- und Beweisregel doch die eidliche Behauptung des Gegners gelten lassen. Eben weil aber die Beweiskraft des Eides auf einem Vergleichsvorschlage beruht, ist der Eid einerseits mit anderen Beweismitteln nur eventuell, d. h. für den Fall, daß dieselben kein Ergebnis liefern, zu verbinden und andererseits ohne weiteres für die richterliche Entscheidung maßgebend (liefert formelle Wahrheit), und es konnte nach gemeinem Rechte höchstens nach Überführung wegen wissentlichen Meineides[1] eine Abhülfe dagegen eintreten. Der gemeine Prozeß gewährte gegenüber der Alternative, entweder selbst zu schwören oder den Gegner schwören zu lassen, dem Delaten noch den Ausweg der Gewissensvertretung d. h. des Versuches eines Gegenbeweises. Die deutsche Civilprozeßordnung § 418 betrachtet ohne weiteres die Eideszuschiebung als ein auf beiden Seiten subsidiäres Beweismittel, welches daher sowohl von dem Deferenten als von dem Referenten, der geschehenen Annahme ungeachtet, solange die Verhandlung nicht geschlossen ist, durch andere Beweismittel in den Hintergrund gedrängt und beziehungsweise wegfällig gemacht werden kann, da ein Eid über vollbewiesene Thatsachen sowenig nach dem früheren gemeinen Rechte wie nach der deutschen Civilprozeßordnung (§ 411) stattfindet.

Der vom Richter auferlegte Noteid findet statt, wenn die Beweismittel der Parteien kein vollständiges, aber doch einiges Ergebnis geliefert haben, und zwar entweder als Erfüllungseid des Beweisführers oder als Reinigungseid (d. h. als Eid, wodurch die Wahrheit der betreffenden Thatsache negiert wird) des Gegners, wesentlich je nachdem der anderweit gelieferte Beweis ein stärkerer oder schwächerer ist. Wie nach gemeinem (und z. B. auch nach preußischem) Prozeßrechte wird auch nach der deutschen Civilprozeßordnung § 439 auf den Noteid in einem von der Leistung des Eides als Bedingung abhängig gemachten Endurteile erkannt und der Termin zur wirklichen Eidesleistung erst nach Eintritt der Rechtskraft des Urteils angesetzt. Die Weigerung hat die dem Schwurpflichtigen, der hier den Eid nicht durch Relation an den Gegner (oder Gewissensvertretung) ablehnen kann, ungünstige Annahme über den fraglichen Punkt zur Folge. Nur ausnahmsweise — insbesondere z. B. wenn die Parteien über Erheblichkeit und Norm des Eides einverstanden sind — ist nach der deutschen Civilprozeßordnung §§ 439. 426 die Festsetzung des Eides durch einen bloßen Bescheid (nicht durch ein Urteil, welches vor der Eidesleistung erst rechtskräftig werden muß) gestattet, und derselbe Grundsatz gilt nach der deutschen Civilprozeßordnung, die hierin der neueren Praxis des gemeinen Rechts gefolgt ist, auch für den zugeschobenen Eid.

Nach heutigem Prozeßrechte soll der Eid wesentlich nur über Thatsachen, nicht über Rechtsverhältnisse geschworen werden; er kann und muß aber auch nach deutschem Prozeßrechte unter Umständen geschworen werden über Thatsachen, von denen der Schwurpflichtige keine unmittelbare Kenntnis zu haben braucht[2]. In diesen Fällen wird ein sogenannter Kredulitäts- und beziehungsweise Ignoranzeid geleistet, d. h. ein Eid, daß man die fragliche Thatsache für wahr halte beziehungsweise nicht wisse. Diese durch die deutsche Praxis eingeführten Eide[3], welchen dieselbe Wirkung beigemessen wird, als wäre direkt die Wahrheit oder Unwahrheit der Thatsache beschworen worden, sind in neuerer Zeit vielfach als irrationell und gefährlich für Gewissen und Rechtssicherheit angegriffen worden, wie denn auch aus der zwiespältigen Behandlung des zugeschobenen Eides bald als Vergleichsvorschlages bald als wirklichen Beweismittels sich zum Teil unlösbare Kontroversen entwickelt haben, und die vielen Meineidsprozesse in Deutschland ein trauriges Spiegelbild der materiell durchaus unrichtigen und unzureichenden Behandlung des Eides im deutschen Civilprozesse darbieten. Unter diesen Umständen verdient Beachtung die im englischen Prozesse mit anerkanntem Erfolge in neuerer Zeit eingeführte Vernehmung der Parteien als eidlicher Zeugen in eigener Sache. Auch der französische Prozeß kennt eine persönliche Befragung

---

[1] Nach der deutschen Civilprozeßordnung § 543 1 auch wegen fahrlässigen Falscheides.

[2] In einem besonderen Falle ist, ungeachtet eine eigene Handlung bezw. Wahrnehmung des Schwurpflichtigen in Frage ist, gleichwohl nach der deutschen Civilprozeßordnung ein Wahrheitseid nicht zu fordern; vgl. Civilprozeßordnung § 424 Abs. 2.

[3] Nach französischem Rechte kann der Schiedseid nur in einigen besonderen Fällen als Ignoranzeid deferiert werden.

der Parteien über Thatsachen (Interrogatoire sur faits et articles), welche jedoch teils der ungeeigneten Form wegen, teils deshalb wenig nützlich sich erweist, weil die nichteidlich vernommene Partei wesentlich nur zu ihrem Nachteile, nicht auch zu ihrem Vorteile aussagen kann und deshalb thunlichst mit ihren Aussagen zurückhält. Die deutsche Civilprozeßordnung hat (gegen eine bedeutende Minorität der Justizkommission) gleichwohl für die Beibehaltung der gemeinrechtlichen Parteieide entschieden und ist dadurch auch genötigt worden, den Ignoranz- und den Kredulitätseid beizubehalten. Freilich sind die Formeln andere als die gemeinrechtlichen und die Fälle der Anwendung sind wesentlich beschränkt worden. Allein der Unterschied der Formeln des früheren gemeinen Rechts — ich weiß nicht, daß — ich glaube, daß beziehungsweise daß nicht — und der Formeln der deutschen Civilprozeßordnung § 424: ich schwöre, „daß ich nach sorgfältiger Prüfung und Erkundigung die Überzeugung erlangt" oder „nicht erlangt habe" — fällt praktisch nicht ins Gewicht, und die Beschränkung der Eideszuschiebung (§ 410) auf Thatsachen, welche in Handlungen des Gegners, seiner Rechtsvorgänger oder Vertreter bestehen oder welche Gegenstände der Wahrnehmung dieser Personen gewesen sind, giebt einerseits zu Kontroversen und vielfachen Unsicherheiten in der Praxis Anlaß und kann andererseits nicht selten einer Partei alle und jede Möglichkeit eines Beweises rauben, sie in der That rechtlos machen. Dagegen hat bereits das österreichische Gesetz über das Verfahren in geringfügigen Rechtssachen (1873) die Abhörung der Parteien als Zeugen in eigener Sache mit gutem Erfolge eingeführt und der neue Entwurf der österreichischen Civilprozeßordnung (vgl. §§ 411 ff.) will diese Maßregel zu einer allgemeinen prozessualen erheben, den Parteieid (vgl. §§ 248 ff.) dagegen auf den Fall eines wirklichen, von dem freien Willen der Partei abhängigen, durch die vereinbarte Eidesleistung bedingten Vergleichs beschränken.

Hinsichtlich der Wirkung von einem beweisenden Parteieide durchaus verschieden war der bereits oben (S. 782) erwähnte, jetzt durch die deutsche Civilprozeßordnung für das Deutsche Reich vollständig beseitigte Gefährdeeid, Kalumnieneid. Er bewirkte nur, daß die Partei mit einem Gesuche, dessen Mißbrauch sonst zu befürchten wäre, einstweilen zugelassen wurde und konnte höchstens zum Beweise der bona fides des Antragstellers ausreichen. Kein eigentliches Beweismittel, sondern ein Zwang zum Geständnis ist heutzutage — denn nach früherem Rechte verhielt es sich anders — der sogenannte Manifestations- oder Offenbarungseid (d. h. ein Eid, daß man alles zu einer bestimmten Vermögensmasse Gehörige getreulich angegeben habe beziehungsweise noch angegeben werde), der von dem zur Herausgabe eines Vermögenskomplexes Verpflichteten, von dem Exequendus u. s. w. unter Umständen geschworen werden muß und nötigen Falls durch Haft erzwungen wird. (Deutsche Civilprozeßordnung §§ 711. 769. 770. 784, Konkursordnung § 115, deutsche Civilprozeßordnung §§ 782 ff.) Der nach dem früheren gemeinen Rechte in gewissen Fällen zur Strafe einer Partei, insbesondere einer ungehorsamen Partei, stattfindende Würderungs- oder Schätzungseid des Gegners, wodurch die Partei selbst, jedoch unter der Möglichkeit richterlicher Moderation, die Höhe des ihr zu ersetzenden Interesses beschwor und dadurch bewies, ist durch die deutsche Civilprozeßordnung § 260 a. E. als mit freier Beweiswürdigung unvereinbar und auch sonst bedenklich beseitigt, die Befugnis des Gerichts, zum Zwecke der Aufstellung eines Schadens oder Interesses sich der eidlichen Schätzung des Beschädigten zu bedienen, aber dabei festgehalten worden.

§ 36. Die Glaubhaftmachung (Bescheinigung). In gewissen Fällen, wo es sich nicht um definitive Zuerkennung eines Rechts handelt, sondern nur um provisorische Maßregeln u. s. w., fordert man nicht vollen Beweis, sondern begnügt sich mit einer gewissen Wahrscheinlichkeit, Bescheinigung, Glaubhaftmachung (deutsche Civilprozeßordnung § 266. Möglicherweise kann dazu auch ein vorläufiger Eid des Antragstellers selbst, wie die deutsche Civilprozeßordnung auch ausdrücklich bemerkt, dienen. Die Eideszuschiebung, welche eine definitive Feststellung bezweckt, ist, wie die deutsche Civilprozeßordnung besonders hervorhebt, ausgeschlossen.

§ 37. Das Beweisverfahren im ganzen. Beweis zum ewigen Gedächtnis. Das Beweisverfahren zerfällt in die Beweisantretung, d. h. Benennung der Beweismittel für die einzelnen Thatsachen, und in die Beweisaufnahme, d. h. Kenntnisnahme seitens des Richters[1]. Die Beweisaufnahme soll, wie auch dem Prinzipe der Unmittelbarkeit (Mündlichkeit) entspricht, nach der deutschen Civilprozeßordnung § 320, die hierin auch, z. B. der früheren hannoverschen Prozeßordnung gegenüber, einen bedeutenden Fortschritt zeigt, prinzipiell[2] vor dem Prozeßgerichte (d. h. dem entscheidenden Kollegium, wenn das Prozeßgericht kollegial entscheidet) erfolgen. Davon läßt jedoch § 340 einige Ausnahmen zu, z. B. wenn der Zeuge in zu großer Entfernung von dem Sitze des Prozeßgerichts sich aufhält, wenn die Beweisaufnahme vor dem erkennenden Gerichte erheblichen Schwierigkeiten unterliegen würde. In solchen Ausnahmefällen erfolgt die Vernehmung zu Protokoll vor einem beauftragten oder ersuchten Richter.

Während regelmäßig das Beweisverfahren erst beginnt, nachdem die Parteien durch ihre Vorträge den Richter von der Notwendigkeit der Beweisaufnahme durch ihre die Sache betreffenden Behauptungen und Erwiderungen überzeugt haben (nach dem früheren gemeinen Rechte, nachdem sie ihre Behauptungen erschöpft haben), und nachdem der Richter diese Notwendigkeit (nach dem früheren gemeinen Rechte durch Beweisurteil, nach der deutschen Civilprozeßordnung durch Bescheid) anerkannt hat, kann ausnahmsweise auch vorher, ja selbst vor begonnenem Prozesse ein Beweisverfahren dann stattfinden, wenn bei längerem Aufschub das Beweismittel der Partei leicht verloren gehen könnte (nach der deutschen Civilprozeßordnung § 447 auch: wenn zu besorgen ist, daß die Benutzung des Beweismittels erschwert werden würde). Der wichtigste Fall ist der befürchtete Tod eines Zeugen. Das Verfahren bei diesem Beweise zum ewigen Gedächtnisse (probatio in perpetuam rei memoriam) oder, wie die deutsche Civilprozeßordnung sagt, bei dieser „Sicherung des Beweises" ist im übrigen dem regelmäßigen Beweisverfahren konform, und es hat dabei thunlichst ebenso wie in anderen Fällen der Beweisaufnahme eine Mitwirkung des demnächstigen Prozeßgegners einzutreten. Der Antrag ist bei dem Prozeßgerichte, nach der deutschen Civilprozeßordnung § 448 aber, wenn der Prozeß noch nicht anhängig ist, bei dem Amtsgerichte, in dessen Bezirke die zu vernehmenden Personen sich aufhalten, einzureichen; ebenso in Fällen dringender Gefahr. Die deutsche Civilprozeßordnung läßt das Verfahren zu bei Zeugen und Sachverständigen, nicht aber bei Urkunden, deren Verlust, z. B. wegen eingetretener Beschädigung, befürchtet wird. Hier muß nach der deutschen Civilprozeßordnung § 231 eine Präjudizialklage auf Anerkennung der gefährdeten Urkunden aushelfen.

Litteratur. A. D. Weber, Über die Verbindlichkeit zur Beweisführung im Civilprozeß. 3. Ausg. von Heffter. 1845; v. Bethmann-Hollweg, Versuche über einzelne Teile der Theorie des Civilprozesses. 1827. S. 319 ff.; Rizy, Über die Verbindlichkeit zur Beweisführung im Civilprozesse. 1841; Gerber, Beiträge zur Lehre vom Klaggrunde und der Beweislast. 1858; Unger, System des österreichischen Privatrechts (2. Aufl. 1863) II 551 ff.; Maxen, Über Beweislast, Einreden und Exceptionen. 1861; Burckhard, Die civilistischen Präsumtionen. 1866; Fitting, Die Grundlagen der Beweislast, in der Zeitschr. f. deutschen Civilprozeß XIII 1—79; Planck, Die Lehre vom Beweisurteil. 1848; Bar, Das Beweisurteil des germanischen Prozesses. 1866; Collmann, Grundlinien einer Theorie des Beweises im Civilprozeß. 1822; Schneider, Vollst. Lehre vom gerichtlichen Beweise in bürgerlichen Rechtssachen. Neu herausgegeben von Hoffmann. 1842; Langenbeck, Die Beweisführung in bürgerl. Rechtsstreitigkeiten. 3 Abtlgn. 1858 ff.; Endemann, Die Beweislehre des Civilprozesses. 1860; Groß, Die Beweistheorie im kanonischen Prozeß. 1. Teil 1867, 2. Teil 1880; Bentham, Traité des preuves judiciaires, extrait par Dumont, 2 vols. 1823; Zink, Über die Ermittelung des Sachverhalts im französischen Civilprozesse. 1860; Best, A treatise on the principles of law of evidence (in verschiedenen Ausgaben bis auf die neueste Zeit). 4. edit. 1866; Marquardsen, Best's Grundzüge des englischen Beweisrechts bearbeitet. 1851; Bar, Recht und Beweis im Civilprozesse. 1867. — Glaser, Gesammelte kleinere Schriften über Strafrecht, Civil- und Strafprozeß. 1868. Bd. II; Lippmann, Über den normierten Eid in den neuesten Civilprozeß-Gesetzentwürfen. 1874; v. Harrasowsky, Die Parteivernehmung und der Parteieneid. 1876. Vgl. über die deutsche Civilprozeßordnung den (interessanten, aber weder dem positiven Rechte

---

[1] Die gemeinrechtliche Theorie unterschied Antretungs-, Produktions- und Schluß- oder Hauptverfahren. Diese Einteilung des Beweisverfahrens paßt nicht mehr für das Verfahren der deutschen Civilprozeßordnung.
[2] Anders nach § 337 beim Augenschein.

vollkommen entsprechenden noch de lege ferenda unbedenklichen) kritischen Aufsatz Häuslers, Die Grundlagen des Beweisrechtes, im Archiv für die civilistische Praxis. 1879. S. 209 ff. Gegen Häusler vgl. v. Canstein, Die Grundlagen des Beweisrechtes, in der Zeitschr. f. d. Civilprozeß II 296—361. Vgl. auch Wendt im Archiv für die civilistische Praxis LXIII 254 ff.; v. Schruttka-Rechtenstamm, Zeugnispflicht und Zeugniszwang im österreichischen Civilprozesse. 1879.

VIII. Die richterlichen Willenserklärungen. (Bescheide und Urteile.)

§ 38. Bestandteile. Alle richterlichen Willenserklärungen werden der Partei gegenüber nur wirksam durch gehörige Bekanntmachung, sei es durch unmittelbare Mitteilung (Publikation) oder durch Behändigung schriftlicher Ausfertigungen (Insinuation). Beschlossen werden dieselben von einem Kollegium durch einfache absolute Majorität; doch können minder wichtige Verfügungen nach besonderen Bestimmungen auch dem Vorsitzenden des Gerichts oder einem anderen beauftragten Mitgliede (Decernenten) allein überlassen sein. (Die Bestimmungen über Beratung und Abstimmung der Gerichtskollegien enthält das deutsche Gerichtsverfassungsgesetz §§ 194 ff.) Urteile müssen nach gemeinem Rechte vor der Publikation in der Regel schon schriftlich ausgearbeitet sein; nach französischem Rechte und vielen neueren Gesetzen kann die schriftliche Ausfertigung der mündlichen Publikation nachfolgen. (Vgl. über Verkündung in unvollständiger Fassung deutsche Civilprozeßordnung §§ 286. 287.) Alle Urteile müssen heutzutage mit Entscheidungsgründen versehen sein, einerseits zur Kontrolle gründlicher Erwägung, andererseits zum Zwecke einer Handhabe für die Begründung von Rechtsmitteln. In dem mündlichen Verfahren des französischen Rechts und der neueren deutschen Gesetze, ebenso auch der deutschen Civilprozeßordnung (§ 284) enthält das Urteil auch noch einen sogenannten Thatbestand, d. h. eine Darstellung der mündlichen Verhandlung und ihres Inhalts.

§ 39. Bindende Kraft. Anfechtbarkeit. Bedeutung der res indicata. Die richterlichen Willenserklärungen sind (abgesehen hier von dem selbstverständlich definitiven Endurteile) entweder definitiv, d. h. sie binden den Richter, welcher sie erlassen hat, so daß alle späteren Maßnahmen und Entscheidungen in dem Prozesse entweder nur als Ausführungen jener erscheinen, oder doch mindestens denselben nicht widersprechen dürfen (gemischte Zwischenurteile, sententiae interlocutoriae vim definitivae habentes), oder sie sind nur vorläufig wirksam, so daß der Richter nach gewonnener anderer Einsicht davon wieder abgehen kann (einfache Bescheide, Interlokutorien, Dekrete, Resolute). Ob eine richterliche Willenserklärung den einen oder anderen Charakter habe, ist nur nach positivem Rechte zu beurteilen, wenngleich der Regel nach eine bindende Willenserklärung des Richters Gehör beider Parteien voraussetzt. Das wichtigste bindende Zwischenurteil war nach dem früheren gemeinen Rechte das Beweisurteil[1]. Nach der deutschen Civilprozeßordnung §§ 289. 325 sind alle Zwischenverfügungen abänderlich mit Ausnahme nur der Zwischenurteile im Sinne der deutschen Civilprozeßordnung, d. h. derjenigen Urteile, durch welche über ein selbständiges Angriffs- oder Verteidigungsmittel vorweg entschieden wird, und selbstverständlich der Teilurteile sowie gewisser besonders hervorgehobener Fälle — es sind diejenigen, in denen die sogenannte sofortige Beschwerde stattfindet, deutsche Civilprozeßordnung § 540 —, in denen es besonders zweckmäßig erschien, einen Punkt für den weiteren Fortgang des Verfahrens unverrückbar festzustellen (z. B. § 46 Absatz 2: Entscheidung z. B. über ein gegen den Richter vorgebrachtes Rekusationsgesuch), oder in denen über Pflichten Dritter (§ 352 Absatz 3: Zeugnisverweigerung) entschieden wird.

Freilich ist es eine andere Frage, ob gegen einen Bescheid oder ein Zwischenurteil sofort Rechtsmittel zugelassen werden sollen. Auch ein den Richter nicht bindendes Dekret kann

---

[1] Vgl. das oben über die Schriftlichkeit und Mündlichkeit und die geschichtliche Entwicklung des Prozeßrechts Bemerkte.

appellabel sein (namentlich wenn es der Partei einen faktisch unersetzlichen Verlust bringen, z. B. den Verlust eines Beweismittels verursachen kann), und so sind z. B. im französischen Prozesse den Richter nicht bindende Interlokutorien doch appellabel. So verhält es sich auch nach der deutschen Civilprozeßordnung in denjenigen Fällen, in welchen diese (vgl. § 530) die (gewöhnliche, nicht sogenannte sofortige) Beschwerde gewährt; denn die Beschwerde der deutschen Civilprozeßordnung ist eine Appellation in schriftlicher Form. Regel aber ist nach der deutschen Civilprozeßordnung, daß auf mündliche Verhandlung ergangene Zwischenverfügungen nicht appellabel sind.

Nach dem eigentümlichen Systeme der hannoverschen Prozeßordnung gab es aber auch Zwischenurteile, welche den Richter banden, gleichwohl aber nicht sofort durch ein Rechtsmittel angegriffen werden konnten, während nach dem gemeinrechtlichen System jedes den Unterrichter bindende Zwischenurteil, wenn es nicht auch den Oberrichter binden und sofort rechtskräftig werden sollte, alsbald mittels Appellation angegriffen werden mußte. Nach der deutschen Civilprozeßordnung gilt der Satz, daß eine Verfügung den Richter binden könne, gleichwohl aber nicht sofort appellabel sei, nur ausnahmsweise, nämlich für die Zwischenurteile der deutschen Civilprozeßordnung (in deren beschränktem Sinne). Doch giebt es auch sofort appellable Zwischenurteile. (Deutsche Civilprozeßordnung §§ 248 Absatz 2, 276 Absatz 2, 562 Absatz 3.)

Das im Urteil Festgesetzte tritt an die Stelle des ursprünglichen Streitverhältnisses: das Urteil muß gelten, auch wenn es mit dem materiellen wirklichen Rechte nicht übereinstimmt: Res iudicata pro veritate accipitur. Es soll das materielle Recht faktisch nicht ändern, dasselbe nur klar stellen; aber juristisch muß es jene erstere Wirkung haben können. Da aber das Resultat des Prozesses wesentlich abhängig ist von der Parteithätigkeit, kann dasselbe auch nur für und gegen die Parteien (und deren Successoren) gelten: „Res iudicata ius facit solum inter partes", ein Rechtssatz, dem gegenüber nur einige singuläre Ausnahmen gelten. Doch wird die Wirkung des rechtskräftigen Urteils dem materiellen Rechte, nicht dem Prozeßrechte zugerechnet, daher auch in der deutschen Civilprozeßordnung mit Ausnahme einer auf das Verhältnis des Intervenierenden bezüglichen Vorschrift (§ 65) nicht behandelt, wenngleich sich behaupten läßt, daß, was die schwierige und praktische Frage der Anerkennung eines von einem ausländischen (dem Deutschen Reiche nicht angehörigen) Gerichte gefällten Urteils betrifft, diese Anerkennung jedenfalls dann nach dem Rechte der deutschen Civilprozeßordnung nicht zu versagen ist, wenn die im § 661 der deutschen Civilprozeßordnung für die Vollstreckbarkeit (ohne weitere Prüfung der Gesetzmäßigkeit des auswärtigen Urteils) vorgesehenen Voraussetzungen zutreffen.

IX. Die Reihenfolge der Verhandlungen. Zeit derselben. Termine und Fristen.

§ 40. **Reihenfolge der Prozeßhandlungen nach dem früheren gemeinen Rechte, dem früheren preußischen Rechte u. s. w., nach der deutschen Civilprozeßordnung.** Nach dem früheren gemeinen Prozeßrechte wurden regelmäßig vier Schriftsätze dem Gerichte eingereicht und von diesem dem Prozeßgegner abschriftlich mitgeteilt: Klage, Vernehmlassung, Replik und Duplik. Jeder dieser Schriftsätze galt als abgeschlossener Prozeßakt in sich, so daß eine unbegründete Klage sofort abzuweisen, ferner, wenn der Klaggrund zugestanden und eine unbegründete Einrede vorgebracht war, der Beklagte sofort zu verurteilen war u. s. w., und die Vernehmlassungsschrift, Replik u. f. w. stand unter der Herrschaft der Eventualmaxime. Doch gestattete die gemeinrechtliche Praxis in der Regel ohne weitere Prüfung vier Schriftsätze, was indes jener gesonderten Prüfung im ersten Urteile keinen Eintrag that. Ausnahmsweise konnte noch eine Triplikschrift u. s. w. vorkommen.

Auf die Duplik folgte regelmäßig das (erste) Urteil, entweder Endurteil, wenn erhebliche Thatsachen nicht bestritten waren, oder Beweisurteil[1], wenn Thatsachen behauptet waren, die eines Beweises bedurften. Auf das Beweisurteil folgten die Beweisantretungen, d. h. Benennungen der Beweismittel durch die Parteien und das Vorbringen von Einwendungen gegen die vom Gegner vorgebrachten Beweismittel. Nach Abgabe der hierüber etwa erforderlichen richterlichen Entscheidung folgte mit dem sogenannten Produktionsverfahren, d. h. der wirklichen Vorlegung beziehungsweise Vorführung der Beweismittel, die Aufnahme des Beweises, doch wurden entscheidende Parteieide noch nicht geschworen. Hierauf erörterten die Parteien in Impugnations- und Salvationsschrift die Ergebnisse des Beweises, und endlich erkannte der Richter über dieselben, indem er zugleich über die etwa noch auszuschwörenden Eide der Parteien Bestimmung traf (über den notwendigen Eid in Form eines bedingten Endurteils).

Der preußische Prozeß zog die Beweisantretung mit der Parteibehauptung in einen Prozeßabschnitt zusammen (sogenannte anticipierte Beweisantretung)[2], die nach gemeinem Rechte zulässig, aber vom Belieben der Partei abhängig und regelmäßig ohne besondere Wirksamkeit war. Der Beklagte konnte entweder in dem zur Beantwortung der Klage angesetzten Termine mündlich seine Antwort zu Protokoll geben oder letztere schriftlich dem Gerichte einreichen. Ob Replik und Duplikschrift zu fordern oder sofort im Termine weiter zu verhandeln sei, hing vom Ermessen des Gerichts ab. Ebenso aber wie im gemeinen Rechte wurden die einzelnen Schriftsätze als selbständige Prozeßabschnitte behandelt, und jeder stand gesondert unter der Eventualmaxime. Auf die mündliche Verhandlung, in welcher ein öffentliches Referat eines Gerichtsmitgliedes den Stand der Sache darlegte, folgte Endurteil oder abänderliches Beweisresolut und an Stelle der gemeinrechtlichen Deduktionsschriften am Schlusse des Beweisverfahrens wieder mündliche Verhandlung. Gegen richterliche Dekrete fand Beschwerde statt an das höhere Gericht, aber ohne daß dieselbe das unterrichterliche Verfahren hemmte.

Im ordentlichen Verfahren des französischen Prozesses läßt der Anwalt des Klägers die Klagschrift ohne Vermittelung des Gerichts durch einen Gerichtsvollzieher (Huissier) behändigen. Der Beklagte hat darauf binnen bestimmter Frist für sich einen Anwalt (Avoué) zu bestellen und das dem Gegner mitzuteilen, binnen weiterer Frist aber seine Entgegnungsschrift (Défense) zuzustellen, worauf dann der Kläger nochmals binnen bestimmter Frist erwidert. Diese Schriftsätze gelangen nicht zur Kenntnis des Gerichts, und letzteres empfängt Kunde von der Sache erst durch die von der einen oder anderen Seite erfolgende Anmeldung zur Rolle des Gerichts, und nun erst kann nach Maßgabe der Mise en rôle zur mündlichen Verhandlung geschritten werden, in welcher die Anwälte ihre Conclusions motivées, d. h. den Stand der Sache vom Parteistandpunkte darlegende Anträge stellen und schriftlich niederlegen und einander zustellen. Auch der französische Prozeß hat wesentlich, wenngleich nicht in der steifen Form des preußischen Prozesses, das System der Beweisverbindung. Wird ein Zeugen- oder Sachverständigenbeweis nötig befunden, so findet die eigentlich entscheidende Schlußverhandlung erst nach Erledigung jenes statt. Viele neuere deutsche Gesetze und alle für eine gemeinsame deutsche Prozeßordnung gelieferten Entwürfe folgten mehr oder weniger dem französischem Prozeßsysteme, freilich mit manchen Verschiedenheiten in den Einzelheiten.

Die hannoversche Prozeßordnung folgte (teilweise nach dem Vorbilde der Genfer Prozeßordnung) teils diesem, teils dem gemeinrechtlichen Systeme. Die Klagschrift wurde dem Gerichte eingereicht, welches ohne weitere sachliche Prüfung Termin zur mündlichen Verhandlung ansetzte; doch konnte der Beklagte vor dem Termine schriftliche Gegenanträge dem Kläger mitteilen und dem Gerichte einreichen. Repliken und Dupliken wurden im regelmäßigen Verfahren entweder zu Protokoll genommen oder in dem (nach hannoverschem Prozeßrechte vom Gerichte ausgearbeiteten) Thatbestande des Urteils schriftlich fixiert. Behauptungen und Beweise wurden wie im gemeinen Rechte durch ein den Richter bindendes

---

[1] Damit wurde das sogenannte erste Verfahren geschlossen und begann das Beweisverfahren.
[2] Diese sogenannte Beweisverbindung bildet auch die charakteristische Abweichung des gegenwärtigen österreichischen Prozesses nach der Allgemeinen Gerichtsordnung von 1781 gegenüber dem gemeinrechtlichen Prozeßgange.

(freilich an sich nicht appellables) förmliches Beweisurteil getrennt, auf welches dann wie im gemeinen Rechte Beweisantretungs- und wirkliches Beweisaufnahmeverfahren folgte, nur daß die Schriftsätze nur sogenannte vorbereitende Bedeutung hatten. Die Deduktionsschriften wurden durch mündlichen Vortrag ersetzt.

Hinsichtlich der Einleitungsformen des Prozesses schloß die bayerische Prozeßordnung sich wesentlich dem französischen Rechte an, während die deutsche Civilprozeßordnung in Übereinstimmung mit der württembergischen Prozeßordnung und dem Entwurfe der österreichischen Prozeßordnung in diesem Punkte das System der hannoverschen Prozeßordnung adoptiert hat. (Das Gericht wird sogleich mit der Sache befaßt, und nicht geht dem gerichtlichen Verfahren ein Verfahren lediglich der Anwälte vorher.)

Dagegen weicht die deutsche Civilprozeßordnung §§ 255. 256 Absatz 1 in Übereinstimmung mit den sämtlichen genannten neuen Gesetzen und Entwürfen insofern wiederum von der hannoverschen Prozeßordnung ab, als sie den Grundsatz der Verbindung der Beweisantretung mit den Behauptungen aufstellt[1].

Der Versuch, den der Entwurf der norddeutschen Civilprozeßordnung gemacht hatte, durch einen mit den Formen eines Urteils und mit einem Thatbestande versehenen Beweisbescheid eine künstliche Cäsur in den Prozeß zu bringen, war bereits in dem Entwurfe der deutschen Civilprozeßordnung von 1871, ebenso auch in dem Entwurfe der österreichischen Prozeßordnung (§ 318) von 1876 aufgegeben. Die deutsche Civilprozeßordnung kennt nur einen einfachen Beweisschluß (Admissionsbescheid), wenn die Beweisaufnahme ein besonderes Verfahren erfordert (vgl. §§ 323 ff.). Durch Zwischenappellationen kann, abgesehen von prozeßhindernden Einreden und den besonderen Fällen der sofortigen Beschwerde, der Lauf des Verfahrens nicht gehemmt werden.

§ 41. Feiertage, Ferien, Termine, Fristen. Die Prozeßhandlungen gehören zu den bürgerlichen Geschäften, welche häufig einerseits eine Mitwirkung obrigkeitlicher Personen voraussetzen, andererseits mit einem gewissen Zwange oder doch einer Behelligung des Gegners verbunden sind. An Feiertagen werden daher Prozeßhandlungen der allgemeinen Regel nach nicht vorgenommen; Ausnahmen sind nur in Notfällen (bei Gefahr im Verzuge) gestattet. (Deutsche Civilprozeßordnung §§ 193 Absatz 3, 171.) Doch betrachtet das heutige Recht eine wenn auch mit nur stillschweigender Zustimmung der Beteiligten an einem Feiertage vorgenommene Prozeßhandlung nicht als nichtig. Einen gewissen Stillstand der Civiljustiz bewirken abgesehen von den Feiertagen heutzutage die Gerichtsferien, ursprünglich in Rom beruhend auf einer Rücksichtnahme auf die Erntearbeiten, welche durch Gerichtsverhandlungen nicht gestört werden sollten, heutzutage wesentlich dazu dienend, dem Gerichtspersonale eine Zeit der Erholung zu verschaffen. Eine neue für das gesamte Deutsche Reich gültige Regelung der Gerichtsferien, die sich auf gewisse eilige Sachen, sogenannte Feriensachen, aber nicht beziehen und nach dem deutschen Gerichtsverfassungsgesetze § 204 z. B. auf das Zwangsvollstreckungsverfahren keinen Einfluß haben sollen, enthalten die §§ 201 ff. des deutschen Gerichtsverfassungsgesetzes.

Für die in einem Prozesse vorzunehmenden Handlungen sind vielfache Zeitbestimmungen, Ansetzungen von Terminen (Tagfahrten) und Bestimmungen von Fristen notwendig, sei es, daß diese Bestimmungen unmittelbar durch das Gesetz oder durch den Richter erfolgen. Die Bestimmung einer Frist eignet sich mehr für ein schriftliches Verfahren, weil in diesem die Parteihandlungen meist in einseitiger Form erfolgen; in einem mündlichen Verfahren sind die Terminsbestimmungen — heutzutage auf einen bestimmten Kalendertag erfolgend — häufiger. Doch ist die Berechnung der Fristen auch in einem mündlichen Verfahren für die Einlegung von Rechtsmitteln wichtig, da diese eine einseitige Parteihandlung ist, wenigstens eine wirkliche Mitwirkung der Gegenpartei nicht fordert. Die Berechnung und Erstreckung

---

[1] Die Zahl der vor der mündlichen Verhandlung zu wechselnden Schriftsätze ist in der deutschen Civilprozeßordnung nicht bestimmt. Jede Partei hat aber dafür zu sorgen, daß der Gegner über ihre Behauptungen, Beweismittel und Anträge vor dem Verhandlungstermine genügend unterrichtet sei. Andernfalls trägt sie der Regel nach die Kosten der Terminsverlegung.

(Verlegung) der Fristen und Termine ist jetzt genauer geregelt durch die deutsche Civilprozeß=
ordnung §§ 194—229. Dabei ist zu bemerken, daß, während das frühere gemeine Recht
nach Billigkeitsgründen eine Wiedereinsetzung in den vorigen Stand nach Analogie der civil=
rechtlichen Restitution gegen die aus der Versäumung der Fristen und Termine hervorgehenden
Nachteile kannte, die deutsche Civilprozeßordnung eine Wiedereinsetzung in den vorigen Stand
nur gewährt bei der Versäumung von Notfristen, d. h. im Sinne der Civilprozeßordnung
(vgl. § 201 Absatz 3), also namentlich von Fristen für Einlegung von Rechtsmitteln ein=
schließlich des Einspruchs; sie beseitigt zugleich die in der gemeinrechtlichen Praxis herrschende
vage und für einen geordneten Prozeßbetrieb gefährliche Billigkeit durch Beschränkung dieser
Restitution auf den Fall einer Verhinderung der Prozeßhandlung durch unabwendbare Zufälle.
Insofern die Versäumung eines Termins ein Versäumnisurteil zur Folge hat (als Ungehor=
sam der Partei behandelt wird), findet gegen dieses Versäumungsurteil Einspruch statt
(vgl. unten die Lehre vom Ungehorsam) und wird damit indirekt eine Restitution gegen die
Versäumung des Termins gegeben.

X. Der Ungehorsam (die Abwesenheit) der Parteien und der richterliche Zwang. Die Zwangsvollstreckung.

§ 42. Allgemeine Grundsätze. Zwang und Verzicht. Ungehorsams=
nachteile beim Beginn und im Laufe des Verfahrens. Gegen den Beklagten
muß, wie in der Einleitung bemerkt wurde, nötigen Falls unmittelbarer Zwang zur Erfüllung
dessen, was der Kläger von ihm verlangt, angewendet werden können. Dieser Zwang[1] ist
aber regelmäßig nur angemessen, wenn der Anspruch des Klägers bereits prozessual feststeht,
oder wenn man weiß, daß der Beklagte sich prozessual gar nicht verteidigen will, während
im Laufe des Prozesses das angemessene Zwangsmittel zur Vornahme von Prozeßhandlungen
das Prinzip des Verzichtes ist: Wer eine ihm obliegende Prozeßhandlung im Laufe des
Prozesses nicht vornehmen will, verzichtet damit auf die Verteidigung gegenüber der geg=
nerischen Prozeßhandlung, und nur eine Frage der Zweckmäßigkeit beziehungsweise einer aus
sonstigen Umständen zu entnehmenden Schlußfolgerung ist es, ob man diesen Verzicht der
Antwort auf das gegnerische Vorbringen nur als Verzicht auf das Vorbringen besonderer
Verteidigungsmittel oder auch als Zugeständnis der Wahrheit des gegnerischen Vorbringens

---

[1] Der Natur der im Civilprozesse geltend gemachten Rechte entsprechen öffentliche Strafen als
Zwangsmittel gegen die Partei nicht. Doch kennt das Mittelalter allerdings solche Folgen der
civilen contumacia des Beklagten (Acht, Outlawry des englischen Prozesses). — Angeregt durch
Degenkolbs Schrift, Einlassungszwang und Urteilsnorm. 1877, ist neuerdings ein lebhafter litte=
rarischer Streit darüber entstanden, ob der heutige Civilprozeß nur Parteirechte — Recht der Ab=
wehr — oder auch Parteipflichten (Defensionspflicht) kenne. Die erstere Ansicht ist namentlich
von v. Bülow (Civilprozessualische Fiktionen und Wahrheiten, im Archiv f. d. civilist. Praxis LXII
[1879] 1—96), die letztere von Wach (Grünhuts Zeitschr. VI [1879] 515 ff. und das. VII
130 ff.) vertreten worden. Meines Erachtens ist der Streit nicht ganz von der tiefgreifenden Bedeutung,
welche die Teilnehmer ihm beizumessen scheinen. Das hier im Texte Gesagte ist schon in der 2. Aufl.
der Encyklopädie (1873) gesagt worden, und selbstverständlich ist, daß, je mehr der Prozeß auf
die Grundlagen der Mündlichkeit und der freien Beweiswürdigung gestellt wird, um so weniger
Raum sein wird für unbedingt vom Richter anzunehmende Fiktionen. Vgl. teilweise gegen Bülow
die beachtenswerte kleine Schrift von Leonhard, Inwieweit giebt es nach der deutschen Civilprozeß=
ordnung Fiktionen? 1880, und andererseits wieder Kohler in der Münchener krit. Vierteljahrsschr.
XXII 354 ff. — Das vielleicht mehr der Rechtsphilosophie als dem Civilprozeßrechte angehörende
Problem, wie es komme, daß auch ein Nichtberechtigter (mittels Erhebung eines grundlosen An=
spruchs) jemanden zur Vornahme von Prozeßhandlungen zwingen oder doch unter Mitwirkung des
Staates bei Vermeidung von Nachteilen veranlassen könne (vgl. darüber auch Plósz, Beiträge zur
Theorie des Klagerechts. 1880), dürfte auf den bis jetzt eingeschlagenen Wegen nicht gelöst sein,
für den Civilprozeß aber die einfache Betrachtung genügen, daß hier ein Recht vorliegt, dessen
vorläufige Ausübung ohne weitere Prüfung jedem auf einfache Behauptung (oder auf sein Ge=
wissen und seine Gefahr) deshalb zugestanden werden muß, weil ohne dies auch der wirklich Berechtigte
es nicht ausüben könnte.

auffassen will, wie denn in dieser Beziehung die Ungehorsams= (Kontumazial=) folgen geschicht=
lich gewechselt haben und selbst in einem und demselben Prozeßsystem (z. B. auch im gemein=
rechtlichen) bei verschiedenen Prozeßhandlungen verschieden sein können.

Was nun aber den Beginn des Prozesses betrifft, so liegt die Schwierigkeit hier darin,
daß der Beklagte, die seltensten Fälle abgerechnet, seinen Ungehorsam nicht dem Gerichte er=
klären, sondern einfach nicht erscheinen wird, die Abwesenheit aber ebensowohl in zufälligen
Hinderungsgründen (z. B. in Krankheit, wenn die Ladung dem Beklagten nicht in Person
behändigt ist, in zufälliger Unkenntnis der Ladung) als in absichtlichem Ungehorsam ihren
Grund haben kann. So wird bei entwickelten Verkehrsverhältnissen, welche beide Fälle dem
Richter schwer unterscheidbar machen, der Ungehorsam als ein Unterfall der Abwesenheit
aufgefaßt und nur insofern ein Unterschied zwischen einfachem und böswilligem Ausbleiben
anerkannt, als in ersterem Falle eine Wiederaufhebung der Ungehorsamsfolgen (Restitution)
auf besondere Entschuldigung des Ausgebliebenen eintreten kann. Dabei läßt sich aber
wiederum ein doppeltes Verfahren denken. Erstens kann man, wenn der Beklagte nicht er=
scheint, ein wirkliches Zwangsverfahren zu Gunsten des Klägers beginnen lassen, so daß der
später sich stellende Beklagte ohne weiteres den Anspruch selbst bekämpfen und das Zwangs=
verfahren rückgängig machen kann, oder aber man kann den Anspruch auch beim Ausbleiben
des Beklagten definitiv untersuchen und dem letzteren nur den Weg der Restitution, mög=
licherweise vor Ablauf einer bestimmten Frist ohne weitere Gründe, nach Ablauf derselben
nur aus besonderen Gründen, gestatten. Wie man aber auch die letzteren Punkte ordnen
möge, immer bleibt insofern ein tiefgreifender Unterschied zwischen dem Beklagten, der einmal
streiten zu wollen erklärt (die Litiskontestation vorgenommen) hat, und einem Beklagten, der
überhaupt nicht erschienen ist, als das Verfahren gegen letzteren, wenn es ein definitives
sein soll, viel mehr der schützenden Formen und Garantieen bedarf als das gegen den ersteren:
wer einmal im Prozesse bereits erschienen ist, wird auch vermutlich für künftiges Erscheinen
oder künftige Vertretung Sorge tragen, und auf ihn läßt sich, wenn man den Prozeß als
Einheit betrachtet, auch das Prinzip des Verzichtes ohne allzuweit gehende Fiktion dem Obigen
zufolge anwenden.

Dem ausbleibenden Kläger gegenüber ist allein dieses Prinzip angemessen: der Verzicht
aber ist hier in doppelter Weise denkbar, als Verzicht nur auf den dermaligen Prozeß mit
Vorbehalt einer demnächst neu anzubringenden Klage oder als Verzicht auf den Klaganspruch
selbst. Der erstere geringere Verzicht, verbunden mit der Pflicht der Kostenerstattung, er=
scheint indes genügend, um den Kläger, der regelmäßig doch mehr als der Beklagte
an der Fortsetzung des Rechtsstreits interessiert ist, zu derselben anzuhalten, und es kann der
definitive Verlust des Rechts für den Kläger nur indirekt daraus sich ergeben, daß der
Kläger, nachdem bereits der Beklagte geantwortet, nochmals thätig in der Sache geworden
ist und dann sein Ausbleiben als Verzicht auf ferneres Vorbringen, nicht aber als Verzicht
auf den gesamten Prozeß angesehen werden kann, und dieser Unterscheidung entsprach auch
das gemeine Recht, während die deutsche Civilprozeßordnung § 295 (aus einem irrigen
theoretischen Grunde) für den erstmalig im Verhandlungstermine ausbleibenden Kläger sofort
definitive Abweisung, also Verlust des Anspruchs auf Antrag des Beklagten eintreten läßt.

Im gemeinen Prozeßrechte hat nun aber, während der römische Prozeß bis auf einige
mehr willkürliche Änderungen ein richtiges System beobachtete, die Lehre vom Ungehorsam
der Parteien dadurch eine unangemessene Gestalt erhalten, daß der Prozeß in eine Reihe von
Abschnitten getrennt wurde, deren jeder nur zu bestimmten Handlungen benutzt werden konnte.
Danach trat die Lehre vom Ungehorsam mit Zurückdrängung des Unterschiedes von Ungehor=
sam vor und nach der Streitbefestigung auf als Lehre von der Versäumung der Fristen und
Termine, und wurde das gemeinrechtliche Kontumazialverfahren nun, bis der ganze Prozeß
zu Ende kam, in Abwesenheit des Beklagten ein äußerst schwerfälliges. In der vorliegenden
Darstellung kann auf die Lehre von den mannigfach verschiedenen Nachteilen der Versäumung
der einzelnen Fristen und Termine nicht eingegangen und nur als sogenannte allgemeine
Strafe der contumacia bezeichnet werden die Pflicht zum Ersatze der veranlaßten Kosten an
den Gegner. Was aber das Nichterscheinen des Beklagten auf die Klage be=
trifft, so ließ das frühere gemeine Recht, abweichend von dem mittelalterlichen Rechte, welches

noch Zwangsmaßregeln (Acht, Einsatz in die Güter des Beklagten) zur Einlassung kannte, den Prozeß definitiv in Abwesenheit des Beklagten entscheiden, indem es auf erfolglose Ladung die Litiskontestation als geschehen fingierte, den Beklagten, von dem angenommen wurde, er habe die Klagthatsachen geleugnet, mit etwaigen Einreden ausschloß, dagegen den Kläger zum Beweise des Klaggrundes zuließ. Die neuere deutsche Gesetzgebung hatte sowohl manche Weitläufigkeiten des gemeinen Rechts (z. B. die regelmäßig dreimaligen Ladungen des Beklagten) abgeschafft, als auch, indem sie beim Ausbleiben des Beklagten unbedingt das Zugeständnis der Klagthatsachen, wenn auch nicht des Anspruchs selbst (da vielmehr der Richter noch über die Schlüssigkeit der Klage zu erkennen hatte), präsumierte, ein für den Beklagten und somit, da dem Beklagten bei den mannigfachen Fiktionen des Bekanntwerdens der Ladung diese thatsächlich doch leicht unbekannt bleiben kann, für die allgemeine Rechtssicherheit nicht unbedenkliches System der Behandlung des Ausbleibens vor Gericht geschaffen, gegen welches auch die hier ebenso wie im französischen Rechte einmal binnen bestimmter Frist ohne weitere Entschuldigungsgründe zugelassene Restitution (Opposition, Einspruch) vielleicht nicht genügend schützt. Und bei diesem Verfahren hat es denn auch die deutsche Civilprozeßordnung § 296 bewenden lassen[1]. Rationeller, feiner und konsequenter verfährt der französische Prozeß, der namentlich zwischen dem Ausbleiben vor und nach Bestellung eines Anwalts unterscheidet und im ersteren Falle die Einspruchsfrist nicht schon von der Zustellung des Urteils, sondern erst von der Vornahme der Zwangsvollstreckung selbst laufen läßt, übrigens aber die Fiktion des Geständnisses zwar als regelmäßige, nicht aber als unbedingte Platz greifen läßt. Die Schwierigkeiten, welche die rücksichtslos aufgestellte Fiktion, daß der ausbleibende Beklagte alle vom Kläger behaupteten Thatsachen zugestanden habe, in Verbindung mit dem Satze mit sich bringt, daß die gesamte, wenngleich äußerlich in mehrere Termine fallende Verhandlung juristisch eine Einheit bilde, hätten freilich zu einer Nachprüfung der Materie des Ungehorsams Anlaß geben sollen. Allein das ist bei Abfassung der deutschen Civilprozeßordnung nicht geschehen. § 297 der deutschen Civilprozeßordnung behandelt einfach den, welcher in dem letzten dem Urteile vorhergehenden mündlichen Verhandlungstermine ausbleibt, als gestehend, sollte er auch in den Vorterminen alles geleugnet haben. Dadurch werden neben vielfachen Unbilligkeiten auch Verschleppungen der Prozesse herbeigeführt.

Troll, Das Versäumnisurteil nach der Reichscivilprozeßordnung. 1887.

§ 43. Die Zwangsvollstreckung. Die eigentliche Zwangsvollstreckung setzt nach deutschem Prozeßrechte regelmäßig ein rechtskräftiges (durch ordentliche Rechtsmittel nicht anfechtbares) Urteil voraus. Ausnahmsweise kann jedoch ein nicht rechtskräftiges Urteil vollstreckbar sein, z. B. in Wechselsachen, und es kann die provisorische Exekution in gewissen Sachen auch abhängig gemacht sein von richterlichem Ermessen und von einer vom Sieger etwa zu leistenden Kaution. Sehr weit mit solcher provisorischen Vollstreckbarkeit geht die deutsche Civilprozeßordnung §§ 648 ff. In weiterem Umfange als nach dem früheren gemeinen Rechte sind Urteile ohne darauf gerichteten Antrag vorläufig vollstreckbar (nach der deutschen Civilprozeßordnung für vorläufig vollstreckbar zu erklären); manche Urteile sind mit Rücksicht auf ihren Inhalt vorläufig vollstreckbar, so z. B. Streitigkeiten zwischen Vermietern und Mietern von Wohnungs- und anderen Räumen wegen Überlassung, Benutzung, Räumung derselben, und nach § 650 sind überhaupt Urteile auf Antrag für vorläufig vollstreckbar zu erklären, wenn glaubhaft gemacht wird, daß Aussetzung der Vollstreckung für den Gläubiger einen schwer zu ersetzenden oder schwer zu ermittelnden Nachteil bringen würde oder wenn sich der Gläubiger erbietet, Sicherheit zu leisten. Außerdem läßt die deutsche Civilprozeßordnung (§ 702) aus gewissen Akten der freiwilligen Gerichtsbarkeit Zwangsvollstreckung eintreten. Da nach der deutschen Civilprozeßordnung, welche hierin von dem früheren gemeinen Rechte abweicht und vielmehr dem französischen Rechte und der hannoverschen Civilprozeßordnung folgt, die Zwangsvollstreckung nicht mehr unter unmittelbarer Leitung des

---

[1] Allerdings findet nach § 211 eine Wiedereinsetzung gegen den Ablauf der Einspruchsfrist statt und zwar auch in dem Falle, daß die Partei von der Zustellung des Versäumnisurteils ohne ihr Verschulden keine Kenntnis erhalten hat.

Gerichts durch dessen Unterbeamte, sondern durch selbständig und zugleich im Auftrage des Gläubigers handelnde Beamte (Gerichtsvollzieher) vorgenommen wird (deutsche Civilprozeß=ordnung § 674) — allerdings so, daß über etwaige Einwendungen gegen die Zwangsvoll=streckung die Gerichte entscheiden —, so bedarf es nach der deutschen Civilprozeßordnung (§ 662) einer **formellen Festsetzung** der Exekutionsfähigkeit des Urteils (beziehungsweise des Aktes der freiwilligen Gerichtsbarkeit), d. h. der **Vollstreckungsklausel**, welche von dem Gerichtsschreiber auf die Ausfertigung des vollstreckbaren Urteils gesetzt wird und vor deren Erteilung der Gerichtsvollzieher nicht handeln darf. Urteile ausländischer, d. h. nicht dem Deutschen Reiche angehöriger Gerichte bedürfen (und so auch schiedsgerichtliche Urteile) nach der deutschen Civilprozeßordnung § 660 (§ 868) noch eines durch besondere Klage zu erwirkenden gerichtlichen Vollstreckungsurteils, ehe die Vollstreckungsklausel erteilt wird. Die deutsche Civilprozeßordnung § 661 geht dabei in Übereinstimmung mit dem gemeinen deutschen und dem englisch=nordamerikanischen Rechte von der Ansicht aus, daß von dem **kompetenten** ausländischen Gerichte gefällten Urteile die Anerkennung als Urteil im allgemeinen nicht zu versagen sei, während die französische Praxis jedes ausländische Urteil, wenn nicht Staatsverträge ein anderes verordnen, einer sachlichen Nachprüfung unter=werfen will, das ausländische Urteil also thatsächlich nicht anerkennt, damit aber nur Un=sicherheiten und Hemmnisse des Rechtsverkehrs schafft. Doch dürfte die deutsche Civilprozeß=ordnung (vgl. § 661 3), was die Beurteilung der Kompetenz betrifft, einen fehlerhaften und möglicherweise dem deutschen Interesse sehr nachteiligen Grundsatz aufgestellt haben, in=dem sie die Sätze, welche für die inländische (d. h. für die deutsche) Gerichtskompetenz gelten (allerdings unter zwei wenig ausreichenden Kautelen, § 661 2 u. 4), einfach auf die internationale Kompetenz überträgt. (Vgl. das Genauere darüber in der Darstellung des internationalen Privatrechts.)

Vollstreckungsgerichte, d. h. Gerichte, welche im Falle des Widerspruchs über die Zwangs=vollstreckungshandlungen entscheiden, sind nach der deutschen Civilprozeßordnung die **Amts=gerichte**, d. h. genauer: dasjenige Amtsgericht entscheidet, in dessen Bezirke das Voll=streckungsverfahren selbst stattfindet. Doch gehören Einwendungen, welche den Anspruch selbst betreffen, vor das Gericht der Hauptsache selbst, das Prozeßgericht (deutsche Civilprozeßord=nung §§ 684. 686), und ein sogenanntes Vollstreckungsurteil, welches im Falle der beab=sichtigten Exekution eines ausländischen oder eines schiedsrichterlichen Urteils erforderlich wird, ist bei dem Domizilgerichte des Exequendus und zwar je nach der Höhe des Betrages bei dem Amtsgerichte oder dem Landgerichte zu erwirken (§ 660 Absatz 2).

Die Zwangsvollstreckung selbst betreffend, so werden, wenn es sich um die Herausgabe individuell bestimmter Sachen handelt, nach dem heutigen (und bereits nach dem späteren römischen Rechte) dieselben dem Exequendus nötigen Falls mit Gewalt abgenommen, dem Sieger eingehändigt; in Grundstücke wird unter Exmission des Besiegten der Sieger ein=gewiesen. Bei Handlungen, die nicht in Vornahme einer Zahlung (oder Lieferung vertret=barer Sachen) bestehen, die aber doch von einem anderen zu beschaffen sind, kann, wenn die Aufforderung zur Leistung fruchtlos bleibt, Vornahme der Handlung durch einen Dritten und Beitreibung der Kosten eintreten. In anderen Fällen können, wenn die Handlung lediglich vom Willen des Schuldners abhängt, Geld= und selbst Haftstrafen angedroht und angewendet werden, die auch dann zur Hand genommen werden, wenn der Besiegte zu einer Unterlassung verurteilt ist (z. B. ihm verboten ist, einen bestimmten Weg über des Klägers Grundstück ferner zu benutzen). Außerdem bleibt in Fällen der Verurteilung zu einer Hand=lung dem Gläubiger die Liquidation des Interesses in Geld, die freilich häufig mißlich ist, weshalb in solchen Fällen die Stipulation einer Konventionalstrafe rätlich erscheint. Bei Beitreibung einer Geldforderung werden bewegliche Sachen gepfändet (Immobilien mit Beschlag belegt) und hierauf öffentlich versteigert. Hat der Exequendus ausstehende For=derungen, so verbietet man seinem Schuldner, ihm zu zahlen, und läßt diesen an das Gericht beziehungsweise Gerichtsvollzieher, beziehungsweise an den Sieger zahlen (vgl. über die im allgemeinen für unzulässig erklärte Beschlagnahme noch nicht verdienten Arbeits= und Dienst=lohnes deutsches Reichsgesetz vom 21. Juni 1869, worauf auch die deutsche Civilprozeß=ordnung § 749 1 verweist). Einzelne zum unmittelbaren Lebensunterhalte oder beziehungs=

weise Verdienste dienende Gegenstände sind nach Praxis und neueren Gesetzen und beziehungsweisen Entwürfen von der Pfändung ausgenommen (deutsche Civilprozeßordnung § 715), wie denn auch öffentlichen Angestellten ein gewisser Teil ihres Gehalts oder Ruhegehalts nach neueren Gesetzen frei verbleiben muß (deutsche Civilprozeßordnung § 749). Der Personalarrest als Mittel zur Beitreibung einer Forderung, gemeinrechtlich bis auf die neueste Zeit für Wechselschulden, wird von der neueren Gesetzgebung mehr und mehr als ein verwerfliches Mittel der Exekution betrachtet und ist in Deutschland durch das jetzige Reichsgesetz vom 29. Mai 1868 beseitigt[1].

Die deutsche Civilprozeßordnung (§§ 708—754) hat die Art und Weise der Zwangsvollstreckung in das bewegliche Vermögen (einschließlich ausstehender Forderungen) genauer geregelt (z. B. die Versteigerung der gepfändeten Sachen), auch genauere zum Schutze des Publikums dienende Vorschriften gegeben über die Vornahme (z. B. nach § 681 regelmäßig nicht zur Nachtzeit!) und Beurkundung der Handlungen der Gerichtsvollzieher (§§ 871 ff.). Die Art und Weise der Zwangsvollstreckung in das unbewegliche Vermögen ist dagegen mit Rücksicht auf das im Gebiete des Deutschen Reichs sehr verschiedene Immobiliarsachenrecht noch der Landesgesetzgebung vorbehalten (§ 757). Nur bestimmt § 755, daß das Vollstreckungsgericht das Amtsgericht sein soll, in dessen Bezirke das Grundstück belegen ist. (Vgl. preußisches Gesetz, betreffend die Zwangsvollstreckung in das unbewegliche Vermögen, vom 4. März 1879; auch dies Gesetz ist indes nicht vollständig, hat vielmehr die in den einzelnen Landesteilen geltenden Gesetze zur Voraussetzung[2].)

Die Zwangsvollstreckung kann, abgesehen von der Intervention eines Dritten (deutsche Civilprozeßordnung § 690 Abs. 3) und abgesehen selbstverständlich von Einwendungen gegen die Art und Weise der Exekution selbst und gegen die Vollstreckbarkeit des Urteils, unter Umständen gehemmt werden durch Verfügungen im Rechtsmittelverfahren (vgl. deutsche Civilprozeßordnung §§ 657. 647), durch Einreden, welche den im Urteile festgesetzten Anspruch betreffen, aber prinzipiell nur dann, wenn diese Einreden erst nach dem Urteile erwachsen sind (z. B. es wird nachherige Zahlung behauptet). (Vgl. deutsche Civilprozeßordnung § 686.) Die deutsche Civilprozeßordnung verweist hier den Schuldner auf den Weg einer bei dem Prozeßgerichte erster Instanz zu erhebenden besonderen Klage. Bei sofortiger Liquidität (über deren Erfordernisse vgl. deutsche Civilprozeßordnung § 691) hat der Vollstreckungsbeamte ohne weiteres seine Thätigkeit einzustellen bezw. zu beschränken.

XI. Die Rechtsmittel.

§ 44. Verschiedene Arten der Rechtsmittel. Endurteile müssen ihrer Natur nach einseitiger Abänderung durch den Richter, der sie erließ, entzogen sein[3]. Eine andere Frage aber ist, ob sie überhaupt unabänderlich oder unaufhebbar sein sollen. Die Abänderung oder Aufhebung auf besonderen Antrag in einem besonderen Verfahren (Rechtsmittel), welches dieselbe nicht als schrankenloses Ermessen oder Willkür des Richters, sondern als einen Teil der Rechtspflege selbst erscheinen läßt, kann gegründet werden 1. auf die Rücksicht, daß ohne Verschulden der benachteiligten Partei dem Richter ein unvollständiges

---

[1] Bestätigt in § 798 der deutschen Civilprozeßordnung: „Der persönliche Sicherungsarrest findet nur statt, wenn er erforderlich ist, um die gefährdete Zwangsvollstreckung in das Vermögen des Schuldners zu sichern." § 2 des Gesetzes von 1868 ist dadurch ersetzt. Vgl. Einführungsgesetz zur deutschen Civilprozeßordnung § 13 1.

[2] Soeben (Dezember 1889) ist ein Entwurf einer (deutschen) Grundbuchordnung und eines (deutschen Reichs-) Gesetzes über die Zwangsvollstreckung in das unbewegliche Vermögen erschienen.

[3] Der sogenannte Thatbestand, nicht der entscheidende Teil kann nach der deutschen Civilprozeßordnung auf Antrag der Parteien berichtigt werden (§ 291); ein Urteil, welches über einen Anspruch oder Nebenanspruch nicht mit entschieden hat, kann nach § 292 ergänzt werden, beides auf Antrag innerhalb einwöchiger Frist. Die Berichtigung von Schreib-, Rechnungsfehlern und dgl. offenbaren Unrichtigkeiten ist keine Änderung des Sinnes, sondern nur des Ausdrucks, daher zulässig (deutsche Civilprozeßordnung § 290). Eine früher von der Praxis des gemeinen Rechts und Partikularrechten zugelassene Deklaration des Urteils durch das Gericht, von dem das Urteil ausging, kennt die deutsche Civilprozeßordnung nicht.

oder verfälschtes Material der Entscheidung vorgelegt war (Restitution, Wiedereinsetzung in den vorigen Stand), oder 2. auf den Umstand, daß in dem Urteile oder in dem Verfahren, auf welchem letzteres ruht, ein offensichtlicher Fehler begangen wurde; denn wenn auch, wie bemerkt, das Urteil gelten muß, selbst in dem Falle, daß es materiell unrichtig ist — schon deshalb, weil man nie wissen würde, ob ein folgendes Urteil wirklich richtiger wäre als das frühere —, so kann die Ermächtigung zum Urteilen dem Richter doch nur innerhalb gewisser Schranken gegeben sein: der Richter kann nicht geradezu gegen den klaren Buchstaben des Gesetzes urteilen dürfen, und wenngleich nicht jeder Verstoß gegen eine vielleicht nur nützliche Kautel des Gesetzes Ungültigkeit einer Handlung des Richters oder der Partei herbeiführt, so können doch gewisse Verstöße die Bedeutung haben, daß man sagen muß: hier liegt eben nur der Schein eines richterlichen Urteils und Verfahrens vor; das eine und beziehungsweise auch das andere ist juristisch sogut wie nicht vorhanden, nichtig. Es wird also entweder den Parteien gestattet sein, ein Urteil in gewissen Fällen als nichtig zu behandeln, wo es ihnen eben hierauf ankommt, oder aber, in einem besonderen Verfahren das Urteil als nichtig darzustellen, auf die Nichtigkeit gewissermaßen zu klagen. Endlich aber kann 3. die Rücksicht maßgebend sein, daß man ohne weiteres dem neuen Urteile oder dem neuen Richter ein besseres Urteil als dem ersteren zutraut, entweder wegen dessen persönlicher Qualifikation oder weil man annimmt, daß er als zweiter, Kritik übender Richter eine bessere Entscheidung treffen werde (Appellation und verwandte Rechtsmittel).

Während die beiden ersten Rücksichten gewissermaßen naturwüchsige sind, die unter 1 aufgeführte doch wenigstens auf eine natürliche Billigkeit in außerordentlichen Fällen gegründet werden kann, ist die Rücksicht unter 3 eine mehr künstliche. Wenn man auch zugeben muß, daß Rechtsmittel und höhere Instanzen bei mehr entwickelter Kultur und lebhafterem Rechtsverkehre notwendig sind und insbesondere schon deshalb notwendig sind, weil sie geeignet sind, die Gerichte bei deren großer Machtvollkommenheit vor Willkür zu bewahren und zugleich durch das Eingreifen umfassender Centralinstanzen eine gewisse Einheitlichkeit der Rechtspflege, welche der Sicherheit des Rechtslebens förderlich ist, zu garantieren, so erdrücken doch zu ausgedehnte und gehäufte Rechtsmittel das beste Recht nicht selten unter Kosten und Verzögerungen und schmälern das Ansehen der Richter und der Rechtspflege. Nicht immer verbürgt eine höhere Instanz, auf welche eine irgend unzufriedene Partei provozieren kann, ein besseres Urteil[1]. Vielleicht kann man wenigstens sagen, daß die Frage, ob aus Rücksicht 3 ein Rechtsmittel zu gewähren sei, mehr als Frage der Gerichtsverfassung denn als Frage des Verfahrens erscheine, da es eben auf Persönlichkeit und Zahl der erkennenden Richter ankommt, und wenn man den Entwicklungsgang des positiven Rechts betrachtet, so wird man nicht verkennen, daß mancherlei ebensowohl außerhalb wie innerhalb des Prozeßrechts liegende Umstände zur Ausbildung des Rechtsmittelsystems in dieser oder jener Weise beitragen, manches also in Wahrheit doch nur mehr zufällig ist, was die gemeine Meinung als notwendig für die Justiz erachtet. Ein schriftliches Verfahren, ein mehr an Beweisregeln gebundenes Beweisrecht führen zu einem anderen Rechtsmittelsystem als ein mündliches Verfahren und eine freie Beweiswürdigung; eine Beamtenjustiz strebt nach einer anderen Abstufung der Instanzen als eine auf der Mitwirkung des Volkes selbst ruhende Justiz.

Das positive Recht kann übrigens verbinden und verbindet oft die oben hervorgehobenen **drei verschiedenen möglichen Gründe** eines Rechtsmittels. So kann z. B. ein zunächst aus dem Grunde 3 gegebenes Rechtsmittel der Partei auch Gelegenheit geben, ihre Sache vollständiger vorzutragen, und die Aufdeckung gewisser Fehler des Urteils kann einem höheren Richter anvertraut sein, bei dem man eine bessere Rechtskenntnis voraussetzt. Äußerlich aber tritt die mögliche Mannigfaltigkeit besonders in folgenden Punkten hervor, die dann auch üblichermaßen zu Einteilungen der Rechtsmittel benutzt sind. a. Es giebt **devolu=**

---

[1] Ulpian (l. 1 D. de appellationibus 49, 1) sagt mit Recht: „Appellandi usus quam sit frequens quamque necessarius, nemo est qui nesciat, quippe quum iniquitatem iudicantium vel imperitiam recorrigat, licet nonnumquam bene latas sententias in peius reformet; neque enim utique melius pronunciet, qui novissimus sententiam laturus est."

tive, an einen anderen höheren Richter gehende Rechtsmittel und **nicht devolutive**: wo wesentlich ein Irrtum der Partei das Rechtsmittel begründet, ist auch ein devolutiver Charakter des Rechtsmittels nicht angezeigt. b. Es giebt **ordentliche** und **außerordentliche** Rechtsmittel in dem Sinne, daß erstere binnen bestimmter **kurzer Frist** eingelegt werden müssen, und außerordentliche, bei denen solche kurze Fristen nicht bestehen. Denn wie die Einführung von Fristen im Interesse der Rechtssicherheit sich überhaupt für die Einlegung von Rechtsmitteln empfiehlt, so ist dies insbesondere bei solchen Rechtsmitteln der Fall, deren Voraussetzungen verhältnismäßig lax sind, also namentlich bei Rechtsmitteln, die mehr oder weniger der Klasse 3 angehören[1]. c. Endlich giebt es **suspensive** Rechtsmittel, welche den Fortgang des angegriffenen Verfahrens, namentlich auch die wirkliche Zwangsvollstreckung hemmen, und nicht suspensive. Die erstere Wirkung muß einem Rechtsmittel um so mehr beigelegt werden, je weniger besondere, schwer zu begründende Voraussetzungen dasselbe hat, je mehr es daher als dem ordentlichen Gange der Rechtspflege angehörig betrachtet wird, und je kürzere Fristen seiner Geltendmachung bestehen.

§ 45. Geschichtliche Entwicklung. Im älteren römischen Rechte war das Rechtsmittelsystem ein sehr einfaches und beschränktes. Es bestand nur eine Restitution wegen entschuldbaren Irrtums, Minderjährigkeit u. s. w., und außerdem konnte mittels der Revocatio in duplum die Partei die juristische Existenz des Urteils leugnen. Im späteren römischen Rechte finden wir dagegen ein ausgedehntes, in dem Kaiser gipfelndes System der Appellation, und diese letztere hat dann der römisch-kanonische und später der gemeine Prozeß als das wichtigste Rechtsmittel aufgenommen (Appellation und Oberappellation).

Die Appellation war im gemeinen Rechte das ordentliche devolutive und regelmäßig suspensive Rechtsmittel, welches auf irgend eine dem Appellanten zugefügte Beschwerde gestützt werden konnte, so daß es genügte, wenn der Oberrichter eben eine andere Ansicht hatte als der Unterrichter, sollte es dabei auch nicht auf eine bestimmte Rechtsregel, sondern nur auf richterliches Ermessen ankommen. Doch trat im gemeinen Rechte durch die nur unter Beschränkungen (Ableistung eines Kalumnieneides, des sogenanten Noveneides) erfolgende Zulassung neuer Thatsachen und Beweise und noch mehr in manchen Partikularrechten durch Ausschließung der nova überhaupt (namentlich bei der Oberappellation) der kritische Charakter des Rechtsmittels schärfer hervor, und in Gemäßheit des im gemeinen Prozesse schärfer als im römischen gehandhabten Verhandlungsprinzips wurde der Oberrichter auch bestimmt beschränkt auf die Beurteilung der einzelnen Beschwerdepunkte, so daß nicht angefochtene Punkte seiner Entscheidung entzogen blieben. Die Appellation an die Reichs- und höchsten Landesgerichte wurde aber, um diese Gerichte vor Geschäftsüberhäufung zu schützen, an das Vorhandensein einer bestimmter Wertsumme (summa appellabilis) gebunden; wo hiernach die Appellation nicht Platz griff, halfen andere der Appellation nachgebildete, aber nicht devolutive Rechtsmittel aus, wobei die Akten an auswärtige Fakultäten und Spruchkollegien zur Abgabe des Urteilsspruchs gesandt wurden (Revision, Supplikation)[2].

Sodann war bereits im Mittelalter eine besondere **Klage auf Nichtigkeitserklärung** eines Urteils aufgekommen, wie jede gewöhnliche Klage behandelt und auch erst wie diese in 30 Jahren verjährend. Die Mißbräuche, welche in dem formalistischen Prozesse des Mittelalters mit diesem Rechtsmittel getrieben wurden, veranlaßten statutarische Beschränkungen und endlich in den Reichsgesetzen (Jüngster Reichsabschied §§ 151. 122) die Bestimmung, daß sogenannte heilbare Nichtigkeiten (nullitates sanabiles), d. h. Nichtigkeiten, welche sich nicht auf die Verletzung des ius naturale (d. h. der allgemein notwendigen Grundlagen eines jeden rechtlichen Verfahrens), sondern nur auf Verletzung eines **positiven** Rechtssatzes gründeten, an die zehntägige Appellationsfrist gebunden sein sollten, so

---

[1] In einem anderen innerlich verwandten Sinne nennt man ordentliche Rechtsmittel solche, die immer ohne weitere Voraussetzungen gebraucht werden können, außerordentliche solche, bei denen ein Fehler oder Mangel besonderer Art dem Angriffe auf Urteil oder Verfahren zum Grunde liegen muß.

[2] Eine abweichende Stellung nahm das frühere nichtdevolutive partikuläre Rechtsmittel der Läuterung ein.

daß es zweifelhaft erscheint, ob nach gemeinem Rechte noch eine sogenannte heilbare Nichtigkeitsbeschwerde als besonderes Rechtsmittel existierte, letztere nicht vielmehr einzig auf den Weg der Appellation verwiesen war[1].

Neben der Appellation und Nichtigkeitsquerel kannte aber der gemeine Prozeß ebenso wie der römische das Rechtsmittel der **Restitution** gegen rechtskräftige Erkenntnisse wegen Minderjährigkeit, Irrtums (namentlich wegen neu aufgefundener Beweismittel u. s. w.), wenn in Anlaß dieser besonderen Umstände der Prozeß nachteilig für die Partei geführt und entschieden war, und endlich das Rechtsmittel der **Beschwerde** an das höhere Gericht, einzulegen von Personen, gegen welche der Richter seine Disciplinargewalt unrichtig angewendet hatte, (z. B. auch von Zeugen) und von den Parteien dann, wenn sie noch nicht mit dem Gegner, sondern mit dem Richter über erst vorzunehmende Schritte streiten[2].

Das heutige französische Recht kennt als regelmäßiges Rechtsmittel die Appellation (aber keine zweite Stufe derselben, keine Oberappellation), diese aber mit vollkommener Freiheit neuen Vorbringens, sofern nur nicht eine neue Klage vorgebracht wird, und Nichtigkeitsklage und Restitution des gemeinen Rechts sind zusammengefaßt in der (nichtdevolutiven) Requête civile. Daneben aber kennt das französische Recht noch den Pourvoi en cassation, Nichtigkeitsbeschwerde an den obersten Gerichtshof. Ursprünglich ein Mittel, angebliche Gesetzesverletzungen in den einem weiteren Rechtszuge nicht unterliegenden Urteilen der früheren höchsten Gerichtshöfe (Parlamente) durch die königliche Gewalt (Conseil des parties, Abteilung des Conseil du roi) zunächst im öffentlichen Interesse zu beseitigen, ist diese nicht suspensive und gegenüber der Requête civile nur subsidiäre Nichtigkeitsbeschwerde gegen Urteile, welche der Appellation nicht unterliegen, nicht bestimmt, den Parteien unmittelbar ein Urteil in der Streitsache selbst zu verschaffen. Die Sache geht vielmehr, wenn Kassation ausgesprochen wird, an ein Untergericht zurück, und auch dieses ist nicht einmal unmittelbar rechtlich an die ausgesprochene Rechtsansicht des Kassationshofs, welcher wegen Gesetzesverletzungen kassiert, gebunden. Doch hat sich dieses Rechtsmittel vortrefflich bewährt, um einerseits die Rechtseinheit in dem großen Lande praktisch zu erhalten, andererseits doch den einzelnen Gerichten die nötige Freiheit der Entscheidung zu belassen und die Entscheidungen des Kassationshofs einen hohen wissenschaftlichen Wert behaupten zu lassen.

Schon die neuere partikulare deutsche Gesetzgebung hatte das gemeinrechtliche Rechtsmittelsystem zum Teil erheblich umgestaltet. Die Mündlichkeit des Verfahrens verträgt nicht wohl mehrere vollständige Instanzen. So hatten die auf Mündlichkeit basierenden Gesetze (z. B. die hannoversche, württembergische, bayerische Prozeßordnung) nur eine einmalige Appellation (Berufung), diese aber freilich mit unbeschränkter Zulassung neuer Thatsachen und Beweise, wie dies, wenn einmal Appellation auch über die Beweisfrage bestehen soll, dem Prinzipe der Mündlichkeit entspricht. Für das Rechtsmittel an den obersten Gerichtshof aber hatte mehr oder weniger die französische Kassation zum Vorbilde gedient[3]; nur hatte man sie meistens mehr zu einem ordentlichen Rechtsmittel an den obersten Gerichtshof wesentlich gegen Gesetzesverletzungen im Verfahren und in den Urteilen der Appellationsgerichte gemacht und ließ deshalb auch unter Umständen den obersten Gerichtshof in der Sache selbst unmittelbar erkennen. Indes kann nicht jeder Fehler im Verfahren auch Anfechtbarkeit des auf das Verfahren ergangenen Urteils bewirken; dies würde leicht eine ungeheure Verschleppung der Justiz ohne reellen Nutzen herbeiführen. Nicht jeder Fehler im Verfahren wirkt auf das Urteil ein, und das reelle Interesse der Partei liegt allein in dem Ergebnisse des Urteils. Die Gesetzgebung hat also entweder selbst diejenigen Fehler in ab-

---

[1] Unheilbar nichtig ist z. B. der Prozeß, wenn der Grundsatz des beiderseitigen Gehörs verletzt ist, wenn eine handlungsunfähige Partei prozessiert hat, wenn der Richter keine Zuständigkeit besaß u. s. w. Auch sogenannte unheilbare Nichtigkeiten können später (namentlich durch Verzicht, Ratihabition der Partei) geheilt werden.

[2] Dahin gehört auch die Beschwerde wegen verweigerter oder verzögerter Justiz. Über erstere ist jetzt nach Art. 77 der deutschen Reichsverfassung der deutsche Bundesrat eventuell höchste Instanz.

[3] Die preußische Gesetzgebung hatte in größeren Sachen eine beschränkte Oberappellation (Revision), in anderen die Nichtigkeitsbeschwerde. Am genauesten schloß sich dem französischen Rechte auch hier die bayerische Prozeßordnung an.

stracto zu bezeichnen, denen eine das Urteil beeinflussende Wirkung zugeschrieben wird, und dies ist das System des französischen Rechts, oder aber nach **den Umständen des einzelnen Falles** von dem über die Nichtigkeitsbeschwerde (Revision) urteilenden Gerichte ermessen zu lassen, ob ein solcher Einfluß möglich erscheint. Die deutsche Civilprozeßordnung hat sich mit Recht für das letztere, an sich rationellere System entschieden, jedoch in § 513 eine Reihe von Verstößen des Verfahrens aufgeführt, bei deren Vorhandensein **stets** Nichtigkeit (Anfechtbarkeit mittels Revision) des Urteils eintritt; einerseits werden der Praxis damit einige Anhaltspunkte geliefert, und andererseits giebt es auch Anfechtungsgründe, welche zugleich im öffentlichen Interesse liegen, weil die verletzte Norm des Verfahrens nicht sowohl im Interesse der einzelnen Partei als vielmehr im Interesse der gesamten Rechtspflege besteht (zu den letzteren Rechtsnormen gehört der Grundsatz der Öffentlichkeit [deutsche Civilprozeßordnung § 513 Nr. 6]).

§ 46. Rechtsmittelsystem der deutschen Civilprozeßordnung. Die deutsche Civilprozeßordnung hat, wie bereits oben bemerkt, die Berufung gegen Endurteile erster Instanz[1] sowohl der Kollegialgerichte wie der Einzelrichter beibehalten und zwar ohne Rücksicht auf den Wert der Streit- oder Beschwerdesumme in allen Sachen. Die Berufungsinstanz ist nach der deutschen Civilprozeßordnung ein fast vollkommen neues iudicium über die in erster Instanz erhobene Klage, so daß nova, neue Angriffs- und Verteidigungsmittel wie Beweismittel[2] unbeschränkt geltend gemacht werden können, aber freilich eine Klageänderung als unzulässig selbst von Amts wegen gerügt werden muß, in erster Instanz unterbliebene oder verweigerte Parteierklärungen nachgeholt werden können, ausdrückliche Geständnisse, Erklärungen über Annahme oder Zurückschiebung eines Eides aber bei Kraft bleiben (§§ 487 ff.). Und formell erscheint der Idee der oberen Instanz und dem von letzterer innezuhaltenden Gesichtspunkte der Kritik entsprechend das Urteil erster Instanz als das Angriffsobjekt der Parteien (§ 498): die Parteien haben keinen Grund zur Beschwerde, wenn ihnen das Urteil erster Instanz nicht Nachteil zugefügt hat; die Berufung muß also in letzterem Falle verworfen werden. Aus dem Prinzipe der Einheitlichkeit des Verfahrens folgt dabei der zwar in der deutschen Civilprozeßordnung nicht allgemein, aber doch speciell für jedes Rechtsmittel, welches gegen ein Endurteil stattfindet, ausgesprochene, also in Wahrheit für alle Rechtsmittel gültige Satz (§§ 473. 510. 546), daß der Anfechtung mittels des gegen das Endurteil erhobenen Rechtsmittels auch der allgemeinen Regel nach diejenigen Entscheidungen des Gerichts mit unterliegen, welche dem Endurteile vorausgegangen sind.

Das Verfahren in der Berufungsinstanz ist im wesentlichen dem Verfahren erster Instanz konform. Die Berufung wird wie eine Klage (durch Behändigung eines Schriftsatzes) erhoben (§ 479), und ebenso wie die Klagschrift hat auch die Berufungsschrift eine doppelte Funktion und verschiedene Erfordernisse, je nachdem sie als Schrift aufgefaßt wird, welche die Berufungssache anhängig macht, und je nachdem sie als vorbereitender Schriftsatz betrachtet wird. Das Berufungsgericht hat der allgemeinen Regel nach den Rechtsstreit durch Endurteil zu erledigen, nicht ihn wieder in die erste Instanz zur Fortsetzung zu verweisen (§§ 499. 500).

Die **Beschwerde** der deutschen Civilprozeßordnung (§§ 530 ff.) ist einerseits eine Berufung in abgekürzter schriftlicher Form gegen Zwischenverfügungen, soweit wegen solcher eine zweite Instanz mittels besonderen Rechtsmittels beschritten werden kann, und gegen solche Entscheidungen, die ein Parteigesuch ohne vorgängige mündliche Verhandlung zurückweisen; denn die Berufung setzt eine Entscheidung nach vorgängiger mündlicher Verhandlung voraus, und doch könnte z. B. einer Partei durch eine irrige Verfügung, welche es gar nicht zu mündlicher Verhandlung kommen läßt, geradezu die Rechtsverfolgung genommen

---

[1] Nur die Versäumnisurteile können der allgemeinen Regel nach (§ 474 Abs. 1, Ausnahme daselbst Abs. 2) mit der Berufung nicht angefochten werden. Der Kontumazierte ist zunächst auf den Weg des Einspruchs verwiesen.

[2] Daß prozeßhindernde Einreden der Regel nach nicht mehr geltend gemacht werden können (§ 490), ergiebt sich aus deren Wesen (wenn die Partei in erster Instanz zur Sache verhandelt hat) bezw. aus der auch in erster Instanz (§ 247 Abs. 1) hier angewendeten Eventualmaxime.

werden. Da der Regel nach die Zwischenverfügungen und Vorbescheide der Gerichte durch diese selbst abgeändert werden können, so kann das Gericht selbst, dessen Verfügung mittels der Beschwerde angegriffen wird, wenn es der Ansicht des Beschwerdeführers später beitritt, der Beschwerde abhelfen, und deshalb ist auch die Beschwerde der Regel nach an die Innehaltung einer Frist nicht gebunden. Davon machen indes die Fälle der sogenannten **sofortigen**, d. h. innerhalb einer Frist von zwei Wochen geltend zu machenden Beschwerde eine Ausnahme. Andererseits vertritt die Beschwerde die gemeinrechtliche sogenannte querela simplex, die in denjenigen Fällen Platz greift, in denen die Partei oder ein Dritter, z. B. ein Zeuge, Sachverständiger, nicht sowohl mit der Gegenpartei als mit dem Richter wegen Anwendung der richterlichen Zwangs= oder Disciplinargewalt einen Streit führt. Beschwerden über **Justizverweigerung und Justizverzögerung**, welche, wie zur Zeit des ehemaligen deutschen Bundes in letzter Instanz an die Bundesversammlung, so jetzt nach Art. 77 der Verfassung des Deutschen Reichs in letzter Instanz an den deutschen Bundesrat gerichtet werden können, sind aber durch die Reichsjustizgesetzgebung auf den Weg der Beschwerde der deutschen Civilprozeßordnung nicht verwiesen, vielmehr, abgesehen von jener Bestimmung der Reichsverfassung, der landesgesetzlichen Regelung überlassen. Nach dem preußischen Ausführungsgesetze zum deutschen Gerichtsverfassungsgesetz §§ 85. 77. 78 gehören sie zum Ressort des Justizministers und bezw. der Gerichtsvorstände.

Die **Revision** der deutschen Civilprozeßordnung (und auch des österreichischen Entwurfs) ist in Wahrheit nichts anderes als eine erweiterte Nichtigkeitsbeschwerde des modernen Rechts. Nur die Verletzung einer Rechtsnorm (§§ 511. 512) (nicht nur einer Gesetzesvorschrift) sowohl im Verfahren wie im Urteil begründet das Rechtsmittel; aber die gesamte Subsumtion des thatsächlich Festgestellten unter einem Rechtssatz (beziehungsweise Nichtsubsumtion) gehört auch dahin, sofern nur das höhere Gericht sie als einen juristischen Fehler und nicht etwa als nach konkreten Erwägungen mögliche Auffassung zu bezeichnen vermag[1]. Hiernach könnte man versucht sein, die Revision als auf den Rechtspunkt beschränkte Berufung zu bezeichnen. Allein dabei würde die wichtige Beschränkung unbeachtet bleiben, daß, wenn der Fehler in der Beurteilung des Materials liegt und nicht etwa in dem Verfahren, welches dem Urteile vorausgeht und welches voraussichtlich einen Einfluß auf die Bildung des letztern gehabt haben kann, jener Fehler aus den Feststellungen des Urteils selbst hervorgehen muß, ein Zurückgehen auf die Verhandlungen selbst, um den Fehler zu konstatieren, zur Begründung der Revision ausgeschlossen ist; denn nach dem Mündlichkeits=, richtiger Unmittelbarkeitsprinzipe dürfen thatsächliche oder Beweisfeststellungen nie auf Grund bloßer Protokolle, schriftlicher Aufzeichnungen erfolgen, und eine neue mündliche Verhandlung über den Rechtsstreit selbst soll die Revision nicht sein. Die Revision soll vielmehr nur dazu dienen, den Parteien die richtige Anwendung des Rechts nicht mit Rücksicht auf die wirkliche Sachlage, wohl aber mit Rücksicht auf die in der Berufungsinstanz gleichsam krystallisierte Sachlage zu garantieren. Und hier macht sich nach den Bestimmungen der deutschen Civilprozeßordnung der ursprünglich der französischen Kassation angehörende Gedanke der Aufrechterhaltung der Rechtseinheit in eigentümlicher und gebrochener — vielleicht nicht gerade besonders glücklicher — Weise geltend. Die Verletzung von Rechtsnormen, die nur einen geringen territorialen Geltungsbereich haben, wollte man ausschließen, da eben die Revision der Aufrechterhaltung der Rechtseinheit dienen sollte. So sind die Entscheidungen der Oberlandesgerichte der Revision dann entzogen, wenn die verletzte Rechtsnorm nur in dem Bezirke des betreffenden Oberlandesgerichts gilt. § 511 bestimmt: „Die Revision kann nur darauf gestützt werden, daß die Entscheidung auf der Verletzung eines Reichsgesetzes oder eines Gesetzes, dessen Geltungsbereich sich über den Bezirk des Berufungsgerichts hinaus erstreckt[2], beruhe". Der Gedanke,

---

[1] Verletzung eines Gesetzes im eigentlichen Sinne ist nicht erforderlich. Gesetz ist hier nach § 512 gleichbedeutend mit Rechtsnorm.
[2] Der österreichische Entwurf § 517 4 sagt, die Revision könne begehrt werden, wenn das Urteil auf einer unrichtigen rechtlichen Beurteilung der Sache beruhe (Entw. v. 1881 § 520 4).

welcher dem Gesetzgeber maßgebend erschienen war, hatte indes hierin nur einen ungenügenden Ausdruck gefunden, und so war denn im Einführungsgesetze § 6 eine Modifikation durch kaiserliche (dem Reichstage zur Genehmigung vorzulegende) Verordnung vorgesehen. Dieselbe erschien in der Verordnung vom 28. September 1879. Hier ist einerseits die Verletzung von Rechtsnormen des gemeinen und des französischen Rechts der Regel nach auch dann als Revisionsgrund anerkannt, wenn der Geltungsbereich der einzelnen Bestimmung sich nicht über den Bezirk des Berufungskreises hinaus erstreckt; andererseits ist für die norma revisibilis — so darf man vielleicht sagen! — ein Bereich der Geltung für den ganzen Umfang mindestens zweier deutscher Bundesstaaten oder zweier Provinzen Preußens oder einer preußischen Provinz und eines andern Bundesstaates verlangt, sodann aber eine Reihe von Specialbestimmungen (auch mit Rücksicht auf einzelne Bundesstaaten) getroffen, durch welche jene Grundsätze für einzelne Gesetze teils deklariert, teils durchbrochen werden[1]. Urteile, welche in erster Instanz von den Amtsgerichten erlassen sind (Berufungsurteile der Landgerichte), sind mittels der Revision nicht anfechtbar, und außerdem wird bei vermögensrechtlichen Ansprüchen die höchst bedeutende Beschwerdesumme von 1500 Mark gefordert, d. h. die Partei muß nachweisen, daß, wenn das Urteil in dem von ihr mittels der Revision geltend gemachten Sinne ergangen wäre, ihr gegenüber dem angefochtenen Urteile eine Vermögensdifferenz von mindestens 1500 Mark erwachsen sein würde. Das Verfahren in der Revisionsinstand ist im ganzen dem Berufungsverfahren konform. Die Anträge der Parteien (deutsche Civilprozeßordnung § 522) bezeichnen auch hier die Grenzen der möglichen Thätigkeit des Revisionsgerichts. Aber diese Thätigkeit ist, weil das Revisionsgericht nicht Beweise über die Streitsache selbst wie die erste oder die Berufungsinstanz aufnehmen soll (möglicherweise allerdings Beweise über die Verletzung von Rechtsnormen des Verfahrens), insofern eine beschränktere, als nur dann, wenn entweder das in der früheren Instanz festgestellte Sachverhältnis rechtlich anders beurteilt wird, oder wenn die Aufhebung des Urteils wegen Unzuständigkeit des Gerichts oder wegen Unzulässigkeit des Gerichts erfolgt, das Revisionsgericht ein anderes Urteil an die Stelle des aufgehobenen setzen darf: in anderen Fällen wird zur anderweiten Verhandlung und Entscheidung an das Berufungsgericht zurückverwiesen, und letzteres ist für diesen Fall an die ausgesprochene Ansicht des Revisionsgerichts gebunden.

Während Berufung und Revision nach der deutschen Civilprozeßordnung ordentliche (regelmäßig) suspensive und devolutive Rechtsmittel sind, kennt die deutsche Civilprozeßordnung in Übereinstimmung mit dem früheren gemeinen Rechte noch eine Nichtigkeitsklage und eine Restitutionsklage als außerordentliche, nicht (regelmäßig) suspensive und nicht devolutive Rechtsmittel[2]. Beide werden (vgl. §§ 541 ff.) auch unter dem gemeinsamen Namen der Wiederaufnahme des Verfahrens zusammengefaßt und, was das Verfahren betrifft, auch durch dieselben Vorschriften geregelt (§§ 548 ff.), auch der Regel nach, die freilich durch mehrfache Ausnahmen durchbrochen wird (§ 547), bei dem Gerichte, welches in erster Instanz erkannt hat, angebracht. Die einzelne Fälle, in denen diese Rechtsmittel stattfinden, sind jedoch in der deutschen Civilprozeßordnung dem früheren gemeinen Rechte gegenüber genauer festgestellt, und die Restitutionsklage hat, was von besonderer praktischer Wichtigkeit ist, die der Rechtssicherheit höchst förderliche Einschränkung erfahren, daß sie nicht mehr auf Minderjährigkeit oder eine andere privilegierte Stellung bestimmter Personen (welche z. B. nach Partikularrecht den Minderjährigen gleichgestellt wurden) gestützt werden kann. Das Verfahren bei beiden Wiederaufnahmeklagen ist das gewöhnliche Prozeßverfahren; ob eine getrennte Verhandlung über die Zulässigkeit der Wiederaufnahme oder eine Kombination dieser Verhandlung mit derjenigen über die Hauptsache stattfindet, hängt vom Ermessen des Gerichts ab. Gegen das Urteil des Restitutionsgerichts finden die sonst gegen Urteile dieses

---

[1] So heißt es z. B. im § 3: „Die Revision kann nicht gestützt werden auf die Verletzung von Gesetzen des Lehnrechts". — Vgl. auch Reichsgesetz v. 24. Juni 1886.
[2] Nach der Terminologie der deutschen Civilprozeßordnung sind Nichtigkeits- und Restitutionsklagen nicht Rechtsmittel. Die deutsche Civilprozeßordnung versteht unter Rechtsmitteln nur Anfechtung einer noch nicht rechtskräftigen Entscheidung vor einem höheren Richter.

Gerichts zulässigen Rechtsmittel statt, wie dies auch nach dem früheren gemeinen Rechte der Fall war. —

Das englische Common-law-Verfahren kennt neben der Restitution (wegen Error in facto), soweit eine Jury über den Beweis entscheidet, nur eine Aufhebung des Urteils (Verdiktes) wegen Verletzung eines Rechtssatzes (Error in law); aber hierher wird auch gerechnet nicht zwar eine einfach unrichtige Beurteilung des Beweises, wohl aber die Zulassung von nach dem Law of evidence verwerflichen Beweisen und der Fall, daß die Beweisgrundlage des Urteils nach dem Law of evidence eine durchaus unsichere ist. In solchen Fällen tritt eine andere Beweisverhandlung und Entscheidung durch eine andere Jury ein. (Vgl. die Supreme Court of Judicature Acts vom 5. August 1873, 36 et 37 Vict. c. 66, und vom 11. August 1875, 38 et 39 Vict. c. 77.)

Der österreichische Entwurf von 1876 (vgl. §§ 516. 475) will, abgesehen von den vor den Bezirksgerichten (weniger förmlich) verhandelten geringfügigeren Sachen, eine zweite Instanz über die Beweisfrage nur gestatten, sofern das Gericht erster Instanz seinen Ausspruch über die Herstellung des Beweises ausschließlich auf Beweismaterial in schriftlicher Form gegründet hat (1881, §§ 519. 478).

Litteratur über die Reform des Instanzenzuges in Deutschland s. oben III. a. E. Außerdem: Bähr, Das Rechtsmittel zweiter Instanz im deutschen Civilprozeß. 1871; Reulings Gutachten (in den oben III. a. E. citierten Gutachten des deutschen Anwaltvereins); Bar in Behrends Zeitschr. f. deutsche Gesetzgebung. 1872. S. 160 ff.; John, Der höchste Reichsgerichtshof, ebenda 1873; Bar, Das deutsche Reichsgericht, in v. Holtzendorffs und Onckens Zeit- und Streitfragen. Heft 60 (1875). — Über den französischen Kassationshof vgl. besonders: Tarbé, Cour de Cassation, Lois et réglements à l'usage de la Cour de cassation. Paris 1840; v. Harrasowsky, Die Rechtsmittel im Civilprozeße nach dem gegenwärtigen Stande der Gesetzgebung. Wien 1879 (wichtig für vergleichende Jurisprudenz). — Specialschriften über die Rechtsmittel der deutschen Civilprozeßordnung: Eccius, Die Revisionsinstanz und das Landesrecht nach der Verordn. vom 28. Sept. 1879. 1880 (Separatabdruck aus Gruchots Beiträgen); v. Kries, Die Rechtsmittel des Civilprozesses und Strafprozesses nach den deutschen Reichsgesetzen. 1880; Barazetti, Die Rechtsmittel der Berufung und der Beschwerde nach der deutschen Reichscivilprozeßordnung. 1882.

XII. Besondere Arten des Verfahrens.

§ 47. Schriftliches Vorverfahren in Rechnungsprozessen u. s. w.; Verfahren in Ehesachen; amtsgerichtliches Verfahren; schiedsrichterliches Verfahren. Manche Rechtsstreitigkeiten fordern, wenn auch der allgemeinen Regel nach eine freie mündliche Verhandlung vorzuziehen ist, eine weitergehende schriftliche Vorbereitung. So kennt auch der französische Prozeß ein derartiges Verfahren, wenn es sich um Ablage einer Rechnung handelt. Die deutsche Civilprozeßordnung hat dieses Bedürfnis anerkannt, aber mit Recht den Kreis derjenigen Sachen, in welchen ausnahmsweise ein schriftliches Vorverfahren von anderer Bedeutung als der gewöhnliche vorbereitende Schriftenwechsel stattfindet, enge begrenzt. Das besondere schriftliche Vorverfahren findet nur statt, wenn durch eine Vermögensauseinandersetzung oder durch eine Rechnung eine erhebliche Anzahl von streitigen Ansprüchen (oder streitigen Erinnerungen gegen ein Inventar) in einen Gesamtprozeß verflochten werden (deutsche Civilprozeßordnung §§ 313 ff.). Aber auch dann ist der Prozeß durchaus in der gewöhnlichen Weise zu beginnen, und erst wenn die etwa vorgebrachten prozeßhindernden Einreden erledigt sind, kann das Gericht nach seinem Ermessen das vorbereitende Verfahren anordnen. Dasselbe besteht in der Feststellung zu Protokoll (vor einem Richter-Kommissar) der streitigen Ansprüche, der Angriffs- und Verteidigungsmittel, Beweismittel und Beweiseinreden, und zwar in der Bedeutung, daß in der später folgenden mündlichen Verhandlung das nicht zu Protokoll Festgestellte nicht mehr nachgeholt werden kann, es wäre denn, daß glaubhaft nachgewiesen würde, das verspätet vorgebrachte Material sei erst neu entstanden oder der Partei erst später bekannt geworden. Die schriftliche Feststellung des beauftragten Richters — einschließlich der von der Partei verwirkten Kontumazialnachteile (deutsche Civilprozeßordnung § 316) — bildet also die unverrückbare

Grundlage der späteren mündlichen Verhandlung, welche von Amts wegen angesetzt und in welcher dann nicht selten mit Teilurteilen vorzugehen sein wird. Das Beweisverfahren folgt den sonst geltenden Regeln.

2. Das Verfahren in Ehesachen betreffend, so hat das kanonische Recht, welches den Bestand oder Nichtbestand einer Ehe als eine Sache auch des öffentlichen Rechtes betrachtet, eine Reihe besonderer Vorschriften aufgestellt, durch welche das öffentliche Interesse gewahrt, die sonst im Civilprozesse in so großem Umfange geltende freie Disposition der Parteien beschränkt und mehr als in anderen Prozessen die Feststellung materieller Wahrheit unmittelbar erstrebt wird. Diesen Prinzipien ist die moderne Gesetzgebung, ungeachtet sie die kirchliche Gerichtsbarkeit ihrer bürgerlichen Wirkung entkleidet und daher Streitigkeiten über Trennung und Annulation einer Ehe — die deutsche Civilprozeßordnung § 568 sagt „Trennung, Ungültigkeit oder Nichtigkeit einer Ehe"[1] — wie über Herstellung des ehelichen Lebens den staatlichen Gerichten überwiesen hat, treu geblieben. Die Anerkennung des öffentlichen Interesses bei Ehestreitigkeiten äußert sich nach der deutschen Civilprozeßordnung namentlich a. in der Willkür der Parteien entzogenen ausschließlichen Kompetenz der Landgerichte und zwar der Regel nach des forum domicilii des Ehemanns; b. in der in allen Ehesachen möglichen Mitwirkung der Staatsanwaltschaft, welche die Klage auf Nichtigkeitserklärung einer Ehe auch selbständig erheben kann; c. in der Notwendigkeit (bei Klagen auf Scheidung und Herstellung des ehelichen Lebens) eines dem Streitverfahren vorhergehenden Sühneverfahrens; d. in der Befugnis des Gerichts, die Parteien über das Streitverhältnis persönlich zu vernehmen; e. in der Nichtanwendbarkeit derjenigen prozessualen Vorschriften, durch welche der Disposition der Partei oder ihrer contumacia ein bestimmender Einfluß auf die Glaubwürdigkeit eines Beweismittels oder auf das Schicksal des Prozesses beigelegt wird[2], weshalb denn auch durch § 577 Absatz 2 z. B. die Eideszuschiebung für unzulässig erklärt ist in Bezug auf Thatsachen, welche die Trennung, Ungültigkeit oder Nichtigkeit einer Ehe begründen sollen; f. in der Befugnis des Gerichts, zum Zwecke der Aufrechterhaltung einer Ehe selbst Thatsachen zu berücksichtigen, welche von den Parteien nicht vorgebracht sind, und von Amts wegen Beweise aufzunehmen.

3. Das amtsgerichtliche Verfahren[3] unterscheidet sich von dem landgerichtlichen, abgesehen von einigen Detailbestimmungen, dadurch, daß die Notwendigkeit der Vertretung der Partei durch einen Rechtsanwalt und damit auch der in dem landgerichtlichen Verfahren stattfindende indirekte Zwang zum Austausche vorbereitender Schriftsätze wegfällt, zu deren Ersatze das Protokollieren in ausgedehnterem Maße vom Gerichte angeordnet werden kann. Auch können Klagen in einfacherer Form erhoben werden (durch Zustellung eines vom Gerichtschreiber aufgenommenen Protokolles), und selbst so, daß die streitenden Parteien einfach freiwillig an einem Gerichtstage vor dem Gerichte erscheinen. Das Verfahren neigt wegen Wegfalls der notwendigen Anwaltsvertretung und wegen des Mangels der vorbereitenden Schriftsätze, wie auch die Erfahrung gezeigt hat, zu einer gewissen Formlosigkeit und Zersplitterung, welche letztere der Mündlichkeit (Unmittelbarkeit) Eintrag thut. Es hat aber den Vorteil, daß der persönliche Einfluß und Takt des Amtsrichters sich in weitem Umfange zur Beseitigung oder Vereinfachung von Streitigkeiten, zur Unterstützung des materiellen Rechts[4] geltend machen kann, weshalb denn auch die deutsche Civilprozeßordnung für das sogenannte Sühneverfahren (sofern nicht eben im Laufe eines bereits anhängigen Prozesses ein Sühneversuch angeordnet wird, deutsche Civilprozeßordnung § 268) ausschließlich das Amtsgericht für zuständig erklärt, vor welchem der (demnächstige) Beklagte seinen allgemeinen Gerichtsstand hat (§ 471). Dieses Sühneverfahren steht aber

---

[1] Ungültigkeit ist nach der deutschen Civilprozeßordnung vorhanden, wenn ein impedimentum dirimens privatum, Nichtigkeit, wenn ein impedimentum dirimens publicum vorliegt.

[2] Über Versäumnisurteil im Falle eines notwendigen Eides vgl. deutsche Civilprozeßordnung § 578 Abs. 4.

[3] Deutsche Civilprozeßordnung §§ 457—471.

[4] Deutsche Civilprozeßordnung § 464: „Bei der mündlichen Verhandlung hat das Gericht dahin zu wirken, daß die Parteien über alle erheblichen Thatsachen sich vollständig erklären und die sachdienlichen Anträge stellen."

nach der deutschen Civilprozeßordnung (wie schon nach den neueren partikularen Gesetzgebungen) ganz im Belieben der Parteien. Der Kläger ist nicht, wie nach französischem Rechte, gezwungen, erst einen Sühneversuch zu machen, bevor er die Klage erhebt. Der Beklagte, der nicht erscheint, erleidet auch in der Sache einen Nachteil nicht. Nur werden die Kosten des Sühneversuchs als Teil der Kosten des demnächstigen Rechtsstreites angesehen.

4. Schiedsrichterliches Verfahren. Während nach dem früheren gemeinen Rechte das Kompromiß, der Vertrag, eine Streitigkeit durch einen Schiedsrichter entscheiden zu lassen, als ein rein privatrechtlicher Vertrag über den Streitgegenstand erscheint, als ein Vergleich, dessen Inhalt allerdings erst durch den Ausspruch des gewählten Schiedsrichters bestimmt wird, hat die deutsche Civilprozeßordnung §§ 851 ff., hierin dem Code de procédure und anderen neueren Gesetzgebungen folgend, dem Schiedsspruche im wesentlichen die Bedeutung eines wirklichen, durch Berufung nicht anfechtbaren Urteils[1], dem Schiedsrichter mehr die Stellung und die Pflichten und Rechte eines Staatsrichters beigelegt, allerdings alles dies nicht vollständig. So ist nach der deutschen Civilprozeßordnung eine namentliche Bezeichnung der Schiedsrichter nicht erforderlich, und haben deshalb auch Vorschriften über Ernennung, Ablehnung und Ersatz der Schiedsrichter gegeben werden müssen (§§ 854 ff.). So ist ferner, wenngleich im allgemeinen das Verfahren von der Vereinbarung der Parteien beziehungsweise dem freien Ermessen der Schiedsrichter abhängt, den Schiedsrichtern zur Pflicht gemacht, die Parteien zu hören, und ihnen das Recht der Requisition der Gerichte behufs eidlicher Vernehmung von Zeugen und Sachverständigen beigelegt. So findet, während nach dem früheren gemeinen Rechte die Partei aus dem Schiedsspruche bei Nichterfüllen desselben im ordentlichen Verfahren zu klagen hatte, aus dem Schiedsspruche die Zwangsvollstreckung statt (freilich muß zuvor ein Vollstreckungsurteil erwirkt werden), und so ist andererseits (vgl. § 867) eine Aufhebung des Schiedsspruchs selbst aus prozessualen Gründen möglich, z. B. wenn der Schiedsspruch nicht mit Gründen versehen ist[2].

§ 48. Summarische Prozeduren[3]. Dieselben waren durch die mittelalterliche Jurisprudenz und die Praxis des allgemeinen Rechts ausgebildet und durch das Partikularrecht vielfach modifiziert. Die deutsche Civilprozeßordnung hat davon aufgenommen den Exekutivprozeß, den sie als Urkundenprozeß bezeichnet, den Arrestprozeß und das Verfahren bei einstweiligen Verfügungen. Das sogenannte Mahnverfahren, welches die deutsche Civilprozeßordnung im Anschluß an neuere partikulare deutsche Gesetze aufgenommen hat, kann man vielleicht als eine Fortbildung des sogenannten bedingten Mandatsprozesses des früheren (partikularen?) Rechts bezeichnen, und wenn auch die deutsche Civilprozeßordnung speciell weder von einem unbedingten Mandatsprozesse noch von einem summarischen Besitzprozesse (Possessorium summarium oder sogenanntes Summariissimum) redet, so unterliegt es doch nach der deutschen Civilprozeßordnung § 817 keinem Zweifel, daß ein Verfahren unter Umständen von dem Gerichte mit einem unbedingten Befehle (Mandate, Gebote oder Verbote) an eine Partei begonnen werden kann, und daß nach der Natur der Sache (vgl. auch § 814) davon namentlich in Fällen bestrittenen Besitzstandes Gebrauch zu machen ist. Wenn man daher einen sogenannten unbestimmt summarischen Prozeß als eine wirklich unterscheidbare Bildung für das frühere gemeine Recht mit Briegleb leugnet oder denselben allenfalls in dem amtsgerichtlichen Verfahren wiederfinden will, so sind der Sache nach sämtliche gemeinrechtliche summarische Prozeduren in der deutschen Civilprozeßordnung aufgenommen,

---

[1] § 866: „Der Schiedsspruch hat unter den Parteien die Wirkungen eines rechtskräftigen gerichtlichen Urteils."
[2] Die Schiedsmänner der preußischen Schiedsmannsordnung vom 29. März 1879 sind nicht Schiedsrichter, sondern Behörden zur Herbeiführung und protokollarischen Aufnahme von Vergleichen, die unter den Parteien vereinbart werden.
[3] Für das frühere gemeine Recht vgl. Bayer, Theorie der summarischen Prozesse. 7. Aufl. 1859; Briegleb, Theorie der summar. Prozesse. 1859; Derselbe, Über exekutorische Urkunden und Exekutivprozeß. 2. Aufl. 1845. 2 Teile.

freilich zum Teil nicht in derselben Ausdehnung [1]. Denn die Provokationen wider bestimmte Personen [2], welche nach der deutschen Civilprozeßordnung nicht mehr existieren — sie werden ersetzt durch die nach § 231 gestattete Klage auf Feststellung des Nichtbestehens (oder Bestehens) eines Rechtsverhältnisses — und welche allerdings herkömmlicherweise in den Lehrbüchern unter den summarischen Prozeduren aufgeführt wurden, waren in Wahrheit gar keine summarische Prozeduren, wenngleich bei der sogenannten provocatio ex lege Diffamari der Provokant, was sonst ein Kläger nicht braucht, gleich anfangs unbeschadet des später zu erbringenden vollständigen Beweises eine Bescheinigung des Provokationsgrundes zu liefern hatte.

Den **Urkundenprozeß** (Exekutivprozeß) des früheren gemeinen Rechts und jetzt der deutschen Civilprozeßordnung (§§ 555 ff.) kann man bezeichnen als ein provisorisches, d. h. unmittelbar zu Zwangsvollstreckung führendes, aber mittels eines im ordentlichen Prozeße zu verhandelnden Nachverfahrens möglicherweise umzustoßendes Verfahren mit materiell beschränkter Kognition; d. h. die richterliche Prüfung erstreckt sich nicht auf alle den Parteien etwa zur Seite stehenden (rechtlich erheblichen) Angriffs- oder Verteidigungsthatsachen (Behauptungen), sondern nur auf solche, die durch bestimmte Beweismittel, d. h. nach der deutschen Civilprozeßordnung durch fehlerfreie, gegen den Gegner beweiskräftige [3] öffentliche oder Privaturkunden sofort dargethan (liquid gemacht) werden. Der Kläger hat also mit solchen Urkunden seine Klagberechtigung, auch z. B. wenn er als Rechtsnachfolger des ursprünglichen Gläubigers auftritt, seine sogenannte Aktivlegitimation zur Sache [4], der Beklagte den Grund seiner etwaigen Einreden, soweit ihn die Beweislast trifft, der Kläger wiederum den Grund etwaiger Repliken darzuthun. Doch wird auch die Eidesdelation als Beweismittel zugelassen, nicht jedoch nach der deutschen Civilprozeßordnung für die zur Begründung der Klage erforderlichen Thatsachen [4]. Zeugen- und Sachverständigenbeweis (Schriftenvergleichung) sind ausgeschlossen [5]. Die Illiquidität der Angriffsmittel hat für den Kläger Abweisung mit dieser Klage, d. h. der Exekutivklage, mit Vorbehalt der ordentlichen Klage, für den Beklagten Verurteilung mit Vorbehalt der Nachklage zur Folge. Dabei unterscheidet sich die deutsche Civilprozeßordnung von dem früheren gemeinen Rechte dadurch, daß, während es nach gemeinem Rechte der besonderen Erhebung der Nachklage bedurfte, nach der deutschen Civilprozeßordnung § 563 der Rechtsstreit im ordinarium ohne weiteres anhängig bleibt, unbeschadet der Zwangsvollstreckung, und daß ebenso der Kläger bis zum Schlusse der mündlichen Verhandlung durch einseitige Abstandserklärung von der Exekutivklage das Verfahren in das ordinarium hinüberleiten kann, was nach gemeinem Rechte, welches Erhebung einer neuen Klage forderte, unzulässig war; denn abweichend von dem früheren gemeinen Rechte geht die deutsche Civilprozeßordnung von der Anschauung aus, daß mit der Exekutivklage auch zugleich der Hauptprozeß beginnt [6]. Gleichwohl verlangt die deutsche Civilprozeßordnung § 556 die bestimmte Erklärung des Klägers,

---

[1] So findet der unbedingte Mandatsprozeß nach der deutschen Civilprozeßordnung nicht, wie nach dem früheren gemeinen und partikularen Rechte, auf die Geltendmachung von Forderungen Anwendung.

[2] Während es Grundsatz ist, daß die Erhebung der Klage von dem Belieben der Klagberechtigten abhängt (Nemo invitus agere cogitur, vgl. tit. C. 3, 7) und höchstens die etwa drohende Verjährung der Klage als indirekter Zwang betrachtet werden kann, die Geltendmachung des Rechts nicht zu lange zu unterlassen, hat das gemeine Recht außer den sogenannten Ediktalladungen (vgl. unten) noch einige Fälle anerkannt, in denen der Beklagte den (wirklich oder angeblich) Berechtigten unter Androhung eines Rechtsnachteils zur Klage auffordern lassen kann, sogenannte provocatio ex lege Diffamari (l. 5 C. de ingenuis manumissis 7, 14) und sogenannte provocatio ex lege Si contendat (l. 28 D. de fideiuss. et mandat. 46, 1). Die erstere praktisch wichtigere Provokation fand statt gegen denjenigen, der eines klagbaren Anspruchs gegen den Provokanten sich berühmt hatte.

[3] Deutsche Civilprozeßordnung § 558 Abs. 2: „Als Beweismittel sind bezüglich der Echtheit oder Unechtheit einer Urkunde sowie bezüglich anderer als der im § 555 erwähnten Thatsachen (der zur Begründung des Klaganspruchs erforderlichen Thatsachen) nur Urkunden und Eideszuschiebung zulässig." (Die Eideszuschiebung ist nach der deutschen Civilprozeßordnung § 410 über facta aliena bezw. Wahrnehmungen Dritter der Regel nach unzulässig.)

[4] Anders der richtigen Ansicht nach das frühere gemeine Recht bezüglich der Aktiv- und Passivlegitimation.

[5] Daher kann auch nicht auf einen notwendigen Eid erkannt werden.

[6] Daher erledigt nach § 562 Abs. 1 das Versäumnisurteil die Sache ebenso wie im ordentlichen Verfahren.

daß er im Urkundenprozesse klagen wolle, da es in der That unter Umständen selbst im Interesse eines Berechtigten liegen kann, die Exekutionsklage nicht, sondern die ordentliche Klage anzustellen. Ebenso wie bereits nach gemeinem Rechte ein Beweisurteil nicht erlassen wurde, vielmehr die Parteien ihre Beweisantretung mit dem Vorbringen der Behauptungen zu verbinden hatten, wird auch nach der deutschen Civilprozeßordnung ein Beweisbescheid nicht erlassen und nur die Ableistung eines Haupteides, sofern es auf diesen ankommt, durch Bescheid angeordnet. Der Urkundenprozeß ist nach der deutschen Civilprozeßordnung ebenso wie nach dem früheren gemeinen Rechte beschränkt auf die Geltendmachung von Forderungen auf Geld oder andere vertretbare Sachen, nicht aber, wie nach der für das frühere gemeine Recht richtigen Ansicht angenommen werden mußte, auf vertragsmäßige Forderungen; denn die deutsche Civilprozeßordnung hat sich auch in anderer Hinsicht von der alten historischen Grundlage des Exekutivprozesses, welche das Pactum guarentigiae, die freiwillige Unterwerfung unter die parata executio[1] bildete, entfernt und den anticipierten Urkundenbeweis als solche Grundlage angenommen. Der Urkundenprozeß, der im früheren gemeinen Prozeßrechte deshalb ein besonders wertvolles Stück bildete, weil er durch Beschränkung des Beweises und dadurch auch der zulässigen Behauptungen thatsächlich das Verfahren beschleunigte, ist auch für das heutige Prozeßrecht, abgesehen von dieser faktischen Beschleunigung, deshalb von hoher Bedeutung, weil er ein Prozeß mit formellem Rechte ist; denn so notwendig auch das materielle Beweisrecht im allgemeinen bei den heutigen Verkehrsverhältnissen ist, so ist es doch ein Vorzug, daß das Prozeßrecht noch eine Verfahrungsart kennt, deren Resultat von einem leicht schwankenden richterlichen Ermessen im wesentlichen unabhängig erscheint, ein Verfahren, welches den Gläubiger in den Stand setzt, dem durch die litera scripta seiner Urkunde verbürgten Versprechen volles Vertrauen zu schenken, ohne weitläufige Einwendungen des Schuldners befürchten, ohne die unbekannten Ansichten des Gerichts über deren Beweis in Berechnung ziehen zu müssen.

Man wird die Richtigkeit dieser letzteren Bemerkung zugestehen, wenn man berücksichtigt, daß der Wechselprozeß nach dem früheren gemeinen Rechte wie nach der deutschen Civilprozeßordnung §§ 565 ff. nichts anderes ist als eine besondere Anwendung des Exekutiv- oder Urkundenprozesses, und daß die materielle Bedeutung des Wechsels sehr wesentlich zusammenhängt mit der prozessualen Beschränkung der Verteidigung des Beklagten. Es versteht sich dabei von selbst, daß die Frage, ob eine Behauptung im Wechselprozesse Beachtung findet, zugleich abhängig ist von den Bestimmungen des materiellen Wechselrechts, und hiernach wird denn eine Behauptung, welche im sonstigen Urkundenprozesse noch zulässig ist, weil der Beweis derselben z. B. durch Eidesdelation angetreten wird, im Wechselprozesse die Verurteilung beziehungsweise Abweisung der Klage oft nicht hindern, weil das Wechselrecht urkundlichen Beweis oder gar urkundlichen Beweis auf dem Wechsel selbst fordert. Im übrigen ist nach der deutschen Civilprozeßordnung der Wechselprozeß der allgemeinen Gattung des Urkundenprozesses gegenüber nur ausgezeichnet durch besondere Fristbestimmungen und eine Specialbestimmung über den Gerichtsstand[2].

Fr. Stein, Der Urkunden- und Wechselprozeß. 1887.

Das Mahnverfahren, welches die deutsche Civilprozeßordnung (§§ 628 ff.) im Anschluß an die neuere deutsche Partikulargesetzgebung aufgenommen hat, ist darauf berechnet, unbestrittene Ansprüche, für welche aber oft ein urkundlicher Beweis oder ein ausdrückliches Zugeständnis des Schuldners schwer zu erlangen ist, durch die bloße Unthätigkeit des letzteren exekutionsreif zu machen dadurch, daß dem angeblichen Schuldner auf Antrag des Gläubigers

---

[1] Doch gab das gemeine Recht nur im Wechselprozesse vorläufige Vollstreckbarkeit des Urteils, das nach dem früheren gemeinen Rechte ebenso wie nach der deutschen Civilprozeßordnung durch die gewöhnlichen Rechtsmittel anfechtbar ist. Die deutsche Civilprozeßordnung § 648 1 läßt allgemein das im Urkundenprozesse ergangene Urteil für vorläufig vollstreckbar erklären.

[2] § 566: „Wechselklagen können sowohl bei dem Gerichte des Zahlungsorts als bei dem Gerichte angestellt werden, bei welchem der Beklagte seinen allgemeinen Gerichtsstand hat.

Wenn mehrere Wechselverpflichtete gemeinschaftlich verklagt werden, so ist außer dem Gerichte des Zahlungsortes jedes Gericht zuständig, bei welchem einer der Beklagten seinen allgemeinen Gerichtsstand hat."

aufgegeben wird, entweder den Gläubiger zu befriedigen oder binnen bestimmter Frist Widerspruch bei dem Gerichte zu erheben. Der erhobene Widerspruch konstatiert, daß der Anspruch ein unbestrittener nicht ist. Der Versuch, ihn exekutionsreif zu machen, ist einfach mißlungen, und das Mahnverfahren wird ebenso wie der frühere bedingte Mandatsprozeß nach dem alten Satze „Mandatum resolvitur in citationem" in das ordentliche Verfahren übergeleitet[1].

Weil aber Ansprüche, über die präsumtiv leicht gestritten werden kann, zu einem solchen Versuche sich nicht eignen, schließt das Gesetz Ansprüche auf individuell bestimmte Gegenstände, über deren Identität z. B. leicht gestritten werden kann, aus — es muß ein Anspruch sein, welcher die Zahlung einer bestimmten Geldsumme oder die Leistung einer bestimmten Quantität anderer vertretbarer Sachen oder Wertpapiere zum Gegenstand hat — und gleichfalls ist das Mahnverfahren unzulässig, wenn nach Inhalt des Gesuchs des Gläubigers die Geltendmachung des Anspruchs von einer noch nicht erfolgten Gegenleistung abhängig ist, der Gläubiger also die exceptio non adimpleti contractus zu befürchten hat. Im übrigen findet allerdings eine Vorprüfung des Gerichts nicht statt. Zugleich hat das Gesetz aber wegen der Gefahr und möglichen Bedrückung, welche der ohne weitere individuelle Prüfung zu erlassende Zahlungsbefehl für den Schuldner mit sich bringen kann, das dem Schuldner bequemste und unbedenklichste forum, das Gericht des Domizils des Schuldners, für ausschließlich[2] zuständig erklärt, und aus demselben Grunde und weil Weiterungen sich überhaupt für einen derartigen Versuch, dem Gläubiger zu seinem Rechte zu verhelfen, nicht eignen, findet das Mahnverfahren auch nicht statt, wenn die Zustellung des Zahlungsbefehles im Auslande oder durch öffentliche Bekanntmachung erfolgen müßte (§ 628 Absatz 2). Der Vollstreckungsbefehl, welcher im Falle nicht rechtzeitig erfolgten Widerspruchs von dem Gläubiger zu erwirken ist — er wird einfach auf das auch den Zahlungsbefehl enthaltende Papier geschrieben — steht nach § 640 einem auf Versäumnis erlassenen (aber für vorläufig vollstreckbar erklärten) Endurteile, nicht einem auf kontradiktorische Verhandlung ergangenen Urteile gleich, kann also, unbeschadet jedoch der vorläufigen Vollstreckung, noch einmal durch Einspruch des Verurteilten (ohne weitere Gründe) beseitigt werden, und zur Sicherung des Beklagten wie im Interesse des Geschäftsbetriebes des Gerichts hat § 641 noch eine besondere Verjährung des Zahlungsbefehles eingeführt, welcher seine Kraft verliert, wenn nicht sechs Monate nach dem Ablaufe der bestimmten Zahlungsfrist der Vollstreckungsbefehl nachgesucht wird. Beim Vorhandensein dieser Kautelen konnte es vom Gesetze unbedenklich gestattet werden, den Zahlungsbefehl, ungeachtet er beim Amtsgerichte nachgesucht ward, nicht auf bestimmte Wertsummen zu beschränken. Für den infolge der Erhebung des Widerspruchs oder Einspruchs gegen den Vollstreckungsbefehl entstehenden wirklichen Rechtsstreit gelten die sonstigen Grundsätze der Kompetenz. Die Klage ist, falls das Landgericht zuständig ist, von dem Gläubiger bei dem betreffenden Landgerichte zu erheben (§ 637).

Wenn, wie es im modernen Prozesse der Fall ist, der Prozeß nicht mit irgend welchem Zwange gegen den Beklagten beginnt, sondern thatsächlich die erste Handlung des Klägers oder des Gerichts gegen den Beklagten nur in einer einfachen Aufforderung, vor Gericht zu erscheinen, besteht, von dem Beklagten auch der Regel nach keinerlei Kautionen geleistet zu werden brauchen, wird es notwendig, für diejenigen Fälle, in denen ein längerer Aufschub wirklichen Zwanges den Kläger voraussichtlich um den materiellen Erfolg des Prozesses bringen würde, ein Ausnahmsverfahren zu gewähren, welches, während das ordentliche Verfahren mit der Verhandlung und dem Urteile beginnt und darauf erst den Zwang folgen läßt, umgekehrt mit dem Zwange beginnt und denselben erst nachher durch Verhandlung und Urteil rechtfertigen läßt. Dies Verfahren ist das aus der germanischen Privatpfändung

---

[1] Deutsche Civilprozeßordnung § 635: „Durch die rechtzeitige Erhebung des Widerspruchs gegen den Anspruch oder einen Teil desselben verliert der Zahlungsbefehl seine Kraft. Die Wirkungen der Rechtshängigkeit bleiben bestehen." (Diese letzteren treten nach § 633 mit Zustellung des Zahlungsbefehls ein.) — Auch gelten, was eine Konsequenz des Satzes „Mandatum resolvitur in citationem" ist, nach der deutschen Civilprozeßordnung § 638 die Kosten des Mahnverfahrens im Falle rechtzeitigen Widerspruchs als Teil der Kosten des entstehenden Rechtsstreits.

[2] Indes kann ausnahmsweise auch im dinglichen Gerichtsstande (vgl. § 629 Abs. 2, §§ 26. 27) ein Zahlungsbefehl erwirkt werden.

und Selbsthülfe hervorgegangene Arrestverfahren[1] des heutigen Prozeßrechts, bezüglich dessen die deutsche Civilprozeßordnung §§ 796 ff. wesentlich die Prinzipien des früheren gemeinen Rechts beibehalten hat.

Die materiellen Voraussetzungen des Arrestes sind 1. ein Anspruch des Impetranten — so nennt die Prozeßsprache denjenigen, der die Anlage eines Arrestes beantragt — gegen den Impetraten, d. h. denjenigen, dessen Person oder Vermögen mit Arrest bestrickt werden soll. Nach der deutschen Civilprozeßordnung muß der Anspruch eine Geldforderung oder doch ein Anspruch sein, der in eine Geldforderung (Interessenforderung) übergehen kann; daher kann auch, weil schließlich auch die Forderung auf eine individuelle Sache und selbst ein Eigentumsanspruch daran gegen den Beklagten sich in eine Geldforderung verwandeln kann, wegen der letztgenannten ursprünglich nicht auf Geld gerichteten Ansprüche Arrest erlangt werden. Es ist aber nicht erforderlich, daß der Anspruch bereits fällig sei; ein sogenannter betagter Anspruch kann wie nach dem früheren gemeinen Rechte, so nach der ausdrücklichen Bestimmung der deutschen Civilprozeßordnung § 796 Absatz 2 genügen; denn auch solche Ansprüche können unter Umständen um so mehr eine Sicherung des Gläubigers erheischen, als dieser zur Zeit die erforderliche Klage nicht anstellen, die regelmäßige Zwangsvollstreckung nicht herbeiführen kann, und die gemeinrechtliche Theorie und Praxis gestattete überwiegend eine Arrestanlage selbst bei bedingtem Anspruche (Arg. l. 6 D. 42, 4), wobei es dann selbstverständlich auf die Wahrscheinlichkeit des Eintritts der Bedingung mit ankommen wird und die Gefahr für den Impetranten eine besonders dringende sein muß. Die deutsche Civilprozeßordnung erwähnt der bedingten Ansprüche nicht besonders. Nach den Motiven sollen sie zum Arreste berechtigen, sofern das materielle Civilrecht den bedingten Anspruch mit einem gegenwärtigen bereits existenten accessorischen Kautionsanspruche ausstattet. 2. Die zweite Voraussetzung eines zu erlangenden Arrestes ist die sogenannte causa arresti, d. h. eine besondere Gefahr für die demnächstige Realisierung des Anspruchs. Ebenso wie das frühere gemeine Recht überläßt auch die deutsche Civilprozeßordnung § 797 Absatz 1 die Beurteilung der Frage, ob eine solche besondere Gefahr vorhanden sei, dem richterlichen Ermessen. Die gemeinrechtliche Theorie und Praxis betrachtete es als Fall solcher besonderer Gefahr namentlich, wenn der Schuldner der Flucht verdächtig war oder anfing, sein Vermögen in auffallender Weise zu verschleudern, und nach älterem Rechte war ohne weiteres zu Gunsten eines Inländers die Qualität des Impetraten als eines Ausländers ein Arrestgrund. Die neuere Praxis und partikulares Recht verlangte für diesen sogenannten Ausländerarrest noch weitere Voraussetzungen, wie z. B. besondere Erschwerung der Rechtsverfolgung, das Vorhandensein eines Gerichtsstandes für den zu verfolgenden Anspruch im Inlande (z. B. die Begründung des forum contractus im Inlande), da die zu weite Ausdehnung dieses Arrestgrundes bei der mehr und mehr stattfindenden Gleichstellung der Fremden und Einheimischen in der Rechtsverfolgung diesen Gerichtsstand weniger nötig, vielmehr oft als eine Gefährdung eines ausgedehnteren Verkehrs betrachten ließ. Die deutsche Civilprozeßordnung erklärt es (§ 797 Absatz 2) für einen zureichenden Arrestgrund, wenn das Urteil im Auslande vollstreckt werden müßte, wobei dem Wortlaute der deutschen Civilprozeßordnung zufolge auf die Eigenschaft des Klägers beziehungsweise des Beklagten als eines Ausländers oder Inländers es nicht ankommt. Doch erfährt dieser Arrest indirekt nach der deutschen Civilprozeßordnung eine praktisch sehr wesentliche Einschränkung dadurch, daß nach § 798 der Personalarrest nur stattfindet, wenn er erforderlich ist, um die gefährdete Zwangsvollstreckung in das Vermögen des Schuldners zu sichern; Personalarrest gegen einen Ausländer ist also unzulässig zu dem Zwecke, ihn zu nötigen, sein im Auslande befindliches Vermögen im Inlande zur Befriedigung des Gläubigers zur Verfügung zu stellen; der Personalarrest ist nur zulässig, wenn dadurch verhindert werden soll, daß der Schuldner sein bereits im Inlande befindliches Vermögen in das Ausland schaffe.

Die formelle Voraussetzung des Arrestes ist eine genügende Bescheinigung (nach

---

[1] Joh. Merkel, Über Arrest und einstweilige Verfügungen nach dem geltenden deutschen Prozeßrecht. 1880. — Über das Recht des Mittelalters vgl. namentlich die wertvolle Schrift von Wach, Der Arrestprozeß I. 1868.

der deutschen Civilprozeßordnung § 800 Absatz 2 (Glaubhaftmachung) des Anspruchs und des Arrestgrundes, da ein strikter Beweis einerseits die rechtzeitige Erlangung des Arrestes oft vereiteln, in Wahrheit auch eine kontradiktorische Verhandlung oder die Möglichkeit derselben für den Gegner voraussetzen würde, andererseits aber durch den nur provisorischen Charakter des Resultates des heutigen Arrestverfahrens nicht gefordert wird. Die Bescheinigung kann unter Umständen ersetzt oder ergänzt werden durch eine Kaution des Arrestsuchers für Schaden und Kosten, die aus rechtswidriger Arrestanlage entstehen können (§ 801 Absatz 2).

Von der Dringlichkeit des Arrestes hängt es sodann ab, ob vor Verhängung desselben der Impetrat zu hören ist oder nicht; nach der deutschen Civilprozeßordnung, ob vorher eine mündliche Verhandlung stattzufinden habe; denn der Arrest ist auf der einen Seite eine in die Rechtssphäre des Impetraten tief eingreifende Maßregel, und nur soweit als nötig darf der Grundsatz jedes prozessualen Verfahrens „Audiatur et altera pars" außer Anwendung gelassen werden; auf der anderen Seite aber würde oft die Forderung vorheriges Gehöres des Arrestaten diesem die Möglichkeit zur Flucht, zur Verbringung seines Vermögens verschaffen. Ebenso hing es nach dem früheren gemeinen Rechte von der geringeren oder größeren Dringlichkeit der Arrestmaßregel ab, ob der Arrest bei dem Gerichte der Hauptsache[1] oder, da unter Umständen eine Requisition zu viel Zeit in Anspruch nehmen würde, bei dem Gerichte zu erwirken war, in dessen Bezirke (in dessen unmittelbarer Zwangsgewalt) sich das Arrestobjekt befand. Die deutsche Civilprozeßordnung § 799 läßt zwischen beiden Gerichten dem Arrestsucher die freie Wahl; jedoch wird in Übereinstimmung mit den sonstigen Prinzipien des deutschen Gerichtsverfassungsgesetzes im zweiten Falle das Amtsgericht des betreffenden Bezirks als das zuständige Gericht bezeichnet.

Erfolgt die Arrestverfügung ohne vorgängiges Gehör des Arrestaten, so erscheint sie diesem gegenüber als ein einfacher Bescheid, der nicht durch Appellation (Berufung), sondern durch Verhandlung vor dem Richter, welcher die Anordnung getroffen hat, angegriffen werden kann[2], und dabei verfuhr die gemeinrechtliche Praxis so, daß sie im Falle eines verfügten Arrestes sofort einen sogenannten Justifikationstermin unter Ladung beider Parteien ansetzte, während die deutsche Civilprozeßordnung es dem Arrestaten überläßt, seinen Widerspruch durch Erwirkung eines Verhandlungstermins geltend zu machen.

Die Arrestmaßregel selbst besteht in der Entziehung der freien Verfügung des Arrestaten über das Arrestobjekt, das nach dem früheren gemeinen Rechte, nicht aber (anscheinend?) nach der deutschen Civilprozeßordnung von dem Arrestsucher in Vorschlag zu bringen ist; doch wird der Personalarrest, weil besonders zu motivieren, stets auch besonders zu beantragen sein. Jene Entziehung der Disposition kann eine juristische (Veräußerungsverbot, Verbot der Zahlung, wenn eine Forderung des Arrestaten bei dessen Schuldner arrestiert wird) oder eine faktische (Inhaftnahme der Person, Beschlagnahme der Legitimationspapiere) oder eine juristische und zugleich faktische (Pfändung unter Besitznahme seitens des Gerichtsvollziehers, nach der deutschen Civilprozeßordnung §§ 810. 709 die Regel) sein.

Da der Zweck des Arrestes Sicherung des Anspruchs ist, dieser aber durch genügende Realkaution erreicht ist, so kann der Arrest abgewendet und selbst der verfügte Arrest beseitigt werden (durch Verfügung des Gerichts) auf Grund der Beschaffung anderweiter genügender Sicherheit, und die deutsche Civilprozeßordnung § 803 bestimmt, daß sofort in dem Arrestbefehle eine Geldsumme festgestellt werde, durch deren Hinterlegung die Vollziehung des Arrestes gehemmt und der Schuldner zu dem Antrage auf Aufhebung des vollzogenen Arrestes berechtigt werde.

---

[1] D. h. dem Gerichte, welches für die Entscheidung über den zu sichernden Anspruch zuständig ist.

[2] Die den Arrest versagende oder auf kontradiktorische Verhandlung wieder aufhebende richterliche Verfügung kann von dem Impetranten immer durch Rechtsmittel angefochten werden (sie ist nach dem früheren gemeinen Rechte ein Decisivdekret), nach gemeinem Rechte durch Appellation, nach der deutschen Civilprozeßordnung, wenn eine mündliche Verhandlung voranging, mittels Berufung, wenn keine mündliche Verhandlung voraufging, durch Beschwerde. Die Rechtskraft des Urteils im Arrestprozesse ist aber immer nur eine Rechtskraft „rebus sic stantibus". Eine Veränderung der Sachlage, z. B. neu entstandene oder neu verstärkte Gründe der Gefahr und umgekehrte Umstände, berechtigen die eine wie die andere Partei zu neuen Anträgen.

Da, wie bemerkt, ohne einen materiellen Anspruch ein Arrest nicht erlangt werden kann, so prüft das den Arrest verhängende Gericht auch den Anspruch selbst mit. Allein die Ansicht des Arresturteils präjudiziert dem Prozesse über den Anspruch selbst nicht. Ist dieser Anspruch bestritten, so muß er im ordentlichen Verfahren verfolgt werden, und wird er hier etwa aberkannt, so kann selbstverständlich der Impetrat Aufhebung des Arrestes fordern. Nach der deutschen Civilprozeßordnung § 806 kann der Impetrat beantragen, daß dem Impetranten eine angemessene Frist zur Anhängigmachung der Hauptsache gesetzt werde. Ein besonderes forum für die Hauptsache wird aber durch den Arrest bei dem Arrestgerichte nach der deutschen Civilprozeßordnung nicht mehr begründet.

Durch die **einstweiligen Verfügungen**, von denen die deutsche Civilprozeßordnung §§ 814 ff. handelt, sind, abgesehen von dem besonderen Falle der Geltendmachung von Forderungen in dem früheren gemeinrechtlichen unbedingten Mandatsprozesse, dieser unbedingte Mandatsprozeß und das sogenannte possessorium summarium[1] ersetzt worden. Es handelt sich hier nicht um die Sicherung eines Anspruchs dadurch, daß beliebige Vermögensobjekte oder auch möglicherweise die Person des Schuldners durch eine richterliche Verfügung getroffen werden, sondern um eine den Streitgegenstand selbst betreffende, diesen vor Veränderungen und Eingriffen schützende richterliche Verfügung. Das frühere gemeine Recht hatte schon früh nach dem Vorbilde der bei den römischen Interdikten vorkommenden Befehlsformeln den Richter für befugt erklärt, unter Umständen und äußersten Falls selbst von Amts wegen (wenn die öffentliche Ordnung durch die Handlung einer Partei mitbedroht erschien), mit einem Strafmandate vorzugehen, auch bei Besitzstreitigkeiten Sequestration anzuordnen. Gegen solche Verfügungen gestattete man aber, abgesehen von einer Umstoßung des Resultats im ordentlichen Besitzprozesse, auch Einwendungen, vorausgesetzt daß sie schleunig zwar nicht bewiesen, wohl aber doch bescheinigt werden konnten, und so ergab sich ein Prozeßverfahren analog dem oben geschilderten Arrestverfahren. Die Reichskammergerichtsordnung von 1555 II Titel 23 ließ solche unbedingte Mandate (Mandata sine clausula) namentlich zu ob factum nullo iure iustificabile, ob damnum irreparabile, ob detrimentum reipublicae, ob periculum in mora[2], und wer die jüngste, nicht offenbar vitiose ruhige Besitzhandlung bescheinigte, konnte durch Verfügung des Richters Schutz im Besitze erlangen, wogegen dann von dem Beklagten nur sofort durch Bescheinigung liquid zu stellende Einwendungen ebenso wie im Arrestverfahren geltend gemacht werden konnten. Es wird als selbstverständlich betrachtet werden können, daß Besitzstreitigkeiten und die Fälle der früheren Reichskammergerichtsordnung, obwohl die deutsche Civilprozeßordnung § 819 die betreffenden Anwendungsfälle dem richterlichen Ermessen überläßt, die Hauptfälle bilden werden, in denen provisorische Verfügungen erlassen werden, und darauf deutet auch der Wortlaut des § 819. Wenn daher auch in der deutschen Civilprozeßordnung das gemeinrechtliche summariissimum nicht ausdrücklich vorkommt, so ist es doch der Sache nach in den von einstweiligen Verfügungen handelnden Paragraphen mitenthalten; nur kann man sagen, daß die Partei nicht, wie nach dem früheren gemeinen Rechte vielleicht behauptet werden konnte, auch bei der Abwesenheit einer Gefahr von Gewaltthätigkeiten ein unbedingtes Recht auf solchen Schutz im jüngsten Besitze hat, wenn sie die erforderlichen Bescheinigungen beibringt, sondern daß darüber das richterliche Ermessen entscheidet. Die provisorische Verfügung gilt nach der deutschen Civilprozeßordnung als Annexum der Hauptsache, zu deren Schutze sie dient; daher ist nach der deutschen Civilprozeßordnung das Gericht der Hauptsache (eintretenden Falles das Berufungsgericht) zuständig; in bringenden Fällen kann aber das Amtsgericht, in dessen Bezirke der Streitgegenstand sich befindet, die provisorische Verfügung zwar einseitig erlassen; die weitere Verhandlung ist aber vor das Gericht der Hauptsache gehörig[3].

Die Frage, inwieweit man auf bloße Bescheinigung eines Rechtes eine provisorische,

---

[1] Oder summariissimum.
[2] Diese lateinischen Ausdrücke finden sich zwar in der Kammergerichtsordnung nicht; sie sind, da sie kürzer sind als die deutschen Worte der Kammergerichtsordnung, in der Prozeßtheorie die gängigen worden.
[3] Die Zuständigkeit der Amtsgerichte ist also hier eine beschränktere als beim Arrestverfahren.

übrigens im ordentlichen, wenn auch durch Abkürzung der Fristen und schleunige Ansetzung der Termine innerhalb der gesetzlichen Minimalgrenzen zu beschleunigenden Verfahren Entscheidung über ein Recht erlangen könne (z. B. interdictum quorum bonorum, interdictum Salvianum), gehört nicht sowohl dem Prozeß- als dem materiellen Rechte an. Prozessual kommt hier nur § 266 der deutschen Civilprozeßordnung über den Begriff der Bescheinigung (Glaubhaftmachung nach der deutschen Civilprozeßordnung) in Betracht. „Wer eine thatsächliche Behauptung glaubhaft zu machen hat, kann sich aller Beweismittel mit Ausnahme der Eideszuschiebung bedienen, auch zur eidlichen Versicherung der Wahrheit der Behauptung zugelassen werden. Eine Beweisnahme, welche nicht sofort erfolgen kann, ist unstatthaft."

§ 49. **Konkursprozeß**[1]. Dieser ist nichts anderes als eine Generalzwangsvollstreckung in das Vermögen eines zahlungsunfähigen Schuldners zum Zwecke einer dem Rechte entsprechenden Befriedigung der Gläubiger. Ursprünglich war das römische Konkursverfahren mit dem Exekutionsverfahren identisch; der Gläubiger hielt sich an die Person des nicht zahlenden Schuldners; mit der Person fiel ihm unzweifelhaft auch das Vermögen zu, und waren mehrere Gläubiger vorhanden, so mochten sie sich privatim über die Teilung des Vermögens einigen. Eine größere Staatsaufsicht zeigt schon das prätorische Verfahren. Dasselbe hält sich mehr an das Vermögen und giebt durch öffentliche Anzeige der von einem oder mehreren Gläubigern erlangten Befugnis zum Verwahrsam des Vermögens (missio in possessionem) allen Gläubigern Gelegenheit zum Anschluß an diese missio; aber mit der Reduktion des Vermögens auf Geld und der Verteilung desselben befaßt es sich noch nicht direkt, sondern überläßt dieselbe einem Unternehmer (bonorum emptor), der das Vermögen des Zahlungsunfähigen im Ganzen ersteht, indem er den Gläubigern (nach einem von ihm gemachten Überschlage) Prozente ihrer Forderungen bietet, dafür aber auch alle Aktiva des Schuldners erhält, beziehungsweise einklagen kann. Noch später ist dann ein Einzelverkauf der Vermögensstücke durch einen Kurator und Befriedigung der Gläubiger unter fortwährender gerichtlicher Aufsicht an die Stelle getreten, und die gemeinrechtliche Praxis hat unter Anschluß zugleich an das germanische Arrestrecht aus den allerdings in mannigfacher Beziehung lückenhaften Bestimmungen des Justinianischen Rechts und auch unter dem Einflusse der städtischen Statuten des mittelalterlichen Italiens, die den Kredit der Handelsleute durch energische Maßregeln zu sichern suchten, das gemeinrechtliche Konkursverfahren geschaffen, das, so tief einschneidend auch die Änderungen der modernen Konkursordnungen sein mögen, gleichwohl noch immer die Grundlage der letzteren und besonders auch der deutschen Konkursordnung bildet.

In der That muß jedes Verfahren, welches unter obrigkeitlicher (gerichtlicher) Aufsicht das Vermögen eines insolventen Schuldners, d. h. den Gelderlös dieses Vermögens, unter die Gläubiger nach Maßgabe ihrer Forderungen verteilen läßt, aus folgenden Stücken bestehen: 1. aus der Sicherung, Heranziehung und Veräußerung des Vermögens (**Konstituierung, Verwaltung** und beziehungsweise **Versilberung der Aktivmasse**); 2. aus der Heranziehung der sämtlichen Gläubiger, Konstituierung der Passivmasse, wozu dann auch gehört, da selbstverständlich nur begründete Ansprüche befriedigt werden sollen, die Prüfung der geltend gemachten Ansprüche (**Liquidationsverfahren**); 3. aus der Feststellung der Ordnung der Befriedigung der einzelnen Gläubiger (**Prioritätsverfahren**); denn das Recht (die Gesetzgebung) kann Gründe haben, einzelnen Forderungen einen Vorrang vor anderen bei der Befriedigung im Konkurse zu gewähren, sei es in Bezug

---

[1] Bayer, Theorie des Konkursprozesses. 4. Aufl. 1850. — Auch über die deutsche Konkursordnung sind zahlreiche Kommentare erschienen: von Sarwey. 2. Aufl. 1882; v. Wilmowski. 4. Aufl. 1889; Wengler 1879; v. Völberndorff. 3 Bde. 2. Aufl. 1884. 85; u. a. Vgl. auch v. Wilmowski, Ausführungs- und Übergangsgesetze zur Reichskonkursordnung. 1880. — Systematische Bearbeitungen (befriedigender als die des ordentlichen Civilprozesses nach der deutschen Civilprozeßordnung): Fuchs, Der deutsche Konkursprozeß. 1877; Schultze, Das deutsche Konkursrecht. 1880; Fitting, Das Reichskonkursrecht und Konkursverfahren. 1881; Endemann, Das deutsche Konkursverfahren. 1889.

auf das gesamte Vermögen, sei es in Bezug auf einzelne Vermögensobjekte und den daraus zu gewinnenden Erlös (man denke z. B. in ersterer Beziehung an den sogenannten Lieblohn der Dienstboten, öffentliche Abgaben, Kosten eines Sterbelagers u. s. w.); 4. aus der wirklichen Verteilung (sogenanntes **Distributionsverfahren**). Zu diesen Stücken des Verfahrens kommt dann noch, da der Konkurs notwendigerweise sehr tief eingreifende Wirkungen für den Gemeinschuldner wie für die einzelnen Gläubiger und selbst Dritte hat — wenn das Vermögen den Gläubigern gesichert werden soll, so muß der Insolvente (Gemeinschuldner, Kridar) die Disposition darüber verlieren — 5. ein sogenanntes **präparatorisches Verfahren**, in welchem die Frage entschieden wird, ob die Voraussetzungen eines Konkursverfahrens vorliegen.

Wie man aus dem eben Dargelegten entnehmen wird, sind aber die Bestimmungen des Konkursrechts zum großen Teile nicht civilprozessualer Natur im eigentlichen Sinne. Es handelt sich im Konkursverfahren einerseits häufig um Maßregeln einer Vermögensverwaltung, anderseits oft um einen billigen Ausgleich verschiedenartiger Interessen, den man namentlich dadurch erreichen kann, daß man sei es das Gericht, sei es einen besonders ernannten Verwalter Vorschläge machen läßt und die nicht Widersprechenden daran gebunden erachtet, oder daß man unter den Beteiligten abstimmen läßt[1]. Aber aus einem Konkursverfahren können sich eine Menge von einzelnen Prozessen entwickeln und verwickeln — weshalb denn auch das berühmte Werk des Salgado de Samoza den Titel labyrinthus creditorum führt —, da bestrittene Forderungen nur durch Specialprozesse nach Betrag und Vorrecht festgestellt werden können, und über die Ordnung selbst der einzelnen Vorrechte untereinander noch gestritten werden kann (Liquidations- und Prioritätsprozesse), und zwar hat hier, wenn der Natur der Sache nach die Forderungen prinzipiell gegen den Gemeinschuldner oder (da dieser nicht mehr dispositionsfähig ist) gegen den obrigkeitlich ernannten Vertreter desselben (Kurator, Kontradiktor, Konkursverwalter) geltend gemacht werden, jeder eintretenden Falles durch Teilnahme eines anderen beschränkte Gläubiger ein rechtliches Interesse, die Forderung beziehungsweise das Vorrecht des letzteren zu bekämpfen, daher auch ein Interventionsrecht. Es wird also notwendig, um allzugroße Verwickelungen zu vermeiden, dieses Interventionsrecht an gewisse zeitliche, durch das Stadium des Konkursverfahrens gegebene Schranken zu binden.

Es ist begreiflich, daß, je mehr Vorzugsrechte einzelnen Forderungen zur Seite stehen, und je mehr auch dingliche Ansprüche an einzelnen Vermögensstücken, insbesondere Pfandrechte als Ansprüche behandelt werden, die lediglich im Konkurse geltend gemacht werden können, wenn der Eigentümer der Sache in Konkurs gerät, das Konkursverfahren wegen der mannigfachen hieraus entspringenden Schwierigkeiten und Streitigkeiten ein verwickeltes, langdauerndes werden muß. Dabei muß dann zugleich, eben weil so leicht Zweifel und Streit erhoben werden, das Verfahren möglichst ein solches sein, daß die Grundlage jedes folgenden Schrittes in diesem Verfahren eine feste, unverrückbare, beziehungsweise rechtskräftige oder doch sonst prozessual unanfechtbare ist. Mit anderen Worten, durch Ediktalverfahren mit Präklusivbescheid, sodann durch rechtskräftige Entscheidung der Liquidationsprozesse müssen erst die wirklichen Teilnehmer am Konkurse und ihre Vorzugsrechte festgestellt werden, und das sogenannte Prioritätsurteil muß erst die Ordnung der Befriedigung festgestellt haben, ehe man berechnen kann, was auf die einzelne Forderung fällt (Distributionsbescheid), und ehe man zur wirklichen Auszahlung schreiten darf. Dabei ergiebt sich zugleich eine langdauernde und eben deshalb oft juristisch schwierige Verwaltung der Masse und dadurch wiederum wegen der großen Verantwortlichkeit Unterstellung dieser Verwaltung möglichst un-

---

[1] Weil das allgemeine Konkursverfahren, aus welchem sich die einzelnen Prozesse entwickeln, streng genommen nicht civilprozessualer Natur ist, sondern weit mehr als Verwaltungs- oder billiges Schiedsverfahren erscheint, ist in der deutschen Konkursordnung § 66, ungeachtet die deutsche Civilprozeßordnung streng an dem Prinzipe der Mündlichkeit festhält, auch gesagt: „Die Entscheidungen im Konkursverfahren können ohne mündliche Verhandlung erfolgen. Die Zustellung geschieht von Amts wegen." Eben deshalb konnte aber auch die deutsche Konkursordnung § 64 ohne Verletzung der allgemeinen Kompetenzprinzipien für das allgemeine Konkursverfahren die Amtsgerichte zuständig erklären, während Specialprozesse von größerem Belange der landgerichtlichen Kompetenz unterliegen.

mittelbar unter das Gericht. Dies war im wesentlichen der Charakter des gemeinrechtlichen, durchaus folgerichtigen, aber äußerst umständlichen Verfahrens, welches praktisch den Nachteil hatte, oft jahrelang die Masse dem Verkehre sogut wie zu entziehen und die Gläubiger ebenso lange alle und jede Zahlung entbehren zu lassen.

Nachdem nun, abgesehen von vielfachen mehr untergeordneten partikularrechtlichen Modifikationen des gemeinrechtlichen Konkursverfahrens, in einer größeren Anzahl deutscher Staaten umfassende Kodifikationen des gemeinen Konkursrechts — mit manchen Verbesserungen im einzelnen — Platz gegriffen hatten — einen stark abweichenden Weg hatte bereits 1753 die Hamburger „Neue Fallitenordnung" eingeschlagen[1] — erfuhr das Konkursrecht im Königreich Preußen durch die Konkursordnung von 1855, auf welche in mancher Beziehung das in der preußischen Rheinprovinz bis dahin gültige Konkursrecht des französischen Code de commerce von 1807 eingewirkt hatte, eine gründliche und, wie die Erfahrung zeigte, richtige und segensreiche Reform. Wie die österreichische Konkursordnung von 1867 diese preußische Konkursordnung zum Vorbilde genommen hat, so ist letztere auch die Grundlage der Konkursordnung für das Deutsche Reich geworden, welche man vielleicht nicht mit Unrecht als das am meisten gelungene der großen neuen deutschen Justizgesetze bezeichnen kann. Das Streben war darauf gerichtet, durch Vereinfachung der Vorzugsrechte, Aussonderung der Realberechtigten aus dem Konkurse eine möglichst rasche, successive, nach Maßgabe der zur Zeit verfügbaren Mittel erforderlichen Falles wiederholte, nicht an das stufenweise Vorschreiten des gesamten Verfahrens gebundene Verteilung herbeizuführen, ein übermäßiges Vorwalten der Thätigkeit des Gerichts zu vermeiden und daneben die Beendigung oder Abwendung des förmlichen Konkurses durch Accord, Nachlaßvertrag (nach der Terminologie der deutschen Konkursordnung: Zwangsvergleich) zu erleichtern. In letzterer Beziehung kommen ganz besonders die Bedürfnisse des Handelsstandes in Betracht, welche, wie begreiflich, in den Konkursgesetzen Hamburgs und Bremens, dann aber auch in dem französischen Gesetze und in der preußischen Konkursordnung eine eingehende Berücksichtigung gefunden hatten. Von der preußischen Konkursordnung unterscheidet sich, abgesehen von Einzelheiten, die deutsche Konkursordnung namentlich dadurch, daß sie die Unterscheidung von kaufmännischem und nichtkaufmännischem Konkurse, welche in der preußischen Konkursordnung sich findet, allerdings aber abweichend vom französischen Rechte hier von untergeordneter Bedeutung ist, in Übereinstimmung mit dem praktischen Bedürfnisse aufgegeben hat. Die deutsche Konkursordnung, deren erster Entwurf (Entwurf einer Gemeinschuldordnung) 1873 erschien, deren zweiter revidierter und vom deutschen Bundesrate modifizierter Entwurf von einer besonderen Kommission des Deutschen Reichstags 1875 und 1876 beraten wurde, hat am 10. Februar 1877 die kaiserliche Unterschrift erhalten. Sie ist eingeteilt in drei Bücher (Konkursrecht, Konkursverfahren, Strafbestimmungen), von denen die ersten beiden in acht Titel zerfallen, und enthält 214 Paragraphen. Das zugehörige (Reichs-)Einführungsgesetz regelt namentlich das Verhältnis zum Landesrechte und enthält insbesondere wichtige Bestimmungen über die Erfordernisse des Faustpfandrechts im Sinne der Konkursordnung. Die landesgesetzlichen Bestimmungen über Lehen, Stammgüter und Familienfideikommisse werden nach § 5 daselbst durch die deutsche Konkursordnung nicht berührt. Das Reichseinführungsgesetz läßt für manche Übergangsbestimmungen, namentlich Erhaltung gewisser bereits begründeter Vorrechte, unter bestimmten Voraussetzungen und Beschränkungen Raum. Für Preußen ist ein Ausführungsgesetz zur deutschen Konkursordnung am 6. März 1879 erlassen.

Die **Aktivmasse** des Konkurses umfaßt das gesamte gegenwärtige Vermögen des Gemeinschuldners, insoweit es zur Zwangsvollstreckung verwendet werden kann (vgl. deutsche Konkursordnung § 1)[2]. Gegenstände, die dem Kridar nicht gehören, nur faktisch sich in

---

[1] Späterhin auch die bremische Gesetzgebung, vgl. Verordnung für Debit- und Nachlaßsachen 1843, Verordnung betreffend die Bestellung eines Pfandrechts an beweglichen Sachen von 1848, Erb- und Handfestenordnung von 1860 und Verordnung vom 11. Mai 1864.
[2] Die gerichtliche Verfolgung von Ansprüchen des Kridars zum Zwecke der Vervollständigung der Aktivmasse ist aber **nicht** Bestandteil des Konkursverfahrens. Das Konkursrecht regelt, was diese Prozesse betrifft, nur die Vertretung des Kridars durch den Kurator.

seinen Händen befinden, gehören demnach nicht zur Masse[1]; eine unrechtmäßige Veräußerung solcher Gegenstände nach der Konkurseröffnung muß schon nach allgemeinen Grundsätzen der Masse zur Herausgabe etwaiger Bereicherung verpflichten, und weiter noch geht in dieser Beziehung die deutsche Konkursordnung § 38. Gegenstände, die zwar dem Kridar gehören, aber der Zwangsvollstreckung nicht unterliegen oder unveräußerlich sind, gehören ebenfalls nicht zur Masse, wohl aber gehören die Einkünfte von Nutzungsrechten dazu. (Vgl. über den Nießbrauch des Kridars am Vermögen seiner Ehefrau und seiner Kinder deutsche Konkursordnung § 1 Absatz 2.) Ein nach der Konkurseröffnung gemachter wirklich neuer Erwerb gehört nach der in der deutschen Konkursordnung § 1 gebilligten richtigen Ansicht nicht zur Konkursmasse. Was solche Personen betrifft, die vor der Konkurseröffnung mit dem Kridar kontrahiert und diesem Vermögensobjekte übergeben haben, so ist die Frage, ob sie diese Objekte aus der Masse zurückfordern, aussondern können, davon abhängig, ob sie das fragliche Objekt nur faktisch dem Kridar übergeben oder aber ihn zum Eigentümer bezw. sonst Verfügungsberechtigten in eigenem Namen gemacht haben; ist dies geschehen, so haben sie nicht ein Rückforderungsrecht, sondern eine im Konkurse anzumeldende Forderung auf die Gegenleistung. Dabei gilt aber nach § 36 der deutschen Konkursordnung, welche hierin anderen modernen Rechten (dem englischen und französischen Rechte) sich anschließt, zu Gunsten eines Verkäufers oder Einkaufskommissionärs, der Waren von einem anderen Orte an den Gemeinschuldner absendet, eine besondere auf Billigkeitsgründen ruhende Ausnahme.

Auf das im Auslande befindliche Vermögen des Kridars erstreckt sich der Konkurs, abgesehen von besonderer, etwa durch Staatsverträge vereinbarter gesetzlicher Bestimmung, der richtigen Ansicht nach ipso iure nicht, da die unmittelbare Wirkung der Konkurseröffnung auf der Arrestanlage (Beschlagnahme) des Vermögens beruht, und diese nur soweit reicht als die territoriale Zwangsgewalt. Daher kann nach deutscher Konkursordnung § 207 in das im Inlande (Deutschen Reiche) befindliche Vermögen eines im Auslande in Konkurs geratenen Schuldners Zwangsvollstreckung stattfinden und (§ 208) Partikularkonkurs, wenn der Ausländer z. B. im Deutschen Reiche eine Fabrik und dergleichen besitzt. Es ist selbstverständlich Pflicht des inländischen Konkurskurators, auf eine Ausantwortung des im Auslande befindlichen Vermögens hinzuwirken, und was rechtmäßig herbeigeschafft wird, fällt damit in die inländische Konkursmasse.

Wenn aber unter den oben angegebenen Beschränkungen der Konkurs das gesamte Vermögen des Gemeinschuldners begreift, so kann doch noch die praktisch wichtige Frage aufgeworfen werden, ob das dingliche Recht des Pfandgläubigers dem durch die Konkurseröffnung begründeten Rechte der Konkursgläubiger in der Art zu weichen habe, daß der Pfandgläubiger, wenn auch selbstverständlich, was den Erlös aus dem Pfandobjekte betrifft, mit Vorzugsrecht vor den nicht besonders bevorzugten Gläubigern, das Pfandobjekt in die Masse einzuwerfen und als Konkursgläubiger sich zu melden habe. Das gemeine Recht hat mit Berufung auf die sogenannte Universalität des Konkurses diese Frage für die hypothekarischen Gläubiger bejaht, und nur für das sogenannte Faustpfandrecht hat die Praxis nicht selten, beeinflußt durch Grundsätze des deutschen Rechts, anerkannt, daß der Faustpfandgläubiger, ohne als Konkursgläubiger sich melden zu müssen, sich aus dem Erlöse des Faustpfandes befriedigen könne und nur den etwaigen Überschuß des Erlöses über seine Forderung der Konkursmasse einzuliefern verbunden sei. Die deutsche Konkursordnung, hierin der preußischen Konkursordnung folgend, hat mit gutem Grunde zum Vorteil sowohl des

---

[1] Die deutsche Konkursordnung § 35 spricht hier vom „Aussonderungsrechte" und verweist rücksichtlich dieses auf das bürgerliche Recht. — Das gemeine Recht und ebenso die deutsche Konkursordnung giebt den Konkursgläubigern kein Recht auf solche Gegenstände, die sich scheinbar im Eigentum des Kridars befinden, und hier wird dann insbesondere wichtig die Vindikation der Ehefrau. Die deutsche Konkursordnung § 37 giebt, indem sie im übrigen das bürgerliche Recht über die Rechte der Ehefrau im Konkurse des Mannes entscheiden läßt — wobei namentlich der Unterschied von Gütergemeinschaft und Dotalrecht in Betracht kommt —, als Schranke für das Partikularrecht und zugleich als prozessuale Bestimmung nur die Vorschrift: „Die Ehefrau des Gemeinschuldners kann Gegenstände, welche sie während der Ehe erworben hat, nur in Anspruch nehmen, wenn sie beweist, daß dieselben nicht mit Mitteln des Gemeinschuldners erworben sind."

Realkredits[1] wie im Interesse einer einfacheren Erledigung des Konkurses bestimmt, daß die Pfandgläubiger abgesonderte Befriedigung aus den Gegenständen ihres Pfandrechts erlangen, und nur der Überschuß in die Masse fällt[2], und sie hat mit Rücksicht auf die Bedürfnisse des Verkehrs gewissen Retentionsrechten im Konkurse die Kraft eines Faustpfandes beigelegt, so z. B. (vgl. § 41) den Gastwirten wegen ihrer Forderung für Wohnung und Bewirtung des Gastes in Ansehung der von dem Gaste eingebrachten, von dem Wirte zurückbehaltenen Sachen, denjenigen, denen nach dem Handelsgesetzbuche an gewissen Gegenständen ein Pfandrecht oder Zurückbehaltungsrecht zusteht, in Ansehung dieser Gegenstände u. s. w. Zugleich sind in dem Einführungsgesetze (§§ 14. 15) die Erfordernisse des Faustpfandes im Sinne der Konkursordnung festgesetzt (b. h. in dem Sinne, daß ohne dieselben das Faustpfand im Konkurse nicht anerkannt wird, während im übrigen die Frage, ob ein Faustpfandrecht vorliegt, nach dem materiellen Rechte, insbesondere nach dem Landesrechte sich entscheidet). In den meisten Fällen wird Übergabe des Pfandes an den Gläubiger gefordert.

Das Vermögen des Erben verschmilzt juristisch nach dem Erwerbe der Erbschaft mit dem Nachlasse des Erblassers zu einer Einheit. Daher ist es an sich gleichgültig, ob der Erblasser oder der Erbe die Schulden kontrahiert, die Überschuldung des e i n e Masse bildenden Vermögens herbeigeführt hat: die von dem Erblasser und die von den Erben herrührenden Schulden rangieren durcheinander. Allein den Gläubigern des Erblassers gegenüber enthält dies Prinzip eine Unbilligkeit: sie konnten, indem sie dem vielleicht sehr vertrauenswerten Erblasser kreditierten, das Schicksal der Erbschaft nicht vorhersehen. Das römische Recht gewährt daher den Gläubigern des Erblassers (und den Vermächtnisnehmern) das Recht, abgesonderte Befriedigung aus der Erbschaft zu verlangen, und dies Recht wird, soweit es die Landesgesetze geben, anerkannt in der deutschen Konkursordnung § 43. Der im preußischen Rechte anerkannte Absonderungsanspruch der Gläubiger des Erben wird von der deutschen Konkursordnung nicht anerkannt, mit Recht; denn die Übernahme selbst einer überschuldeten Erbschaft ist den Gläubigern der Erben gegenüber nichts anderes als eine ökonomisch leichtsinnige Handlung der letzteren, und gegen derartige Handlungen des Schuldners ist man auch sonst nicht gesichert: licet alicui adiiciendo sibi creditorem creditoris sui facere deteriorem conditionem (l. 1 § 2 D. de separationibus 42, 6)[3].

Wie die Masse durch Früchte und Einkünfte während des Konkurses vermehrt wird, so muß sie auch durch notwendige und nützliche Verwendungen verringert werden; d. h. Schulden, die der Vertreter der Masse als solcher während des Konkurses kontrahiert, M a s s e s c h u l d e n, müssen von dem Ertrage der Masse vorabgezogen werden, ein Satz, der im eigenen wohlverstandenen Interesse der Konkursgläubiger liegt. Es gehören dahin aber nicht nur Schulden, die auf dem Willen dieses Vertreters (Konkurskurators) beruhen, sondern auch Ansprüche aus grundloser Bereicherung (z. B. wegen Veräußerung einer dem Kridar nicht gehörigen Sache) und die fortlaufenden (nicht rückständigen) auf den einzelnen Vermögensobjekten haftenden Abgaben und dinglichen Lasten (Reallasten), und w e n n der Konkurskurator im Interesse der Masse von einem Dritten die Erfüllung eines von dem Kridar abgeschlossenen Vertrages fordert, diese Erfüllung aber nicht anders als durch eine Leistung seinerseits (die der Kridar übernommen hatte) erlangen kann, so ist die Forderung des Dritten auf diese Leistung gleichfalls Masseschuld. Auch die dem Gemeinschuldner und dessen Familie während der Dauer des Konkurses bewilligte Unterstützung ist Masseschuld (deutsche Konkursordnung § 51a). Die deutsche Konkursordnung §§ 50 ff. unterscheidet unter den Masseschulden im gemeinrechtlichen eben dargelegten Sinne Masseschulden und

---

[1] Die Realgläubiger wurden früher benachteiligt einerseits durch die oft langsame Erledigung des Konkurses, andererseits dadurch, daß die oft sehr beträchtlichen generellen Unkosten des Konkurses und die sogenannten absolut privilegierten Forderungen auch von dem Erlöse der Pfandobjekte mit vorabgenommen wurden.

[2] Nach gemeinem Rechte entschied über die Befriedigung nicht selten der vielbesprochene Unterschied der Separatisten ex iure dominii und der Separatisten ex iure crediti, ein Unterschied, der, so schwerwiegend er war, doch nicht selten äußerst zweifelhaft erschien.

[3] Über ein Absonderungsrecht des Miteigentümers oder Socius nach der deutschen Konkursordnung vgl. deutsche Konkursordnung § 44.

Maffekoften; erftere gehen bei etwaiger Infuffizienz der Maffe den letzteren vor (§ 53), Maffekoften find (vgl. die Aufzählung in der deutfchen Konkursordnung § 51) die Koften des Befriedigungsverfahrens.

Mit der Eröffnung des Konkurfes muß der Kridar die Difpofition über das zur Maffe gehörige Vermögen verlieren[1], wenngleich fein Eigentumsrecht dadurch nicht aufhört, da die Konkursgläubiger, in deren Gefamtintereffe die Konkurseröffnung erfolgt, nicht Univerfalfucceffören des Kridars find, fondern nur ein Pfandrecht an den fämtlichen einzelnen Vermögensobjekten erlangen[2]. Der Kridar muß daher in Anfehung der Maffe einen Vertreter erhalten, und wie ein redlich verfahrender Schuldner zugleich im Intereffe feiner Gläubiger handelt, fo hat auch der Konkurskurator[3] die Intereffen der Gläubiger mit wahrzunehmen (das Vermögen möglichft heranzuziehen und für eine möglichft vorteilhafte und fichere Verwertung zu forgen), und hieraus erklärt fich denn auch, daß das Gefetz (vgl. deutfche Konkursordnung §§ 121 ff.) bei befonders wichtigen oder der regelmäßigen Verwaltung nicht angehörenden Schritten den Kurator (Verwalter nach der Terminologie der deutfchen Konkursordnung) verpflichtet, die Anficht der Gläubiger (Gläubigerverfammlung oder bezw. des Gläubigerausfchuffes) einzuholen, einige in Anfehung der Verwaltung zu faffende Befchlüffe auch den Gläubigern, als den de facto nächft Intereffierten, allein vorbehalten hat. Aber fowenig das berechtigte Intereffe des Kridars — diefen könnte z. B. eine im Intereffe eines oder mehrerer Gläubiger vielleicht gelegene Verfchleuderung feines möglicherweife felbft materiell fufficienten Vermögens fchädigen — als das öffentliche Intereffe, welches im Konkurfe eine nicht unbedeutende Berückfichtigung verdient, dürfen unter verkehrten Maßnahmen des Verwalters wie der Gläubiger, die ja möglicherweife untereinander fchimpfliche Transaktionen[4] vornehmen könnten, leiden. Daher fteht der Verwalter, der ein munus publicum verfieht, unter Auffficht des Gerichts (deutfche Konkursordnung § 75), und kann von dem Gerichte die Ausführung eines von den Gläubigern gefaßten Befchluffes unterfagt werden (deutfche Konkursordnung § 91)[5]. Das gemeine Recht läßt den Kurator definitiv durch die Gläubigerfchaft wählen. Indes ift meiftens fofort bei der Konkurseröffnung, wo eine Gläubigerverfammlung fich noch nicht konftituieren kann, die Beftellung eines Kurators notwendig. Das Gericht ernannte alfo regelmäßig einen interimiftifchen Kurator. Da aber das Gericht felbftverftändlich die vorausfichtlichen Intereffen der Gläubiger berückfichtigt, fo wurde der interimiftifche Kurator regelmäßig auch von der Gläubigerfchaft gewählt und dann vom Gerichte definitiv beftätigt. Daher hat die deutfche Konkursordnung §§ 70—72 die Beftellung des Verwalters einfach dem Gerichte überwiefen, der Gläubigerfchaft aber freigeftellt, demnächft einen anderen zu wählen, dem aber das Gericht doch (ebenfo wie im früheren gemeinen Rechte) die Ernennung verfagen kann.

Der Verwalter, deffen Pflichten und Rechte in Anfehung der Verwaltung, Rechnungsführung die deutfche Konkursordnung durch Detailbeftimmungen genauer regelt, hat Anfpruch auf Erfatz von Auslagen und ein vom Konkursgerichte zu beftimmendes Honorar (aus der Konkursmaffe). Über die Konftituierung der Gläubigerfchaft, infofern diefelbe Befchlüffe zu faffen hat, die Beftellung und die Befugniffe eines Gläubigerausfchuffes beftimmen Genaueres die §§ 79 ff. der deutfchen Konkursordnung.

---

[1] Er verliert nur die Difpofition über die Maffe, wird nicht handlungsunfähig. Daher kann er einen angebotenen Erwerb (Erbfchaft, Schenkung) ausfchlagen und Anfprüche, deren Verfolgung der Kurator ablehnt, kann der Kridar felbftändig vor Gericht verfolgen.
[2] Diefe allerdings nicht neue und fehr beftrittene juriftifche Konftruktion des Verhältniffes der Konkursgläubiger dürfte die einzig durchführbare fein. Neuerdings ift fie vertreten und auch in den einzelnen Anwendungen verfolgt worden in der Schrift L. Seufferts, Zur Gefchichte und Dogmatik des deutfchen Konkursrechts. 1. Abteil. 1888, freilich nicht ohne fofort den Widerfpruch Endemanns (Zeitfchr. für deutfch. Civilprozeß XII 517 ff.) und Otkers (ebenda XV 5 ff.) hervorzurufen.
[3] Er braucht kein Jurift zu fein. In kaufmännifchen Konkurfen wählt man in Handelsftädten oft Kaufleute zu Kuratoren.
[4] Gegen folche fchimpfliche Transaktionen richtet fich die Strafbeftimmung des § 213 der deutfchen Konkursordnung.
[5] Nach der deutfchen Konkursordnung allerdings nur auf in der Gläubigerverfammlung geftellten Antrag des Verwalters oder eines überftimmten Gläubigers.

v. Bar, Civilprozeß.

Was speciell die Rechte und Pflichten des Kurators als Vertreter der Masse in Ansehung **zweiseitiger Kontrakte** betrifft, so sind dieselben durch den Grundsatz zu bebestimmen, daß die Konkursgläubiger Pfandgläubiger auch bezüglich der aus solchen Kontrakten dem Kridar zustehenden Forderungen sind. War der Vertrag von der anderen Seite, nicht aber vom Kridar erfüllt, so liegt den Gläubigern keine Verpflichtung zur Rückgabe der empfangenen Leistung ob, da der Pfandgläubiger als solcher nur berechtigt, nicht verpflichtet ist: der andere Kontrahent kann seine Gegenforderung nur als Konkursforderung geltend machen (deutsche Konkursordnung § 21). Ist umgekehrt die Leistung des anderen Kontrahenten noch nicht erfolgt, und stand dem Kridar, wenn er dieselbe gefordert hätte, die Einrede des nicht erfüllten Vertrages entgegen, die er erst durch **seine** Leistung zu beseitigen hatte, so steht diese Einrede, wie sie z. B. auch einem Cessionar entgegenstehen würde, auch dem Kurator (Verwalter) entgegen: er kann die Gegenleistung nur gegen seine (des Kridars) Leistung verlangen; aber er kann zur Erfüllung des Kontrakts durch den anderen Kontrahenten, der etwa seine Leistung offeriert, nicht gezwungen werden, kann mithin sich durch den Kontrakt für nicht gebunden erklären und z. B. eine von dem Kridar vermietete Sache veräußern, wobei dem Mieter dann nur die Geltendmachung der Entschädigungsforderung als einer Konkursforderung bleibt. Diese im § 15 bestätigten Grundsätze hat die deutsche Konkursordnung indes hinsichtlich der Pacht= und Mietverträge über Sachen, sowie hinsichtlich der Dienstmiete modifiziert, einerseits mit Rücksicht darauf, daß der Übergabe der Sache an den Mieter bezw. Pächter eine gewisse dingliche Wirkung in Übereinstimmung mit mehreren modernen Rechten zugestanden wird, andererseits aus Billigkeitsgründen. Auch kann bei allen zweiseitigen Verträgen der andere Kontrahent nach § 15 Absatz 2 von dem Verwalter sofort eine Erklärung fordern, ob er, der Verwalter, die Erfüllung begehre. Gewisse Lieferungsforderungen verwandeln sich nach § 16 durch die Konkursordnung ohne weiteres in eine Forderung auf das Interesse.

Der Verwalter kann nötigen Falls die Forderungen des Kridars gerichtlich geltend machen, wie er andererseits auch die Masse gegen Vindikationen und andere Absonderungsansprüche verteidigt. Er kann auch in die von dem Kridar begonnenen Prozesse eintreten, ist aber allerdings ebensowenig dazu verpflichtet, wie er verpflichtet ist, zweiseitige von dem Kridar geschlossene Verträge zu erfüllen. Es kann, da der Kridar mit Verbindlichkeit für die Masse nicht weiter prozessieren kann — bis etwa der Verwalter (Kurator) erklärt, im Interesse der Gläubiger seinerseits **nicht** prozessieren zu wollen — hier ein Reassumtionsverfahren eintreten. (Vgl. deutsche Civilprozeßordnung § 220.)

In einem gewissen inneren Zusammenhange mit der Frage der Erfüllung zweiseitiger Verträge steht die für den Gläubiger im Konkurse äußerst wichtige Frage, inwieweit der Kurator, der ein Aktivum des Kridars geltend machen könnte, sich die **Aufrechnung** desselben mit einer Gegenforderung gefallen lassen muß. Die Frage ist mit der Konkursordnung (§§ 46 ff.), die freilich die Antwort specieller in Ansehung unzulässiger Kompensationen giebt (vgl. § 48), einfach dahin zu beantworten, daß Schuld und Gegenforderung schon vor Eröffnung des Konkurses in derselben Person (wenn auch nur infolge einer Cession) vereinigt sein mußten, jede andere Kompensation (mit Ausnahme selbstverständlich derjenigen mit einer als Masseschuld behandelten Forderung) aber ausgeschlossen ist. Aber dies so begrenzte Kompensations= (Aufrechnungs=) Recht erleidet zugleich eine Erweiterung und eine Einschränkung gegenüber den sonst stattfindenden Kompensationsrechten; eine Erweiterung, insofern überhaupt die Konkursforderung sich in Geldforderung umsetzt und deshalb die Gleichartigkeit der Forderungen nicht in Betracht kommt, auch das Erfordernis der Fälligkeit und Unbedingtheit im Konkurse ihrer Geltendmachung nicht entgegensteht; eine Einschränkung, insofern eine gewisse Zurückbeziehung der Wirkungen der Konkurseröffnung bei fraudulos vorgenommenen Rechtsgeschäften eintritt (deutsche Konkursordnung § 48 3), in welcher letzteren Beziehung die deutsche Konkursordnung die actio Pauliana des früheren gemeinen Rechts erweitert (vgl. unten).

Die im Konkurse geltend zu machenden Ansprüche, welche nur nach Maßgabe der Konkursordnung befriedigt werden können (**Passivmasse**), bestehen aus den persönlichen, einen Vermögenswert besitzenden Forderungen gegen den Gemeinschuldner. Ansprüche, die keinen Vermögenswert besitzen, sind nicht im Konkurse geltend zu machen. Die gemeinschaftliche bezw. verhältnismäßige Befriedigung aller jener Forderungen erfordert aber die Reduktion aller nicht unmittelbar auf Geld gerichteten Forderungen auf einen Geldwert und zwar auf einen gegenwärtigen Geldwert, was namentlich wichtig wird bei betagten Forderungen und wiederkehrenden Leistungen von bestimmter bezw. unbestimmter Dauer, und es ist deshalb zugleich erforderlich, einen der Geltendmachung der Forderung sonst noch entgegenstehenden dies oder selbst eine ihr zur Zeit noch haftende conditio nicht als Hindernis ihrer Geltendmachung im Konkurse zu behandeln. Doch bestimmt die deutsche Konkursordnung § 60, daß Forderungen unter aufschiebender Bedingung nur zu einer Sicherstellung berechtigen; d. h. sie berechtigen zu einer bis zur Befriedigung fortdauernden Kaution, wenn das Civilrecht dem fraglichen Anspruche eine derartige Kaution gewährt; sonst findet nach der deutschen Konkursordnung § 142 nur bei den Abschlagszahlungen[1], nicht aber bei der Schlußverteilung eine Berücksichtigung der Forderungen unter aufschiebender Bedingung statt. Mit der Forderung selbst können deren Accessionen, insbesondere Zinsen,[2] geltend gemacht werden: doch bestimmt die deutsche Konkursordnung § 56 1, hierin einer bereits für das frühere gemeine Recht von vielen in Ansehung der Verzugszinsen aufgestellten Meinung folgend, daß überhaupt die seit der Eröffnung des Konkurses laufenden Zinsen im Konkursverfahren nicht geltend zu machen sind. Die in älterer Zeit oft vorkommende Benachteiligung ausländischer Gläubiger ist schon dem früheren gemeinen Rechte fremd, aber durch die deutsche Konkursordnung § 4 noch ausdrücklich (vorbehaltlich des Retorsionsrechtes) ausgeschlossen. Dagegen sind einige Forderungen, welche nach dem früheren gemeinen Rechte hinter allen anderen Forderungen rangierten und daher regelmäßig doch leer ausgingen, durch die deutsche Konkursordnung § 56 Nr. 3. 4 von der Geltendmachung im Konkurse gänzlich ausgeschlossen: Geldstrafen, Forderungen aus Liberalitäten.

Die verwickelte Rangordnung der Konkursforderungen des früheren gemeinen Rechts ist nach der deutschen Konkursordnung § 54 (vgl. auch Einführungsgesetz zur deutschen Konkursordnung §§ 12. 13. 17 und Civilprozeßordnung § 709 über das sogenannte pignus in causa iudicati captum) durch eine einfache, leicht zu handhabende ersetzt. Es sind nur wenige, meistens auch nicht übermäßig erhebliche Forderungen[3] (öffentliche Abgaben, Forderungen der Ärzte, Apotheker u. s. w. in bestimmter zeitlicher Begrenzung), denen ein Privileg beigelegt wird, — so freilich, daß iura quaesita nach dem Einführungsgesetze in gewissem Umfange durch die Landesgesetzgebung geschont werden können, und daß die Landesgesetzgebung (nach einer Resolution der Reichstagskommission die Reichsgesetzgebung) gewissen Wertpapieren ein Vorzugsrecht durch Eintragung in öffentliche Schuldbücher gewähren kann. Die Generalhypotheken des bisherigen gemeinen Rechts, welche dem Kredite ganz besonders nachteilig waren, sind nach Maßgabe des § 40 der deutschen Konkursordnung beseitigt, insoweit sie auf Mobilien sich erstrecken; eine Anzahl bereits erworbener Generalhypotheken kann nach Maßgabe der Landesgesetzgebung in Vorzugsrechte verwandelt werden, die in öffentliche Bücher eingetragen werden müssen. (Vgl. preußisches Einführungsgesetz §§ 18 ff. 25 ff.; Einführungsgesetz zur deutschen Konkursordnung § 12.)

Was das Verfahren betrifft, so setzt die Eröffnung des Konkurses, welcher, wie nach früherem gemeinen Rechte, ausschließlich vor das Gericht des Domizils des Gemeinschuldners gehört (deutsche Konkursordnung § 64), nach der deutschen Konkursordnung §§ 94. 95 ebenso wie nach der für das frühere gemeine Recht richtigen Ansicht einerseits nur die Zahlungsunfähigkeit des Kridars (nicht die schwer festzustellende Insufficienz des Vermögens), andererseits aber einen Antrag sei es eines Gläubigers, sei es des Gemeinschuldners selbst voraus,

---

[1] Durch einstweilige Reservation der Summe.
[2] Aber nach der deutschen Civilprozeßordnung § 55 1 nur die vor Eröffnung des Konkurses erwachsenen Kosten.
[3] Vgl. jedoch die deutsche Civilprozeßordnung § 54 Nr. 5: „Forderungen der Kinder und Pflegebefohlenen des Gemeinschuldners in Ansehung ihres gesetzlich der Verwaltung desselben unterworfenen Vermögens".

so daß eine oft von der Praxis vorgenommene, in Partikularrechten gut geheißene Eröffnung von Amts wegen, welche leicht den Interessen des Kridars wie der Gläubiger verhängnisvoll werden kann, ausgeschlossen ist. Das Gericht nimmt, wenn die Eröffnung des Konkurses beantragt ist, eine Untersuchung der Sache vor: der Antrag eines Gläubigers erfordert (deutsche Konkursordnung § 97) Glaubhaftmachung der Voraussetzungen der Konkurseröffnung. Gegen den abweisenden oder stattgebenden Beschluß des Gerichts kann nach dem früheren gemeinen Rechte Appellation, nach der deutschen Konkursordnung § 101 sofortige Beschwerde zur Hand genommen werden.

Die unmittelbare Wirkung der Eröffnung des Konkurses ist ein genereller Arrest auf das Vermögen des Schuldners, Dispositionsunfähigkeit des Gemeinschuldners in Ansehung der Konkursmasse, soweit die Rechte der Konkursgläubiger in Betracht kommen. Daraus folgt auch, daß nunmehr Zahlungen an den Gemeinschuldner den Konkursgläubigern (dem Kurator) gegenüber an sich nicht mehr liberieren und nur als faktische Bereicherungen der Masse liberierende Wirkung haben können, und die deutsche Konkursordnung knüpft diese weitgehenden Wirkungen der Konkurseröffnung an den Eröffnungsbeschluß selbst, nicht an dessen Behändigung oder öffentliche (allerdings in § 103 vorgeschriebene) Bekanntmachung. Die deutsche Konkursordnung § 7 hat sich deshalb aber auch veranlaßt gefunden, zu Gunsten eines ohne Kenntnis der Konkurseröffnung Zahlenden (Leistenden) Ausnahmen zu machen.

Da der Konkurs eine generelle Exekution in das Vermögen sein soll, so finden nach der Konkurseröffnung Zwangsvollstreckungen in das Vermögen des Gemeinschuldners nicht mehr statt; die begonnenen Zwangsvollstreckungen werden sistiert vorbehaltlich der Exekutionen zu Gunsten Aussonderungsberechtigter (deutsche Konkursordnung § 11). Aber die allgemeine Beschlagnahme zu Gunsten der Gesamtheit der Konkursgläubiger hindert zugleich die fernere Entstehung irgendwelcher dinglicher oder Vorzugsrechte, sollte diese auch (wie z. B. wenn ein Gläubiger ein Recht auf Eintragung einer Hypothek bereits vor der Konkurseröffnung in öffentlicher Urkunde eingeräumt erhalten haben sollte) ohne irgendwelches Zuthun des Gemeinschuldners, das selbstverständlich ohne Bedeutung sein würde, erfolgen können. (Deutsche Konkursordnung § 12.)

Behufs Sicherung der Konkursgläubiger hat indes bereits das römische Recht es für nötig befunden, die Wirkungen der Konkurseröffnung in gewissem Umfange gleichsam zu antedatieren, d. h. eine Anfechtung von dem Gemeinschuldner vor der Konkurseröffnung vorgenommener Rechtsgeschäfte in gewissem Umfange den benachteiligten Konkursgläubigern zu gestatten (mittels der actio Pauliana), da ohne dies der Gemeinschuldner, der die Insufficienz seines Vermögens kennt und die demnächstige Eröffnung des Konkurses voraussieht, durch Rechtsgeschäfte und insbesondere Liberalitäten das Vermögen den Gläubigern im voraus entziehen könnte. Es kann diese Anfechtung aber freilich, wenn nicht andererseits die Sicherheit des Rechtsverkehrs leiden soll, nur gestattet sein bei betrüglich von dem Gemeinschuldner (in fraudem creditorum) vorgenommenen Rechtsgeschäften, und der andere Kontrahent wird, wenn er in gutem Glauben gehandelt hat, nicht leiden, d. h. nicht über die Bereicherung haften dürfen. Die gemeinrechtlichen Vorschriften über die Zulässigkeit der actio Pauliana sind aber, da sie in der Praxis vielfach als unzulänglich sich zeigten und besonders die Schwierigkeit des Beweises eine bedeutende war, nicht unwesentlich zu Gunsten einer möglichen Anfechtung modifiziert worden durch die deutsche Konkursordnung §§ 22 ff. So ist z. B. die Anfechtung von Liberalitäten, die innerhalb eines Jahres vor der Konkurseröffnung geschehen sind, ohne weiteres gestattet, bei der Anfechtung entgeltlicher Verträge, die der Kridar mit seinem Ehegatten beziehungsweise gewissen nahen Verwandten und Verschwägerten in dem letzten Jahre vor Eröffnung des Verfahrens geschlossen, die Beweislast über die Nichtexistenz einer fraudulosen Absicht diesen letzteren Personen auferlegt.

Cosack, Das Anfechtungsrecht der Gläubiger eines zahlungsunfähigen Schuldners. 1884.

Mit den Wirkungen, welche die Konkurseröffnung auf Ehren= und politische Rechte, z. B. Wahlrechte des Schuldners, hat (Entziehung des Rechts an der kaufmännischen Börse zu erscheinen), beschäftigt sich die deutsche Konkursordnung nicht. In der That hängen diese

Wirkungen von der Auffassung anderer Rechtsinstitutionen ab: die Konkurseröffnung bedeutet für diese nur ökonomische Unselbständigkeit beziehungsweise ökonomische Unzuverlässigkeit, unter Umständen auch eine gewisse Beeinträchtigung des Rufes. Dagegen hat die deutsche Konkursordnung (vgl. z. B. §§ 93. 94 ff.) eine Reihe von faktischen Sicherheitsmaßregeln bei Eröffnung des Konkurses teils vorgeschrieben, teils zum Ermessen des Gerichtes verstellt. Zum Teil haben diese Sicherheitsmaßregeln den Zweck, die Konkurseröffnung möglichst rasch zur Kunde aller Beteiligten zu bringen.

Behufs Feststellung der Passivmasse findet nach der deutschen Konkursordnung (§ 103) ebenso wie nach dem früheren gemeinen Rechte eine öffentliche Aufforderung zur Anmeldung der Konkursforderungen statt, nicht aber, wie nach dem früheren gemeinen Rechte, ein förmliches Ausschlußverfahren (Präklusivbescheid) gegenüber etwaigen nicht rechtzeitig angemeldeten Forderungen. Vielmehr besteht der Nachteil verspäteter Meldung, abgesehen von der Tragung der dadurch veranlaßten besonderen Kosten (deutsche Konkursordnung § 130 am Ende), nur darin, daß die später sich meldenden Gläubiger einerseits das, was ohne ihr Zuthun festgestellt ist, nicht zu beanstanden vermögen und, insoweit bereits Verteilungen stattgefunden haben oder aber eine Verteilung bereits (durch Ablauf der Ausschlußfrist für Einwendungen) definitiv festgestellt ist, auf den etwa verbleibenden Rest angewiesen, nach Ausschüttung der gesamten Masse also ipso facto ausgeschlossen sind. (Vgl. namentlich deutsche Konkursordnung § 143.)

Die Forderungen der Konkursgläubiger richten sich zunächst gegen den Kridar, also da dieser dispositionsunfähig ist in Bezug auf die Masse, gegen dessen gerichtlich bestellten Vertreter, nach dem früheren gemeinen Rechte gegen einen besonderen, gerade zur Prüfung und eventuell Bestreitung der Konkursforderungen bestellten Vertreter, den sogenannten Kontradiktor, nach der deutschen Konkursordnung, die hierin neueren Partikularrechten, insbesondere auch der preußischen Konkursordnung gefolgt ist, gegen den Verwalter (Kurator), der also die Funktionen des Kurator und des Kontradiktor des früheren gemeinen Rechts in sich vereinigt. Es versteht sich indes von selbst, daß die Erklärungen des Kridars selbst für den Kurator, wenn sie auch formell nichts entscheiden, doch faktisch vielfach bestimmend sein werden und insbesondere auch zur Aufklärung für die übrigen Gläubiger dienen. Daher schreibt § 129 Absatz 2 der deutschen Konkursordnung vor: „Der Gemeinschuldner hat sich (in dem Prüfungstermine) über die Forderungen zu erklären", während doch nach § 132 für den Konkurs[1] nur der etwaige Widerspruch des Verwalters oder eines Gläubigers juristisch von Bedeutung ist. Die Relevanz eines Widerspruchs eines Gläubigers erklärt sich aber daraus, daß jeder vorgehende oder gleichstehende Gläubiger die Exekutionsmasse für die übrigen verringert; die Gläubiger erscheinen daher, wenn das Verhältnis derselben juristisch konstruiert werden soll, als Intervenienten in Ansehung der Masse, und daher kann denn auch der Verwalter, wenn er glaubt, eine Forderung zugestehen zu sollen, als Partei bezüglich der angemeldeten Forderung zurücktreten und ein widersprechender Gläubiger nunmehr als alleinige Partei, genau betrachtet als Intervenient, den etwaigen Prozeß führen, und möglicherweise können so mehrere Gläubiger gemeinschaftlich gegen mehrere andere prozessieren. Streng genommen hat nun allerdings der Kontradiktor und ebenso der Kurator kein Interesse an der Rangordnung, daher auch kein Interesse an der Existenz oder Nichtexistenz eines in Anspruch genommenen Vorrechts; denn dadurch wird die allgemeine Masse nicht verringert, sondern nur die Ordnung der einzelnen Gläubiger affiziert. Nach dem früheren gemeinen Rechte war daher auch dem Kontradiktor und ebenso dem Kurator die Befugniß, über ein beanspruchtes Vorrecht zu prozessieren, nicht zuzugestehen. Nach der deutschen Konkursordnung wird dem Verwalter, der auch das beanspruchte Vorrecht prüfen soll, diese Befugnis nicht bestritten werden können; es wird dem Verwalter aber andererseits freistehen, wenn etwa nur einzelne Gläubiger an der Bestreitung des fraglichen Vorrechts interessiert sind, und der Anspruch auf das Vorrecht immerhin Gründe für sich hat, die Bestreitung und das

---

[1] Nach Beendigung des Konkurses kann allerdings nach der deutschen Konkursordnung § 152 Abs. 2 die Erklärung des Kridars diesem selbst gegenüber juristisch bedeutsam werden.

etwaige Prozessieren den interessierten Gläubigern zu überlassen. Auf die formelle Feststellung der unbestrittenen Forderungen und Vorrechte beschränkt sich nach der deutschen Konkursordnung das Konkursverfahren; die Feststellung bestrittener Forderungen und Vorrechte gehört nach der deutschen Konkursordnung (während das gemeine Konkursrecht in dem Prioritätsurteile auch über bestrittene Forderungen und Vorrechte mindestens durch Beweisurteil, also unter der Bedingung zu erbringender Beweise, entscheiden ließ) nicht in das Konkursverfahren, sondern bildet den Gegenstand von Specialprozessen, deren Ergebnisse allerdings (vgl. deutsche Konkursordnung § 135) allen Gläubigern gegenüber wirken und von den interessierten Personen zur Kenntnis des Verwalters gebracht werden. Die sogenannte Vis attractiva des Konkurses ist sonach auch eine beschränktere als nach gemeinem Rechte. Nach gemeinem Rechte wird das Konkursgericht für alle Forderungen, deren Befriedigung aus der Masse gewollt wird, das ausschließlich zuständige Gericht, nur daß bereits rechtshängige Forderungen bei dem Gerichte erstritten werden, bei welchem sie zur Zeit der Konkurseröffnung anhängig waren; nach der deutschen Konkursordnung wird das Konkursgericht nur zuständig für die Konkursforderungen nach Maßgabe der allgemeinen Kompetenz der Amtsgerichte, d. h. also mit Beschränkung auf die die Kompetenzgrenze der Amtsgerichte bildende Wertsumme: doch tritt allerdings (vgl. § 134 Absatz 2) für die betreffenden (noch nicht anderwärts anhängigen) Prozesse höheren Wertbetrages dasjenige Landgericht als ausschließliches Forum ein, zu dessen Bezirke das Konkursgericht gehört.

Die Verteilung des Erlöses der Masse erfolgte nach dem früheren gemeinen Konkursrechte prinzipiell auf einmal nach Feststellung der Liquidität und Priorität der sämtlichen Konkursforderungen; nur ausnahmsweise konnten bevorzugte Forderungen (die selbstverständlich unzweifelhafte sein mußten) vorweg nach Maßgabe der vorhandenen Bestände befriedigt werden. Das Prinzip der deutschen Konkursordnung ist dagegen das der successiven Verteilung; so oft ein nach dem Ermessen des Verwalters[1] geeigneter Bestand vorhanden ist, nimmt dieser eine Verteilung unter Reservierung der Anteile noch nicht festgestellter Forderungen vor. Während nach dem früheren gemeinen Rechte das Gericht den Distributionsbescheid abgab, fertigt nach der deutschen Konkursordnung der Verwalter das Verzeichnis der bei der Verteilung zu berücksichtigenden Forderungen an, macht dasselbe (öffentlich) bekannt, und nachdem eine Ausschlußfrist für nachträgliche Geltendmachung von Forderungen abgelaufen ist, nimmt er, nachdem den Gläubigern Gelegenheit gegeben ist, etwaige Einwendungen gegen die Art der Verteilung bei dem Gerichte geltend zu machen, die Verteilung wirklich vor. Die bei früheren Verteilungen nicht berücksichtigten Forderungen, für welche später die Voraussetzungen der Berücksichtigung erfüllt werden, kommen bei späteren Verteilungen zu dem bei den früheren Verteilungen festgesetzten Prozentsatze vorweg zur Befriedigung; aber freilich eine Herauszahlung seitens der Gläubiger, welche eine faktisch bessere Befriedigung erlangt haben, weil sie ihre Forderungen früher geltend machten, findet nicht statt[2].

Mit der Verteilung der gesamten Masse[3] erreicht das Konkursverfahren faktisch sein Ende[4]. Die deutsche Konkursordnung § 151 schreibt indes noch eine formelle Konstatierung dieser Beendigung durch einen Gerichtsbeschluß vor, welche bekannt zu machen ist. Mit der Beendigung des Konkurses hört selbstverständlich auch die Beschränkung der Dispositionsbefugnis des Gemeinschuldners auf; ebenso aber müssen der Konsequenz nach alle Beschrän-

---

[1] Nach der deutschen Konkursordnung § 138 hat allerdings der Verwalter, wenn ein Gläubigerausschuß bestellt ist, dessen Genehmigung einzuholen, und nach § 149 ist die Vornahme der Schlußverteilung an die Genehmigung des Gerichts gewiesen.

[2] Daher die besondere Wichtigkeit der Schlußverteilung.

[3] Nachträgliche Verteilungen (vgl. die deutsche Konkursordnung § 153), welche durch Freiwerden zurückbehaltener Beträge oder durch Rückzahlungen — z. B. eine Resolutivbedingung tritt ein — veranlaßt werden können, sind nicht ausgeschlossen. Sie erfolgen auf Grund des Schlußverzeichnisses.

[4] Das heißt mit Ausnahme der Beträge für Forderungen, deren Befriedigung aus der Masse noch nicht festgestellt ist. Diese Beträge werden bei Beendigung des Konkurses hinterlegt. (Deutsche Konkursordnung § 155.) Vgl. für Preußen: Hinterlegungsordnung vom 14. März 1879.

tungen für die Geltendmachung von Forderungen aufhören, welche aus dem Schweben einer General exekution, die alle anderen Exekutionen unmöglich macht, folgen. Das frühere gemeine Konkursrecht hat indes diese letztere Konsequenz nicht völlig gezogen, vielmehr, im Anschluß an Bestimmungen des römischen Rechts über die Wirkungen einer freiwilligen Abtretung der Güter an die Gläubiger behufs deren Befriedigung (cessio bonorum), dem Gemeinschuldner gegenüber der nachträglichen Geltendmachung nicht (beziehungsweise nicht voll) befriedigter Forderungen das sogenannte beneficium competentiae gewährt: d. h. die Nachforderung war an die Voraussetzung geknüpft, daß der Gemeinschuldner in bessere Vermögensumstände gekommen, und daß das neue Vermögen nicht zu seinem und der Seinigen Lebensunterhalte erforderlich war. Die deutsche Konkursordnung § 152 Absatz 1 hat mit Rücksicht einerseits auf die in der deutschen Konkursordnung in ausgedehntem Maße gegebene Möglichkeit eines Accordes, durch welchen die ökonomische Lage des Gemeinschuldners und späterer Erwerb desselben weit besser gesichert werden kann, anderseits aber mit Rücksicht auf die bei jeder Zwangsvollstreckung nach der Civilprozeßordnung stattfindende Schonung des Schuldners diese Rechtswohlthat der Kompetenz (des Notbedarfs) beseitigt.

Das Konkursverfahren wird nicht selten insofern als ein Übel bezeichnet werden können, als es selbst bei thunlichster Beschleunigung und Vereinfachung häufig den Gläubigern und auch dem Schuldner durch die notwendige prozessuale Feststellung zweifelhafter oder bestrittener Ansprüche und durch unzeitige, daher unter dem Werte erfolgende Veräußerung von Vermögensobjekten und Störung der Erwerbsthätigkeit des Schuldners schwere Schädigungen zufügt. Ein Vergleich (Accord) zwischen dem Gemeinschuldner und den Gläubigern, welcher den Gläubigern bestimmte Prozente, diese aber alsbald gewährt, wird nicht selten die Interessen der sämtlichen Beteiligten besser wahren[1]. Es fragt sich aber, da das Zustandekommen eines derartigen angemessenen Vergleichs leicht durch Unverstand, Eigensinn oder selbst Bosheit einzelner Gläubiger gehindert werden kann, ob nicht hier ein Zwang unter gewissen Voraussetzungen gerechtfertigt sei, da in der That durch den Konkurs eine gewisse Gemeinsamkeit der Interessen geschaffen, die rücksichtslose Verfolgung der Rechte der einzelnen ausgeschlossen wird. Schon das römische Recht hat diese Frage insofern bejaht, als, abgesehen davon daß die Majorität der Gläubiger gegen den Willen einer etwaigen Minorität die Eröffnung des Konkurses durch Stundung[2] abwenden kann, die einzelnen Gläubiger einer überschuldeten Erbschaftsmasse durch die Majorität der Gläubiger zu einem Nachlasse an ihren Forderungen gezwungen werden können, damit so eine Antretung der Erbschaft durch den Erben ermöglicht und die als schimpflich betrachtete bonorum venditio von dem Namen des Verstorbenen ferngehalten werde (vgl. l. 7 §§ 17—19, l. 8—18 pr. D. de pactis 2, 14). Über diesen besonderen Fall aber ist bereits die gemeinrechtliche Praxis fast überall hinausgegangen, und mit Rücksicht auf die Bedürfnisse des Handelsstandes, welchem an schneller Erledigung der Konkurse besonders liegen muß, haben die Gesetzgebungen vieler großer Handelsstaaten, insbesondere Frankreichs und Englands, den Zwangsvergleich in ausgedehntem Maße anerkannt. Diesem Beispiele ist die preußische Konkursordnung und nunmehr die deutsche Konkursordnung §§ 160 ff. mit gutem Grunde gefolgt. Die deutsche Konkursordnung geht dabei von dem Prinzipe aus, daß ein unbedingter Zwang der Minorität der Gläubiger durch die Majorität nicht gerechtfertigt sei, da in der That die Majorität gegenüber der besonderen Lage der einzelnen Gläubiger unbillig verfahren könnte, daß vielmehr jeder Vergleich erst durch die Genehmigung des Konkursgerichts wirksam werde, welches, wenn ein Gläubiger widerspricht, den Vergleichsvorschlag mit Rücksicht auf das Interesse der Konkursgläubiger zu prüfen hat. Außerdem ist Für-

---

[1] Oft werden auch dritte Personen für die Erfüllung dieses Vergleichs eintreten oder Opfer bringen, um dem Gemeinschuldner, der ihnen persönlich nahe steht, bald wieder eine Erwerbsthätigkeit zu ermöglichen.
[2] Die gemeinrechtlichen landesherrlichen Moratorien, die schon durch die Partikulargesetzgebung mehr und mehr beseitigt waren, sind in die deutschen Reichsjustizgesetze nicht aufgenommen.

forge dafür getroffen, daß der Vergleich nicht offenbar unbillige Bestimmungen enthalte[1], und daß die Wohlthat desselben nicht Gemeinschuldnern zu teil werde, welche durch unehrenhaftes oder verdächtiges Verhalten derselben unwürdig erscheinen[2], sowie auch dafür, daß ein Vergleich erst nach gehöriger Prüfung der Sachlage zwangsweise bewilligt werden kann. (Deutsche Konkursordnung § 160.)

Die Wirkung des Zwangsvergleichs besteht in der Aufhebung des Konkursverfahrens[3] unter der festgesetzten definitiven Reduktion der Forderungen und zwar nach der deutschen Konkursordnung § 178[4] aller nicht privilegierten Forderungen, auch der Forderungen derjenigen Gläubiger, welche nicht an dem Konkursverfahren teilgenommen haben: für den Rest wird der Schuldner liberiert, eine Wohlthat, welche nach dem Schlußsatze des § 178 indes auf Mitschuldner und Bürgen sich nicht erstreckt. Masseansprüche und privilegierte Forderungen werden durch den Vergleich nicht berührt. Der Verwalter berichtigt sie aus der vorhandenen Masse oder sichert sie, insoweit sie noch nicht festgestellt sind (§ 176).

Wie es der Konsequenz des gemeinen Vertragsrechts entspricht, aber auch durch die Rücksicht auf die Sicherheit des Verkehrs sich empfiehlt — der Bestand des Vergleichs wird nicht abhängen sollen von der Willkür eines einzelnen Gläubigers — kann gegen den Vergleich, abgesehen von einer demselben möglicherweise anzuhängenden kassatorischen Klausel, die Nichterfüllung nach § 181 der deutschen Konkursordnung, welche hierin namentlich von dem französischen Rechte abweicht, nicht als Aufhebungsgrund geltend gemacht werden. Es kann vielmehr nur auf Erfüllung geklagt, beziehungsweise die Zwangsvollstreckung erwirkt werden. Dagegen ergiebt sich aus allgemeinen Grundsätzen die Anfechtung des Vergleichs wegen Betrugs. Aber während nach der preußischen Konkursordnung der einzelne Gläubiger den Accord mit der Wirkung der gänzlichen Beseitigung desselben für alle Gläubiger anfechten konnte, beschränkt sich nach der deutschen Konkursordnung die Wirkung auf den einzelnen Gläubiger, der im Wege der Klage oder der Einrede oder Replik den geschlossenen Zwangsvergleich ansicht. Doch wirkt nach § 183 der deutschen Konkursordnung die rechtskräftige Verurteilung des Gemeinschuldners wegen betrüglichen Bankerotts als Aufhebungsgrund des Erlasses für alle Gläubiger und veranlaßt nach § 184 auf Antrag eines Gläubigers, wenn genügende Masse vorhanden ist, die Wiederaufnahme des Konkursverfahrens.

Besondere Bestimmungen enthält die deutsche Konkursordnung §§ 193 ff. über den Konkurs von Aktiengesellschaften, eingetragenen Genossenschaften, offenen Handelsgesellschaften und Kommanditgesellschaften (auch Kommanditgesellschaften auf Aktien) und über das Konkursverfahren gegen einen Nachlaß, und die deutsche Civilprozeßordnung §§ 758 ff. bestimmt über ein Verteilungsverfahren ohne Konkurs für den Fall, daß bei der Zwangsvollstreckung in das bewegliche Vermögen von dem Vollstreckungsbeamten ein Geldbetrag hinterlegt ist, welcher zur Befriedigung der beteiligten Gläubiger nicht hinreicht. Das zuständige Amtsgericht entwirft einen Teilungsplan, gegen welchen die beteiligten Gläubiger Einwendungen vorbringen können. Aus solchen Einwendungen können ebenso wie in dem wirklichen Konkursverfahren Prozesse der einzelnen Gläubiger gegeneinander in Bezug auf Liquidität und etwaiges Vorrecht der einzelnen Forderungen entspringen[5].

---

[1] § 168: „Der Vergleich muß allen nicht bevorrechteten Gläubigern gleiche Rechte gewähren. Eine ungleiche Bestimmung der Rechte ist nur mit ausdrücklicher Einwilligung der zurückgesetzten Gläubiger zulässig. Jedes andere Abkommen des Gemeinschuldners oder anderer Personen mit einzelnen Gläubigern, durch welches diese bevorzugt werden sollen, ist nichtig."
[2] Vgl. die Einzelbestimmungen in § 162.
[3] Deutsche Konkursordnung § 177: „Soweit der Zwangsvergleich nicht ein anderes bestimmt, erhält der Gemeinschuldner das Recht zurück, über die Konkursmasse frei zu verfügen."
[4] Anders verhält es sich z. B. nach der österreichischen Konkursordnung § 236.
[5] Die deutsche Civilprozeßordnung enthält außer den Bestimmungen über die bereits geschilderten besonderen Verfahrensarten noch einen besonderen Abschnitt über das Entmündigungsverfahren (§§ 593—627) und einen Abschnitt über das Aufgebotsverfahren (§§ 823—850). Beide Verfahrensarten gehören aber, da Privatrechte gegen eine bestimmte Person hier nicht erstritten werden, nicht sowohl dem Civilprozesse als dem Gebiete der freiwilligen Gerichtsbarkeit an. Die Entmündigung — wegen Geisteskrankheit (§§ 593—620) und wegen Verschwendung (§§ 621—627) — ist nur oft von der modernen Gesetzgebung in die Formen eines Rechtsstreites gekleidet, und diesem

Prinzipe, welches in gewissem Umfange als zweckmäßig betrachtet werden kann, folgt die deutsche Civilprozeßordnung, was die Anfechtung eines die Entmündigung aussprechenden Beschlusses betrifft, für welchen das Amtsgericht des allgemeinen Gerichtsstandes des zu Entmündigenden für zuständig erklärt ist. Selbstverständlich gilt in diesem Verfahren nicht das Dispositionsprinzip des Civilprozesses und besteht dagegen in dem Verfahren wegen Entmündigung auf Grund einer Geisteskrankheit eine ausgedehnte Mitwirkung der Staatsanwaltschaft, welche in dem Anfechtungsverfahren formell Partei ist. Das Aufgebotsverfahren hat in der deutschen Civilprozeßordnung nicht vollständig geregelt werden können; die deutsche Civilprozeßordnung begnügt sich damit, gewissermaßen einen gemeinsamen formellen Rahmen für dies Ediktalverfahren zu schaffen (Art der öffentlichen Bekanntmachung des Aufgebots, Erlaß, Bekanntmachung, Wirkung und Anfechtung des Ausschlußurteils) und speciellere Bestimmungen über Wechsel, Papiere auf den Inhaber und in blanko indossable Papiere zu geben.

Register.

Die größeren Zahlen bezeichnen die Seiten, die kleineren die Anmerkungen.

Ablehnung des Richters 27.
Abschlagszahlungen im Konkurse 83.
Abstimmung 52.
Accord s. Vergleich im Konkurse.
Actio Pauliana 84.
Actore non probante reus absolvitur 3.
Administrativjustiz 28.
Advokatur s. Anwaltschaft.
Affirmanti incumbit probatio 43.
Aktenmäßigkeit 9.
Aktenversendung 23.
Aktivmasse 76. 78. 79.
Amtsgerichte 24; Thätigkeit im Konkurse 77 2; in der Zwangsvollstreckung 59. 60.
Amtsgerichtliches Verfahren 68. 69.
Anerkennung 51.
Anerkennung, Klage auf dieselbe 29.
Anfechtung von Rechtsgeschäften des Kridars 84.
Anfechtung des Vergleichs im Konkurse 88.
Ansprüche, bedingte, betagte 29. 88.
Anwaltschaft 37 ff.
Anwaltszwang 39.
Appellabilität 52. 53.
Appellation 62.
Armenrecht 7.
Arrest, persönlicher 60 1.
Arrestverfahren 73.
Attorney 38.
Audiatur et altera pars 7. 74.
Aufgebotsverfahren 88 5. 89 5.
Aufrechnung im Konkurse 82.
Ausland, im Auslande befindliches Vermögen eines Gemeinschuldners 79.
Aussetzung des Verfahrens 35.
Aussonderungsrecht 79 1.
Avoué 38.

Barrister 38.
Befangenheit des Richters 26. 27.
Behändigungen s. Zustellungen.
Beneficium competentiae des (gewesenen) Kridars 87.
Berufung 63. 64.
Bescheide 52.
Bescheinigung s. Glaubhaftmachung.
Beschlagnahme des Arbeitslohnes 59.
Beschwerde 63. 64.

Beschwerde, sofortige 52.
Besitzklage 37.
Beweis 43 ff.; künstlicher, natürlicher 45; zum ewigen Gedächtnis 51.
Beweisbeschluß 55.
Beweislast 43.
Beweismittel 46 ff.
Beweisrecht (Prinzipien) 7 ff.
Beweisregeln 45.
Beweisthema 43.
Beweisurteil 17. 52.
Beweisverfahren 50. 51.
Beweiswürdigung 45.
Bonorum emptor 76.

Carpzov 16.
Civilprozeßordnung, deutsche, Entwürfe derselben 20.
Civilverfahren in Ansehung zu entscheidender Vorfragen 28. 29.
Conclusions motivées 54.
Contumacia s. Ungehorsam.
Criminel, le, emporte le civil 28.

Defensionspflicht 56 1.
Distributionsbescheid 86.
Distributionsverfahren 76.
Doppelseitige Klagen 33.
Duplik 42.

Echtheit einer Urkunde 47. 48.
Edition von Urkunden 48.
Ehefrau, Recht derselben im Konkurse 79.
Ehesachen 68.
Ehesachen, Gerichtsbarkeit bezüglich derselben 24.
Ehrenrechte des Kridars 84. 85.
Eid vor Gefährde 33.
Eide der Parteien 48 ff., der Zeugen 47.
Eidesform 13 1.
Eidesmündigkeit 13 1.
Einlassung 41.
Einreden 40 ff.; dilatorische, prozeßhindernde 41; prozeßhindernde in der Rechtsmittelinstanz 64 2.
Einspruch 56. 58.
Einspruch (gegen Zahlungsbefehl) 72.
Englischer Prozeß 21.
Entmündigungsverfahren 88 5. 89 5.

Entscheidungsgründe 52.
Erbe 34. 35. 38.
Erbschaft, insolvente 80. 87.
Erbschaftsgläubiger 80.
Erbschaftsklagen 31 2.
Erfüllungseid 49.
Error in law 67.
Eventualmaxime 14 ff. 41.
Exceptio 40.
Experten s. Sachverständige.

Fallitenordnung, Hamburger 78.
Faustpfandrecht im Konkurse 79.
Feiertage 55.
Feststellungsklage 29.
Fiskus, Zuständigkeit der Gerichte gegen denselben 28 2.
Forderungen, bedingte im Konkurse 83.
Forum arresti 31; connexitatis 31; delicti commissi 30; contractus 30; domicilii 30; reconventionis 31; rei sitae 30.
Fragerecht, richterliches 6.
Französischer Prozeß 19.
Fristen 55. 56.

Gegenbeduktion, rechtliche 39.
Gehör, beiderseitiges 7.
Generalhypotheken 33.
Gerichte 22 ff.
Gerichtsbarkeit, freiwillige 2.
Gerichtsferien 55.
Gerichtskosten 7.
Gerichtsorganisation 24 ff.
Gerichtsschreiber 25; Erfordernisse zum Amt desselben 27.
Gerichtssprache 13 1.
Gerichtsstand (Gerichtsstände) 30 ff.; außerordentlicher 31; privilegierter 24. 31 3.
Gerichtsvollzieher 10. 27.
Gerichtszwang 29 ff.
Geständnis, außergerichtliches 46.
Geständnis, gerichtliches 45. 46.
Gewaltthätigkeiten 6 1.
Gewissensvertretung 49.
Glaubenseid 49. 50.
Glaubhaftmachung 50. 75. 76.
Guilielmus Durantis 16.
Güterverwalter 81.

Handelsgerichte (Handelskammern) 25.
Handschriftenvergleichung 47.
Hannoversche Prozeßordnung 19.
Hauptbeweis (Gegenbeweis) 44.

Ignoranzeid 49. 50.
Interdictum quorum bonorum 76.
Intervention 35 ff. 60.
Iura novit curia 39.
Iurisdictio voluntaria 2.
Justiz, verweigerte, verzögerte 63 2. 65.
Justizministerium 23.

Kabinettsjustiz 23.
Kalumnieneid 33.
Kassation 63.
Kaution zur Abwendung (Aufhebung) eines Arrestes 74.
Kautionsleistung 33 ff.; der Vertreter einer Partei 37.

Klage 39; Behändigung derselben; Änderung, Verbesserung 40 1.
Klagenhäufung 37.
Kompensation der Prozeßkosten 34.
Konkurseröffnung 83. 84.
Konkurskurator s. Güterverwalter.
Konkursordnung, deutsche, österreichische 78.
Konkursprozeß 76 ff.
Kontradiktor 85.
Konventionalprozeß 2.

Landesherren, Zuständigkeit der Gerichte in Civilsachen der L. 28 1. 31 3.
Landesherrliche Familien 28 2. 31 3.
Landgerichte 24.
Law of evidence 45. 67.
Legitimatio ad causam 32. 33. 36.
Legitimatio ad processum 37.
Lehngüter im Konkurse 78.
Liquidationsverfahren im Konkurse 76. 85.
Litiskonsortium s. Streitgenossenschaft.
Litiskontestation 42.
Litispendenz 35. 40.

Mahnverfahren 71. 72.
Mandata de administranda iustitia 23.
Mandata cum, m. sine clausula 75.
Manifestationseid s. Offenbarungseid.
Meineid (Falscheid) 49.
Mietverträge im Konkurse 82.
Moratorien 87 2.
Mündlichkeits-Verfahren 9 ff. 12.

Ne eat iudex ultra petita 6.
Ne procedat iudex ex officio 6.
Nemo iudex sine actore 6.
Nichtigkeit, heilbare, unheilbare 62. 63.
Nichtigkeitsklage 66.
Noteid 49.
Notfristen 35 2. 56.
Notorietät 43.
Nova 64.
Noveneid 62.

Oberappellation 62. 63 3.
Oberappellationsgerichte 17.
Oberlandesgerichte 24.
Öffentlichkeit 13. 64.
Offenbarungseid 50.
Offenkundige Thatsachen 43.
Ordentlicher Prozeß 2.
Ordonnance civile 19.

Pachtverträge im Konkurse 82.
Partikularkonkurs 79.
Passivmasse 76.
Patrimonialgerichtsbarkeit 24.
Peremption 35.
Perhorrescenzeid 27.
Persona standi in iudicio 32.
Personalarrest 73.
Pfandrechte im Konkurse 79.
Positionalverfahren 16.
Präklusion im Konkurse 85.
Präsumtionen 43. 44.
Preußischer Prozeß 17. 18.
Prioritätsurteil 86.

Prioritätsverfahren 76.
Privilegia de non appellando 17.
Procurator in rem suam 35. 36.
Prorogation des Gerichtsstandes 30.
Protokoll 10.
Provokationsklage 6 2. 70 2.
Prozeßfähigkeit 32 ff.
Prozeßgesetze, ausländische; neue; Anwendung derselben 4. 5.
Prozeßkosten, Ersatz derselben 34.
Prozeßstrafen 33.
Prozeßverjährung 35.
Prozeßvoraussetzungen 41. 42.
Publikation (Verkündigung) 52.

Qui excipit non fatetur 42.
Quod non est in actis, non est in mundo 6.

Rangordnung der Forderungen im Konkurse 83.
Realgläubiger 80 besonders unter 1.
Reassumtion s. Wiederaufnahme des Prozesses.
Rechnungsprozesse 67.
Rechtshülfe 29 ff.
Rechtskraft 53.
Rechtsmittel 60 ff.; Definition nach der deutschen Civilprozeßordnung 66 1.
Rechtsvermutungen 8.
Reichsabschied, jüngster 16.
Reichsgericht 24.
Reichsoberhandelsgericht 24.
Reinigungseid 49.
Replik 42.
Requête civile 63.
Res iudicata 53.
Restitutionsklage 66.
Retentionsrechte im Konkurse 80.
Reus excipiendo fit actor 33.
Revision 65.
Revisionssumme 66.
Revocatio in duplum 62.
Richteramt, Fähigkeit dazu 26.

Sachverständige 47.
Schiedseid 48. 49.
Schiedsmänner (Schiedsmannsordnung) 69 2.
Schiedsrichterliches Verfahren 69.
Schlußverteilung im Konkurse 86 1.
Schriftliches Vorverfahren 67.
Schriftlichkeit 9 ff. 12.
Schriftsätze, vorbereitende 10; im früheren gemeinrechtlichen Verfahren 53.
Selbsthülfe 1.
Sententia a non suo iudice lata nullam obtinet firmitatem 31.
Separatisten 80 2.
Sicherung des Beweises 51.
Sondergerichte 25.
Souveränität der Gerichte 11.
Staatsanwaltschaft 27; Mitwirkung derselben in Ehesachen 68.
Stammbäume 6 1.
Strafverfahren, Verhältnis desselben zum Civilverfahren 28. 29.
Streitbefestigung 42.
Streitentsagung 35.

Streitgenossenschaft 37.
Succession in das Parteiverhältnis 34.
Successor 35.
Sühneverfahren 68.
Summarische Prozeduren 69 ff.
Summariissimum 69. 75.

Teilurteile 11. 12.
Termine 55. 56.
Testimonium de auditu 47.
Thatbestand 52; Berichtigung 60 3.

Ubi coeptum est semel iudicium, ibi et finem accipere debet 32.
Unabsetzbarkeit der Richter 23 1.
Unbewegliches Vermögen 60 2.
Ungehorsam 56 ff.
Unmittelbarkeit (des Verfahrens) s. Mündlichkeit.
Unterbrechung des Verfahrens 34. 35.
Untersuchungsprinzip 5.
Urkunden, Vorlegung 6 1.
Urkundenbeweis 47. 48.
Urkundenprozeß 70. 71.
Urteil, ausländisches 53. 59.
Urteile 52 ff.

Verfügungen, einstweilige (provisorische) 7. 75.
Vergleich 35; im Konkurse 87. 88.
Verhandlungsprinzip 5.
Verkündung s. Publikation.
Vermutung s. Präsumtion 4.
Versäumnis 56 ff.
Versäumnisurteil 58. 64 1.
Verteilungsplan 86.
Verteilungsverfahren ohne Konkurs 88.
Verträge, zweiseitige, im Konkurse 82.
Vertretung der Parteien 37 ff.
Vis attractiva des Konkurses 86.
Vollstreckbarkeit 53.
Vollstreckungsbefehl 72.
Vollstreckungsurteil 59.
Vorfragen des öffentlichen Rechts im Civilprozesse 28.
Vorlage s. Edition.
Vorrechte im Konkurse 84. 85.

Wahrheit, formelle und materielle 3.
Wechselprozeß 71.
Wertbetrag der Streitsachen 24. 32.
Widerklage 31.
Wiederaufnahme des Konkursverfahrens 88.
Wiederaufnahme des Prozesses 34. 35.
Wiederaufnahme des Verfahrens 66.

Zahlungsbefehl 72.
Zahlungsort 71 2.
Zeichnungen 6 1.
Zeugnis 46. 47; Verpflichtung, Zwang 47.
Zinsforderungen im Konkurse 83.
Zuständigkeit, sachliche 27. 28.
Zustellungen 9.
Zwangsvergleich s. Vergleich im Konkurse.
Zwangsvollstreckung 1. 58 ff.
Zwischenurteile 11. 12. 52. 53.

Printed by Libri Plureos GmbH
in Hamburg, Germany